Byddin y Brenin

(Cymru a'i chrefydd yn y Rhyfel Mawr)

DEWI EIRUG DAVIES

TŶ JOHN PENRY
ABERTAWE
1988

Argraffiad cyntaf: 1988

ISBN 0-903701-94-4

Dymuna'r cyhoeddwyr gydnabod y cymorth a gafwyd gan y Cyngor Llyfrau Cymraeg a noddir gan Gyngor Celfyddydau Cymru i gyhoeddi'r gyfrol hon.

Cyflwynedig

i

Ifan Eirug

ganed Ebrill 1988

'Tangnefedd Duw a fo gyda thi'

Argraffwyd gan Wasg John Penry, Abertawe

Rhagair

Wrth baratoi'r gyfrol hon cefais gynhorthwy parod Mrs. Beryl Jenkins, ysgrifenyddes yr Adran Gymraeg, Coleg y Brifysgol, Aberystwyth; Gareth Watts o'r Llyfrgell Genedlaethol, ac Aled Eirug.

Cydnabyddaf yn ddiolchgar gyfraniadau'r Athro Emeritws Caerwyn Williams, Dr. Gwynfor Evans, a Tegwyn Jones o'r Llyfrgell Genedlaethol. Bu'r ddau gyntaf mor garedig â chyflwyno'r gyfrol, ac yn ychwanegol at y gymwynas hon o'r eiddo, bu'r Athro Emeritws Caerwyn Williams yn hael ei gefnogaeth i'r gwaith o'r dechrau. Paratowyd y Mynegai gan Tegwyn Jones, ac ef, hefyd, a'm cynorthwyodd i ddarllen y proflenni. Mae fy nyled iddo'n ddifesur.

Yn olaf, diolch i Wasg John Penry am ymgymryd â chyhoeddi'r gwaith.

DEWI EIRUG DAVIES

Cynnwys

Y Sialens i Gymru

Yr oedd pawb yn casáu rhyfel, meddai O.M. Edwards, ond nid oedd llwybr arall yn agored i Brydain ar wahân i ddadweinio'r cledd i ymladd yn erbyn gwlad a glodforai ryfel, a'i hunig awydd i orchfygu trwy apelio at rym arfau. Ym Medi 1914, apeliwyd 'At Wŷr Meirionnydd' i gyflawni eu dyletswydd. Un o'r rheini a arwyddodd yr apêl oedd O.M. Edwards. Dylai gŵyr Meirion ystyried bod byddinoedd yr Almaen eisoes wedi ymdeithio'n dalog drwy wlad Belg gan ladd a llosgi, a gresynwyd fod Meirion o'i chymharu â siroedd eraill Cymru yn llusgo'i thraed o ran ei pharatoadau milwrol, yn enwedig o gofio mai culfor yn unig oedd rhyngom ni a hwythau. Dylai'r gŵyr ieuainc, felly, ymorol i amddiffyn eu gwlad, eu cartrefi, a'u rhyddid drwy ymuno, un ai â'r Tiriogaethwyr (Territorial Army) neu â'r fyddin a fyddai, ar ôl derbyn hyfforddiant, yn croesi'r môr.[1]

Yn yr 'Apêl' mynegwyd y farn fod pawb yn casáu rhyfel. Trewid y nodyn hwn yn gyson gan O.M. Edwards. Mewn cyfarfod ymrestru ym Mhenrhyndeudraeth yn 1914 dywedodd mai peth newydd a chwithig iddo ef oedd ei gael ei hun yn cefnogi milwriaeth gan iddo fod erioed yn 'ddyn heddwch'. Areithiodd ar lwyfannau'r wlad yn erbyn Rhyfel y Bŵr, ond oherwydd cyfwng mawr y wlad yn 1914, a'r sicrwydd fod y Rhyfel yn un cyfiawn, o blaid cenedl fechan, dyletswydd pob bachgen ifanc oedd ymrestru. Ychydig a feddyliodd y goddiweddyd gwareiddiad â rhyfel arall gan fod addysg a dylanwad Efengyl tangnefedd i bob ymddangosiad wedi'u halltudio, ond mewn undydd megis, wele'r Almaen, cartref dysg, diwylliant, a gwyddoniaeth yng ngolwg llawer yn damsang yn ddidrugaredd ar genhedloedd bychain, gwan y byd.

Ym Mehefin 1918, yr oedd ei gasineb tuag at ryfel yn fwy, ond amheuai fod ffordd arall i drin 'ci cynddeiriog y mae ei frath yn lledu cynddeiriogrwydd'. Ymfalchïodd fod ei holl berthnasau agosaf ac anwylaf a allai ddwyn arfau wedi gwneuthur hynny. 'Ni fynnwn weld yr un ohonynt wedi sefyll yn ôl', meddai O.M. Edwards.[2]

Yn rhifyn Haf 1916 o *Y Wawr*, cylchgrawn Cymraeg Coleg y Brifysgol Aberystwyth, cyhoeddwyd ysgrif gan D.J. Williams, 'Y Tri Hyn'. Meddai ef:

> Tri anathema'r dydd heddyw yw yr Ellmyn, y Sinn Ffeiniaid, a'r gwrthwynebwyr cydwybodol.

Gellid rhoi cyfrif am achos a bodolaeth y ddau gyntaf, meddai'r awdur, ond heriai'r olaf bob rheswm a defod ddynol i'w esbonio. Am y gwrthwynebydd, ychwanegodd,

> Mae'r syniad o garu gelyn ac ymddwyn yn ddynol tuag ato yn gymaint o heresi yng Nghymru heddyw ag ydoedd yn amser Moses gynt, a phregethir hynny o lwyfan, a phulpud, a phapur gan amryw o wŷr blaenaf y genedl . . .

Cythruddwyd O.M. Edwards gan y fath syniadau a chan dôn gyffredinol *Y Wawr*. Breuddwydiodd unwaith y deuai'r cylchgrawn yn llais ysgol newydd a fyddai wrth fodd ei galon, ond drylliwyd y freuddwyd honno, ac ychwanegodd y beirdd hwythau at y dadrithiad. Yr oeddynt hwy'n gwamalu ac yn canu am eu gofidiau dychmygol yn lle bod yn llais megis utgorn clir ym merw'r rhyfel. Meddylier mewn difrif am y tri arwr a gynigiwyd i Gymru Fydd!

Cydnabu O.M. Edwards mai cwestiwn mawr ingol y dydd oedd 'Beth a ddywed fy nghydwybod?' Amheuai ddilysrwydd y gydwybod honno a flagurodd ar amrant megis ym merw'r Rhyfel. Clywodd ambell weddi, mae'n wir, heb gyfeiriad ynddi at y bechgyn a aberthodd bopeth dros eu gwlad, a gallai ddeall hynny, gan fod rhyfel yn beth mor erchyll ac mor groes i ysbryd Iesu, ond yr hyn a barodd anesmwythyd iddo oedd cysgadrwydd cydwybod rhai o'r gwŷr ieuainc cyn i'r Rhyfel dorri allan. Ni chlywodd fod un ohonynt wedi codi llef yn erbyn milwriaeth ein hemynau megis 'Marchog Iesu yn llwyddiannus, Gwisg dy gleddyf ar dy glun' neu'r farddoniaeth fwyaf poblogaidd, 'Mil gwell yw marw'n fachgen dewr/Na byw yn fachgen llwfr'. Yn sydyn, yn nydd yr aberth a'r dioddef deffrôdd cydwybod rhai o fechgyn ifainc Cymru. Buont yn barod i oddef grym cyfraith yn erbyn y meddwon afreolus gartref, a grym milwriaeth yn erbyn anwariaid ar gyrrau eithaf yr ymherodraeth, ond pan ddaeth yr alwad i wasanaethu eu gwlad, gyda sydynrwydd anarferol, rhoes eu cydwybod lam. Pan ddeuai'r aflwydd i ben gofynnid yn y dydd hwnnw beth a wnaethom dros Gymru a Phrydain? Meddylier am rwyrai'n ateb na wnaethant ddim am fod eu cydwybod wedi gwahardd iddynt amddiffyn eu gwlad. Ni allai O.M. Edwards feddwl am gywilydd gwaeth.[3]

Yr arwr yng ngolwg O.M. Edwards oedd y milwr o Gymro. Hwynthwy, y milwyr, oedd y 'gwŷr goreu', 'blodau Cymru', 'athrylith Cymru' yn 'oddaith gan ysbryd rhyfel cyfiawn', yn ymgorfforiad o ysbryd Owain Glyndŵr. Hwynthwy, hefyd, oedd yn creu'r Gymru newydd a fyddai'n gryfach, purach a harddach ar ôl dod allan o'r pair dadeni ofnadwy. Byddai egni newydd yn y Gymru honno, tant newydd yn ei thelyn, a chryfder newydd yn ei meddwl.

Ar derfyn y Rhyfel, cydnabu O.M. Edwards nad aberthodd un genedl arall yn fwy na Chymru. Ynddi hi gwelwyd y cyfuniadau mwyaf creadigol wedi ymgrynhoi: dyhead angerddol am heddwch a thangnefedd a hefyd barodrwydd di-ildio i ymladd dros ryddid. Yng ngrym y parodrwydd hwnnw,

> Torasant drwy rengoedd cadarnaf y gelyn yn Ffrainc, nofiasant afonydd a dringasant fynyddoedd i arwain yr Eidaliaid i fuddugoliaeth; rhyfedd fu eu hamynedd a'u gwroldeb ar y moroedd, canasant emynau Cymru ar furiau Jerwsalem, dangoswyd eu dewrder a'u tynerwch . . . Deuant adre cyn hir mewn tangnefedd, i sŵn canu angylion, ac ysbrydoedd pur y rhai roddodd eu bywyd yn eu harwain ymlaen. Gweddnewidia Cymru wrth deimlo eu presenoldeb. Mae bywyd Cymru i ymad-newyddu . . .[4]

Yn ei apêl 'At y Cymry',[5] yr oedd achos y Rhyfel yn gwbl glir i John Morris-Jones. Er mwyn cyrraedd ei hamcanion dewisodd yr Almaen anfon ei byddinoedd drwy wlad anni-bynnol ac amhleidiol Belg ar ei ffordd i oresgyn Ffrainc, er gwaetha'i hymrwymiad i amddiffyn y genedl fechan,

11

heddychlon. Tybiodd, hefyd, na fyddai Prydain yn ymyrryd gan fod ganddi hi drafferthion ynglŷn ag Iwerddon. Ond ymdynghedodd Prydain i amddiffyn gwlad Belg. A allai hi, felly, sefyll o'r naill du a phrofi'n annheyrngar i'w chyfeillion?

Ym marn John Morris-Jones yr oedd lleoliad drygioni a daioni, hefyd, yn gwbl glir. Cyflawnodd yr Almaen 'ymosodiad bradwrus a llofruddiog'; roedd yn 'ymffrostfawr dreisgar', ac ni allai Prydain fynd yn aberth i'w 'rhaib'. Dangosodd ei 'bradwriaeth', ei 'chastiau llechgiaidd' ar dir a môr, a'i gwaith yn sarnu deddf y cenhedloedd dan draed nad oedd gan ei harweinwyr ronyn o barch i 'anrhydedd' na 'moesoldeb'. Ei hunig egwyddor oedd, 'Trechaf treisied'. Grym materol oedd oruchaf yn ei golwg hi, ei duw ymgnawdoledig oedd Napoleon. Addolai gerbron allor 'nerth treisfawr'. Trais oedd ei duw, a'i broffwyd y swyddog milwrol a fu'n euog o'r 'annuwiaeth mwyaf eithafol'. Ysbeiliwr arfog oedd yr Almaen a fynnai ddifetha bopeth da ac anrhydeddus ym mywyd Cymru a Phrydain.

Yn wahanol i'r Almaen, yr oedd yr ymerodraeth Brydeinig yn allu o blaid popeth a oedd yn annwyl yng ngolwg y Cymry — rhyddid cyfiawnder a chwarae teg i genhedloedd bychain. Er bod dadweinio'r cledd yn groes i deimladau crefyddol Cymru, dylid cofio fod adegau yn ei hanes pan nad oedd unrhyw ffordd arall yn ymarferol na buddiol. Ymladdodd ein tadau dros ryddid ac annibyniaeth, a phareid i anrhydeddu Llywelyn ac Owain Glyndŵr. Ymladdodd y Piwritaniaid, hefyd, â'r cledd i bwrcasu'r breintiau a estynnwyd i'r cenedlaethau. Yr oedd hyder yr Almaen mewn 'noeth arf', a 'noeth arf' yn unig a'i trechai. Yr anogaeth, felly, i Gymry ieuainc oedd, 'I'r gad'.

Yn rhifyn Hydref *Y Beirniad*,[6] ymdriniodd John Morris-Jones â dwy gyfrol y Cadfridog Friedrich von Bernhardi, disgybl von Treitschke, prif apostol crefydd newydd yr Almaen. Yn wyneb penderfyniad yr athro a'r disgybl fel ei gilydd i orseddu Duw Rhyfel, daeth John Morris-Jones i'r casgliad anorfod fod y Rhyfel yn erbyn y Duw hwnnw yn 'sanctaidd'. Yn wir, nid oedd yr Almaen yn addas i fyw yn y byd, a dylid diwreiddio'r drwg o'i chalon. Gwerthodd ei henaid i'r Un Drwg, ac 'nid hir y ceidw'r Diawl ei was'.

12

Trawyd W. Llewelyn Williams â mudandod pan sylweddolodd fod un o wledydd mwyaf gwareiddiedig y byd wedi gosod ei bryd ar y fath fileindra. Ar un adeg, credodd fod yn yr Almaen, fel ym Mhrydain, wŷr a ymorchestai mewn rhyfel, ond ychydig oeddynt o ran nifer a dylanwad. Dadrithiwyd ef yn llwyr pan sylweddolodd fod yr Almaen wedi hau dannedd y ddraig ers blynyddoedd, a bod cenedl gyfan, nid lleiafrif o'i mewn, yn chwennych gwinllan Naboth ym mhedwar ban y byd. Yr oedd pawb o bob gradd a safle yn yr Almaen o blaid y Rhyfel, yn ddysgedigion, crefyddwyr, pregethwyr, diwinyddion, athrawon ac athronwyr. Rhyfel ysbrydol oedd y Rhyfel a dorrodd allan yn 1914, Rhyfel i roi terfyn ar ryfel, ac er ei fod yn casáu pob rhyfel sicrhawyd ef fod y frwydr bresennol yn anochel a chyfiawn. Ymhyfrydodd W. Llewelyn Williams yng nghalibr y gwŷr ieuainc a ymrestrodd yn y crwsâd: gwŷr heddychlon oeddynt na feddyliodd erioed am dywallt gwaed. Pe bai'r Cymry'n methu yn eu dyletswydd yn nydd y prawf haeddent gael eu cyfrif yn eiddilod llwfr, cwbl annheilwng o'u hynafiaid, a'r breintiau a dderbyniasant.[7]

Talodd Syr Henry Jones deyrnged arbennig i Brydain, oherwydd, yn wahanol i'r Almaen dysgodd un wers bwysig, sef y dylid parchu personoliaeth cenhedloedd fel rhywbeth cysegredig. Yr oedd Belg yn genedl fechan, yn berchen iawnderau mor gysegredig ag eiddo'r wlad fwyaf nerthol, a'r hyn a wnaeth Prydain oedd ymateb yn gadarnhaol i'r cwestiwn, 'Ai ceidwad fy mrawd ydwyf i?' Gan ei bod wedi ymddwyn yn anrhydeddus, byddai dedfryd y dyfodol arni yr un mor gadarnhaol. Ond mynnai Syr Henry Jones fod gofal Prydain am wlad fach Belg, a'i pharch tuag ati yn ernes o rywbeth mwy eto i'r dyfodol, ac ymhen yrhawg agorid pennod newydd mewn moesoldeb rhyng-genedlaethol. Ysgrifennodd, meddai drachefn, mewn dagrau, ond er gwaetha'r Rhyfel, yr oedd y cyfnod yn un llawn addewid.[8]

Yr oedd y Rhyfel ei hun yn bennod newydd, yn ôl Syr Harry Reichel. Ymladdwyd brwydrau yn y gorffennol er mwyn rhwystro gwlad neu wledydd rhag gorchfygu Ewrop. Yn y brwydrau hynny, ymladdai milwyr Prydain yn erbyn gwrthwynebwyr anrhydeddus, llawn silfari, ond yn y Rhyfel a oddiweddodd Ewrop yn 1914, ymladdent yn erbyn math newydd o ddyn oedd yn gallu defnyddio'r peirianwaith mwyaf soffistigedig. Derbyniodd hyfforddiant technegol o'r radd flaenaf, ond, hefyd, arddangosai glyfrwch, creulonder a thwyll nodweddiadol o'r Indiad Coch. Ni welodd y milwr Prydeinig wrthwynebydd tebyg iddo o'r blaen, gyda'r canlyniad fod min arbennig ar ei arfau. Tystiodd amryw eu bod wedi'u meddiannu gan ddelfrydiaeth newydd, megis y Croesgadwr gynt, a gwyddent eu bod yn ymladd dros achos oedd yn ymylu ar fod yn arallfydol.[9]

Nid oedd syniadau'r wasg Gymraeg a Chymreig am y Rhyfel yn annhebyg i'r syniadau a goleddwyd gan O.M. Edwards, John Morris-Jones, W. Llewelyn Williams, Syr Henry Jones a Syr Harry Reichel. Addefodd golygydd *Y Brython* fod rhyfel yn 'farbaraidd, annynol a chythreulig', ond cael ei thynnu i ryfel yn groes i'w hanian a gafodd Prydain i amddiffyn ei henw da yn erbyn gallu a ddangosodd ysbryd balch ac ymladdgar. Dibrisiodd yr Almaen bob cytundeb er mwyn sylweddoli ei hamcanion. Yr oedd achos Prydain yn gyfiawn, oherwydd yr hyn a wnaeth oedd gwrthwynebu trais gwallgofddyn wedi meddwi ar falchder, dibris o bob tegwch ac anrhydedd ym mherson yr Ymherawdwr.

Dadleuodd *Y Brython*[10] fod byd o wahaniaeth rhwng 'ymosod' ac 'amddiffyn', rhwng yr ysbeiliwr oedd yn ymosod ar deulu mewn tŷ, a'r aelodau hynny yn y tŷ a ymosodai ar yr ysbeiliwr. 'Ymosod' er mwyn 'amddiffyn' a wnaeth yr olaf. Ymrestrodd pobl ifainc Cymru yn wirfoddol am eu bod yn argyhoeddedig eu bod yn amddiffyn eu gwlad yn erbyn trais yr ysbeiliwr. Yn ei golofn 'O Lan y Tafwys' yn *Y Brython* talodd 'Y Gwyliwr' deyrnged i Dduwies Heddwch hardd a theg ei phryd, ond ychwanegodd ei bod yn bosibl 'ennill di-anrhydedd yn ei gwasanaeth, a cholli parch tra'n cadw ei hadenydd heb eu difwyno'.[11]

Ymhen ychydig oriau ar ôl cyhoeddi Rhyfel, yr oedd yn achos llawenydd i'r *Western Mail* fod 'ysbryd rhyfel' eisoes wedi troi'n gyffro ym mhob pentref, llan a thref yn Ne Cymru. Yr oedd cefnogaeth lwyr i'r Rhyfel, yn ôl papur De Cymru, yn gyfystyr ag arddangos teyrngarwch i'r Efengyl a'r egwyddorion Cristionogol. Swyddogaeth pob gweinidog oedd annog eu cynulleidfaoedd i ystyried o ddifrif oblygiadau moesol y Rhyfel. Ni ddylid bodloni ar weddïo'n unig. Yn sicr, nid oedd dim yn rhy faterol na allai'r pulpud ei gefnogi. Yr oedd yr 'Apêl at Gymru Wen' a wnaed yn Awst 1914 gan Ganghellor y Trysorlys, D. Lloyd George, yn anogaeth i gynilo, a chadw'n ddisigl gyflwr ariannol y wlad, ond gan fod buddiannau'r wlad yn gwbl gyson ag egwyddorion yr Efengyl, dyletswydd pob gweinidog oedd rhoi sylw i'r 'Apêl' fel mynegiant o gyfrifoldeb moesol a chrefyddol, a chefnogi'r Canghellor 'fel y byddont ffyddlon i Dduw a'u gwlad'.[12]

Buasai si ar led ers rhai wythnosau fod rhyfel ar dorri allan, ond ni allai golygydd y *Welsh Outlook* roi coel ar y sibryd-ion hynny. Credodd ef a llawer eraill, hefyd, mai'r unig le y gallai rhyfel Ewropeaidd dorri allan oedd ar dudalennau llyfrau H.G. Wells. Fe'i gorfodwyd, serch hynny, i sylweddoli gan benawdau'r papurau newydd nad rhyfel mewn nofel ydoedd y Rhyfel a dorrodd allan mor sydyn ac annisgwyl yn 1914. Anodd credu fod y fath drychineb wedi goddiweddyd Ewrop, ac anodd ddygymod â'i herchyllltra. Edrychwn ar ein mapiau, meddai'r golygydd, siaradwn am ymdeithio ymlaen, ac encilio, ac am strategiaeth fel petai rhyfel ddim amgen na gêm, a'r milwyr hwythau'n fodelau. Ar ryw olwg, yr ŷm yn ffodus mai fel hynny y gwelwn ni bethau, oherwydd pe gallem deimlo holl ddychrynfeydd rhyfel aem yn wallgof. Gwir fod ambell nofel wedi rhoi syniad inni am natur rhyfel, eto braidd gyffwrdd â'r trychineb a wnaethant hwy. Ond er gwaethaf erchyllltra rhyfel, addefodd y golygydd nad oedd modd osgoi'r gyflafan.

Nid oedd unrhyw amheuaeth ynglŷn â'r fuddugoliaeth derfynol, yn ôl y *Welsh Outlook*. Byddai'r pris a delid amdani yn uchel, ond hyderai'r golygydd na ddeuai'r fuddugoliaeth yn rhy hawdd rhag i hynny arwain i'r un ysbryd trahaus ag a feddiannodd yr Almaen.

Dylid cofio, hefyd, nad oedd yr Almaen, pob copa walltog ohoni, yn 'waed a haearn'. Mae'n wir fod ei militariaeth yn dduw, ond nid oedd hynny'n cyfiawnhau ymddygiad Syr Henry Wood a alltudiodd ei cherddoriaeth o'i gyngherddau. Gwelodd yn dda ei hadfer, ond yr oedd y ffaith iddo feddwl am y gwaharddiad yn y lle cyntaf yn achos poen a blinder.

15

Ofnai'r golygydd fod ysbryd dial ar gynnydd ar ôl ychydig
fisoedd o ryfela. Dylai Prydain gofio pan alltudir cer-
ddoriaeth yr Almaen amddifedir ei thrigolion o drysor a
oedd yn agored i'r holl fyd, a gwnânt eu hunain yn ddall
i un agwedd o wareiddiad yr Almaen a gyfoethogodd pob
gwlad fel ei gilydd. Ni ddylid porthi'r ysbryd maleisus,
anwybodus a oedd yn magu casineb tuag at genedl fel corff.
Cofier, hefyd, fod yr Almaenwyr fel ninnau'n credu eu bod
yn amddiffyn eu gwlad yn erbyn gormes. Yn y ddwy wlad
fel ei gilydd yr oedd aberthu arwrol, ac ymdeimlad o
erchylltra rhyfel. Byddai cadw hynny yn y cof yn help i osgoi
llawer o ffolinebau, ond dylid ymlynu wrth yr argyhoeddiad
fod rhaid ymladd y Rhyfel i'r terfyn. Ymleddid dros ryddid
nid er mwyn gwneud gelyn o'r Almaen, a dylai Prydain
wylio'n barhaus rhag ymollwng i'r ysbryd hwnnw a fyddai'n
ceisio uwchlaw pob dim dra-arglwyddiaethu'n dalog dros y
gelyn. Gallai'r cyflwr hwnnw fod yn waeth na'r cyntaf.[13]

Apeliodd Y Brython, hefyd, am bwyll ac arafwch cyn coelio
pob chwedl. Ym Mhwllheli, ar Llun Gŵyl y Banc, Awst 1914,
clywodd y golygydd fod saith o longau'r Almaen wedi eu
suddo, a hefyd fod y cabinet yn 'yfflon'. Ond serch hynny,
yr oedd Y Brython yn awyddus i gymeradwyo mesurau llym
y Llywodraeth yn erbyn yr Almaenwyr a lechai yn nhrefi
Prydain, yn gwylio'u cyfle i'w bradychu. Bu rhyddid y wlad
hon i estroniaid, i'w cholled ei hun, yn esiampl i'r byd, ac
yn awr, yn nydd ei thrallod, ceisiodd rhai o'r estroniaid
hynny frathu'r fynwes a'i cofleidiodd. Ni ddymunai Y Brython
weld unrhyw estron diddrwg yn cael cam, ond pe dig-
wyddai hynny syrthiai'r cyfrifoldeb mwyaf ar ysgwyddau'r
rheini a ddechreuodd ymosod yn null y llofrudd mwyaf
dichellgar a direol.[14]

Gwybydded pawb, meddai rhai o golofnwyr Y Darian, e.e.
'Ein Gohebydd Arbennig'[15] a 'John Bull',[16] nad rhywbeth
sydyn ydoedd y Rhyfel, eithr yn hytrach ffrwyth cynllun a
chynllwyn mileinig. Ar un adeg, arferai 'John Bull' bleidleisio
mewn cynadleddau yn erbyn gwario cymaint o arian ar
longau ac arfau rhyfel, ond treuliodd ychydig amser yn yr
Almaen yn 1911, a gwelodd y pryd hynny, drosto'i hun, fod
ysbryd rhyfelgar yn y wlad, a bod ei haddysg wedi ei chyfeirio

i'w galluogi i fod yn ddychryn milwrol i'r byd. Gresynodd na fyddai Prydain wedi ymbaratoi'n fwy trylwyr, ond yr oedd lle i ddiolch i Dduw iddi wneud cymaint ag a wnaethai a chydnabu'n ddiolchgar wasanaeth cenedlaethol y *Daily Mail* a'r *Times* i'n dihuno i'r perygl o du'r Almaen.

Ceisiodd y bardd, hefyd, ddihuno Cymru. Anogaeth Parcwyson ar dudalennau *Y Darian* oedd 'Dos Gymru, eto'n un â Phrydain Fawr,/I faes y gwaed i gael yr Ellmyn lawr'. O ran ei breintiau dyrchafwyd yr Almaen hyd y nef; ohoni hi daeth 'Luther ddewr', Melanchthon, Erasmus, beirdd, athronwyr, gweledyddion, a cherddorion. Byddai'r cof amdanynt hwy'n fendigedig, mor wahanol i'r 'Kaiser hurt' a fyddai, ar fyrder, 'yn ulw mwg a thân'.[17]

Ym mhob papur, yn ôl 'Rhondda' yn y *Y Darian*,[18] yr oedd y bardd yn gogoneddu'r Rhyfel. Y Kaiser druan, fe'i llosgwyd a'i ddamnio ganwaith yn uffern y beirdd, ond erys yn fyw a'i fwstas mor daclus a phigog ag erioed. Tân diniwed oedd tân y beirdd, meddai 'Rhondda'.

Lle'r oedd beirdd Cymru, gofynnodd 'Y Gwyliwr' yn *Y Brython?* Yr oedd gan Gymru ei rhigymwyr, ond yn Lloegr gellid canfod beirdd o fri megis William Watson, Robert Bridges, Henry Newbolt a Rudyard Kipling a ganai'n huawdl ac effeithiol yn erbyn y trawster a fygythiai sathru rhyddid dan draed. Canodd T. Gwynn Jones gerdd fythgofiadwy yn erbyn enbydrwydd rhyfel, 'Pro Patria' ond credai 'Y Gwyliwr' fod pethau mwy enbyd hyd yn oed na'r Rhyfel, a dewisai ef angau a phoenydiau'r Ellmyn cyn ildio i'r gelyn, a cholli anrhydedd. Caned y beirdd, felly, gân anfarwol Rhyddid a Chyfiawnder.[19]

Yr hyn oedd oruchaf yng ngolwg *Llais Llafur* oedd Rhyddid a Chyfiawnder i'r gweithiwr. Trwy gydol misoedd cynnar y Rhyfel, pwysleisiwyd dro ar ôl tro nad Rhyfel o ddewis y gweithiwr mohono. Nid oedd unrhyw gweryl rhwng gweithwyr Rwsia, yr Almaen, Ffrainc, gwlad Belg, Awstria, a Phrydain. Aeth Prydain i ryfel er mwyn boddio uchelgais afiach brenhinoedd. Cyfaddefodd y golygydd fod y Rhyfel yn gam yn ôl i farbariaeth, ond yn unol â deddf datblygiad, byddai Rheswm yn sicr o ailafael yn ei orsedd, a phan ddigwyddai hynny deuai'r gweithwyr i'w teyrnas, ac alltudid rhyfel am byth.[20]

Cyfaddefodd *Llais Llafur* fod elfen o wirionedd yn haeriad papur *The Times* fod Sosialaeth yn Ffrainc a'r Almaen, a'r Blaid Lafur ym Mhrydain wedi methu rhwystro'r Rhyfel, ond ymgysurodd o feddwl fod Cristionogaeth gyfundrefnol, hithau hefyd, wedi methu. Trist meddwl fod Cristionogaeth wedi alltudio Tywysog Tangnefedd, a bod y gwledydd oll yn galw ar Dduw Rhyfel i fendithio'u harfau.[21]

Wrth ymdrin â'r Mudiad Llafur mewn perthynas â'r Rhyfel sylwodd un o lowyr De Cymru mai'r hyn a ddaeth yn amlwg yn yr argyfwng oedd diymadferthedd y gweithwyr i'w rwystro. Bu ymholi dwys ble'r oedd Cristionogion y wlad hon na fyddai ganddynt genadwri i'w chyfleu i'r diplomyddion a'r brenhinoedd? Onid oedd gan y Mudiad Llafur Rhyng-genedlaethol air o gyngor? Yn anffodus, nid oedd gan y gweithwyr beirianwaith i wrthwynebu ac ymwrthod â'r Rhyfel. Yr oedd y gallu a'r grym yn nwylo'r diplomyddion a feddiannodd y wasg, gan barlysu'r farn gyhoeddus, a'i gwenwyno.

Y gelyn pennaf oedd militariaeth seiliedig ar drachwant ac ofn. Canfu'r glöwr y filitariaeth honno i ryw raddau ym mhob gwlad, ond fe'i gwelodd yn ei lliwiau mwyaf hagr yn yr Almaen. Ymleddid â'r Almaen, meddai ef, er mwyn concro'r ysbryd milwrol oedd yn caethiwo, yn mygu barn, ac yn lladd, nid er mwyn ceisio unrhyw elw i Brydain. Yn y frwydr honno yr oedd y gweithiwr ar flaen y gad.[22]

Dyrchafu'r Milwr

Fe'i cafodd Lewis Valentine ei hun yn grwt yn un o'r fintai a ymdeithiodd i groesawu'r Iarll Dundonald a'i fyddin adref o'r Rhyfel yn erbyn y Bŵr. Derbyniodd o law un o'r milwyr damaid o fara a chaws gyda sipiad o gwrw. Meddai Lewis Valentine, 'Yr oeddwn yn ddyn i gyd, ac yn eiddo'r fyddin am byth'.

Ni fennodd Rhyfel De Affrig fawr ar y pentref lle magesid ef, ac yn sgîl Diwygiad 1904-5 hoeliwyd meddyliau'r pentrefwyr ar heddwch a thangnefedd. Disodlwyd rhyfel De Affrig gan y frwydr i ddatgysylltu'r Eglwys yng Nghymru, a rhannwyd y pentref yn ddwy garfan, Eglwyswyr a Chapelwyr. Uniaethwyd yr Eglwys â Seisnigrwydd, byddin, a rhyfel a'r

Capel â Chymreigrwydd a heddwch. Dihirod yn unig a wisgai lifrai milwr. Perthynai ef i wehilion cymdeithas. Pan ddaeth milwr yn ei wisg ysgarlad i'r capel, ychydig cyn bod sôn am Ryfel 1914, ni chafodd groeso, a bu'r digwyddiad yn destun siarad a syndod am ddyddiau. Trewid y pentref â mwy o syndod pan ymunodd un o gyfeillion ysgol Lewis Valentine â'r fyddin, a mynd i'r 'wlad bell'.

Yn y Rhyfel Byd Cyntaf aeth y 'dihiryn' yn 'arwr', a'r 'wlad bell' yn 'wlad yr addewid'.[23] Croesawyd â breichiau agored y penderfyniad i greu Corfflu Cymreig ym misoedd cynnar y Rhyfel, a'i ganolfan ar ddaear Cymru. Cydnabyddwyd i'r fyddin fod, ar un adeg, yng Nghymru, yn hynod amhoblogaidd, ond ymhyfrydodd y wasg Gymreig fod y rhagfarn honno, bellach wedi'i chladdu, a bod y dasg o godi hanner-can-mil i'r Corfflu Cymreig yn mynd rhagddi'n ddirwystr.[24]

Yn y cyfarfod i annog gwŷr ieuainc i ymuno â'r Corfflu Cymreig, yng Nghaerdydd, ym mis Medi 1914, dywedodd David Lloyd George fod galwad arbennig i Gymru i ymateb yn gadarnhaol nid yn unig am fod yr achos yn un teilwng, ond, hefyd, er mwyn ei henw da hi ei hun. Petai Cymru'n methu oherwydd ofnusrwydd, anwybodaeth, neu ddiogi, byddai sawl cenhedlaeth wedi mynd heibio cyn y gallai'r Cymry oresgyn eu hymdeimlad o fethiant a gwangalondid yn nydd y prawf. Ond gwelodd arwyddion fod hen ysbryd y Cymry yn parhau'n fyw, a phrawf o hynny oedd bod ugain mil wedi ymrestru ym Morgannwg, ac wyth mil ym Mynwy. Yn y cyfarfod, gwaeddodd dau o'r gynulleidfa fod y nifer o Forgannwg wedi codi i bedair mil ar hugain, ac ym Mynwy cododd y nifer i ddeuddeg mil. Yng nghanol bonllefau brwd o gymeradwyaeth, ymatebodd David Lloyd George, 'Pwy a faidd ddweud fod y Cymry'n wan-galon?' Yr oedd yn achos ymffrost fod un fyddin Gymreig ar fin gael ei sefydlu, a bod 36,000 o wŷr dan faner Prydain ar ôl cyfnod o ddeufis. Stori gyffrous, meddai David Lloyd George, a derbyniodd gymeradwyaeth frwd pan ddywedodd ei fod yn awyddus i weld Cymru ar ben y rhestr. Ychwanegwyd at y frwdaniaeth pan apeliodd at y Cymry i sefyll yn ddewr o dan faner rhyddid fel y gallont draddodi i'r cenedlaethau a ddeuai ar eu hôl

19

drysorau gogoniant ac anrhydedd Cymru, 'lle ni allai na gwyfyn na rhwd lygru, ac ni chloddia lladron trwodd'. Pan sicrheid y fuddugoliaeth, y pryd hynny, byddai Cymru wedi ennill iddi'i hun enw da am sifalri a dewrder, a chlodforid ei hymlyniad wrth y pethau a fyddai iddi'n etifeddiaeth deg.[25]

Credai golygydd *The Pioneer* fod David Lloyd George wedi pennu tasg anodd iddo'i hun wrth geisio creu Corfflu Cymreig, gan fod militariaeth yn groes i anian y Cymro. Mae'n wir fod milwriaeth yn gynhenid i'r ysbryd Celtaidd, ond trwy ddylanwad Ymneilltuaeth sianelwyd y grym milwrol i'r dadleuon diwinyddol a sectyddol. Pan fethodd cleddyf Llywelyn ag amddiffyn Cymru creodd y genedl iddi'i hun arf newydd, sef arf yr ysbryd, a gellid olrhain ei chymeriad cenedlaethol i'r grymoedd ysbrydol a'u gwreiddiau'n ddwfn yn yr Anweledig a'r tragwyddol, nid i unrhyw rym materol.

Heriodd y grymoedd ysbrydol hynny dyraniaeth a gweniaith y Sais balch. Ond yr oedd *The Pioneer* o'r farn fod yr ysbryd milwrol ynghudd yn y genedl Gymreig yn yr un modd ag y'i cuddiwyd yn y gweddill o'r teulu Celtaidd. Serch hynny, yr oedd rhaid wrth achos i'w ddeffro. Ymladdai'r Sais er mwyn ei foddio'i hun, ond nid felly'r Cymro. Cyn y gallai ef ddadweinio'r cledd, neu gau ei ddwrn, rhaid wrth achos gwirioneddol.

Yr oedd y syniad am gael Corfflu Cymreig yn sicr o apelio i'r ysbryd cenedlaethol, ac yn gyfrwng i ralïo bechgyn ifainc i'r gad. Ond amheuai'r *Pioneer* a fyddai'r bechgyn, y Cymry Cymraeg yn enwedig, yn barod i dyrru i'r fyddin hyd nes y byddai cefnogwyr y Rhyfel wedi llwyddo i gynnig rhesymau teilwng ac argyhoeddiadol gerbron gwrthwynebwyr y Rhyfel. Pe llwyddid i wneud hynny, rhoddai i Brydain arf foesol, gref.[26]

Yn nechrau 1916, gallai'r wasg Gymreig ymhyfrydu fod Cymru, ar gyfartaledd, wedi cyfrannu mwy o'i phoblogaeth i'r fyddin nag unrhyw genedl arall yn Ewrop. Yn wir, codwyd byddin yng Nghymru fwy na byddin y Duc Wellington yn Waterlŵ. Yr oedd yn achos llawenydd fod amryw o swyddogion y Corfflu Cymreig yn Gymry o waed pur. O blith y swyddogion, y gŵr a wnaeth fwy na neb arall, ac eithrio

D. Lloyd George, i ddyrchafu'r swydd filwrol yng Nghymru, oedd y Cadfridog Owen Thomas. Bu'n flaenllaw yn y mudiad i greu'r Fyddin Gymreig, ac i ofalu am fuddiannau'r milwyr a oedd yn Gymry Cymraeg. Derbyniodd eirda David Lloyd George am 'ei waith rhagorol a'i ymroddiad diball', ac yn niwedd 1915 gofynnwyd iddo gynorthwyo Canghellor y Trysorlys a'r Arglwydd Derby i sicrhau miliwn o ddynion i ymuno â'r fyddin.

Yn ei 'Apêl' i ieuenctid Cymru ceisiodd ganddynt ddeffro i'w cyfrifoldeb er mwyn cadw pentrefi a chartrefi Cymru rhag eu damsang gan draed haearn y gelyn. Yr unig ffordd i sicrhau hynny oedd concro'r gelyn ar y cyfandir. Trwy ymladd yn ddewr ar y cyfandir gellid, hefyd, amddiffyn Cymru, cadw draw y gormeswr, diogelu cartrefi, cadw ein merched yn bur, a'r plant a'r hynafgwyr rhag cael eu llofruddio.

Yn 1915, rhybuddiodd Gymru o berygl 'gorfodaeth filwrol', pe methai'r fyddin gael y nifer angenrheidiol o wirfoddolwyr. Gallai glywed ambell un yn dweud, 'Ymunaf â'r Fyddin pan ddeuir i'm cyrchu, ond nid cyn hynny'. Ni sylweddolodd y cyfryw eu bod yn prysuro dydd gorfodaeth ar y wlad. Ni fyddai gorfodaeth yn gyson â thraddodiad ein tadau, ac er mwyn bod yn deilwng ohonynt hwy dylai gwŷr ieuainc Cymru roi gwasanaeth gwirfoddol — hynny'n unig a oedd yn gydnaws ag anianawd y Cymro. Ei arwyddair ef oedd 'Rhyddid':

Eu gwrol ryfelwyr, gwladgarwyr tra mad,
Tros Ryddid collasant eu gwaed.

Ymffrostiai'r Cymry yn eu rhyddid a'u breintiau, ond golygai braint ddyletswydd. Ni ellid mwynhau'r naill ar wahân i'r llall, ac ni allai rhyddid ffynnu ond cyhyd ag y ceid dynion yn barod i'w amddiffyn. Dyletswydd pob dyn teilwng o'r enw, felly, oedd amddiffyn ei wlad, a rhoi o'i orau glas yn y Rhyfel cyfiawn, er mwyn y gorthrymedig, a chenhedloedd bychain Ewrop.

Ceisiodd y Cadfridog Owen Thomas ddarbwyllo rhieni Cymru nad oedd angen iddynt ymboeni am y bechgyn a ymunodd â Byddin Cymru, oherwydd ni roddwyd erioed o'r blaen y fath ystyriaeth i ddaliadau crefyddol y milwyr. Gynt, tueddai'r Ymneilltuwyr feddwl am y fyddin fel lle andwyol i foesau, ac i raddau pell, hynny a gyfrifai am wrthwynebiad cydwybodol ymneilltuwyr i wasanaeth milwrol, a'r rhwystr pennaf, o bosibl, dros eu hwyrfrydigrwydd i ymuno â Byddin Cymru. Digon prin, ychwanegodd y Cadfridog, y gellid disgwyl i ddynion a hyfforddwyd o'r crud fod rhyfel yn bechadurus, ac yn coleddu'r syniad fod y milwr yn perthyn i hiliogaeth is ei moes na'r cyffredin dderbyn tröedigaeth dros nos, hyd yn oed yn yr argyfwng presennol. Ond, bellach, yr oedd rhyddid i bob un yn y Fyddin Gymreig i addoli yn ôl ei ddymuniad, ac nid oedd un bataliwn lle na ellid cynnal cwrdd gweddi, Ysgol Sul, ac oedfa Gymraeg. Yn aml iawn, arddangoswyd mwy o ofal am anghenion moesol ac ysbrydol y bechgyn yn y fyddin nag yn eu heglwysi gartref. Hefyd, yr oedd presenoldeb cynifer o ddiaconiaid, pregethwyr cynorthwyol, myfyrwyr o'r colegau diwinyddol, gweinidogion ordeiniedig a chaplaniaid yn y Fyddin Gymreig, oedd yn gwasanaethu fel swyddogion wedi symud o'r neilltu y gwrthwynebiad olaf o du rhieni Cymru i'w bechgyn ymrestru. Petai'r ffeithiau hynny'n wybyddus yn y gorffennol, byddai ymateb bechgyn Cymru i'r gad wedi bod ynghynt a pharotach fyth.[27]

Pasiwyd y Mesur Gorfodaeth yn Ionawr 1916, ond cyn hynny cafwyd, yn ôl disgrifiad *Y Cloriannydd*,[28] 'Apêl Olaf y Cadfridog' at 'bob Cymro, a phob gwir gwladgarwr o hil y Brythoniaid, i ateb galwad ei wlad, "Hen Gymru fynyddig, paradwys y bardd", cartref rhyddid a magwrfa dewrion yr oesoedd'. Ymatebodd Cymru eisoes yn anrhydeddus: yr oedd dau can mil o ddewrion wedi dadweinio'r cledd, ac ni ragorwyd ar y nifer hwnnw gan unrhyw ran arall o'r Deyrnas. Ond, y tro hwn, yr oedd galwad y Cadfridog Owen Thomas yn fwy taer. Yn unol â'i doethineb arferol mab-wysiadodd senedd Prydain Fawr ddeddf yn gwneud gwasanaeth milwrol yn orfodol i bob dyn dibriod rhwng 18 a 41 mlwydd oed. Gwyddai'r Cadfridog nad oedd dewrach milwyr na'r Cymry yn unman, a byddai'n warth ar anrhydedd y genedl pe gwelid 'gorfodi' ei meibion i amddiffyn ei gwlad rhag trais a gormes. 'A beryglir anrhydedd ac enw da holl genedl y Cymry gan ddifaterwch yr ychydig hynny na sylweddolasant daerineb a difrifoldeb yr alwad?' gofynnodd y Cadfridog. A dyfynnu geiriau J. Gwili Jenkins a enillodd wobr y Cadfridog Owen Thomas am 'Gerdd Wladgarol',

Feibion gwroniaid pob anfarwol fri!
Ai yn nydd y gorfod y cerddwch chwi?

Gwyddai'r Cadfridog beth fyddai'r ateb, ac nid oedd amheuaeth y byddai'r Cymry, er mwyn eu hunan-barch, yn ateb corn y gad yn ddi-oed, ac felly'n sicrhau na fyddai un milwr yng Nghymru wedi'i orfodi i ymuno. Gwyddai, hefyd, nad llyfrgwn ydoedd bechgyn Cymru, er bod llawer ohonynt heb gynnig eu gwasanaeth i'w gwlad yn nydd y prawf. Ond cyn bod Mesur Gorfodaeth yn dod i rym caent gyfle i ymrestru'n wirfoddol, a gwneud y Ddeddf yn llythyren farw yng Nghymru. Byddai hynny'n sicrhau y cedwid 'enw da ein hen wlad annwyl yn ddilychwin'.

Pwysleisiodd y Cadfridog yn ei apeliadau i'r Cymry ieuainc ddeubeth yn barhaus, sef, yn gyntaf, yr hawl i siarad Cymraeg yn y Fyddin Gymreig, ac yn ail, ddyletswydd pob Cymro i fod yn deilwng o'i gyndeidiau. Ni allai ddeall sut yr oedd yn bosibl i unrhyw un a honnai fod yn Gymro ymatal rhag cynorthwyo'i wlad. Pe bai rhywun yn ymchwilio i linach y person hwnnw a oedd yn hwyrfrydig i ymuno, mae'n sicr y canfyddid mai tramorwr ydoedd. Ac wrth apelio at wŷr ieuainc Bethesda, Arfon, i ymuno heb oedi ymhellach, cynghorodd ferched ieuainc y fro i fod yn ofalus wrth ddewis eu gwŷr. Pe digwyddent ymbriodi â'r bechgyn hynny a ddewisodd aros gartref gallent fod yn sicr petai lleidr yn torri mewn i'w tai, byddai'r bechgyn hynny mewn ofn a dychryn yn llercian dan y gwely![29]

Ynglŷn â'r Fyddin Gymreig — honno, meddai ef, oedd y Fyddin fwyaf Cymreig ei hysbryd oddi ar ddyddiau Syr Rhys ap Thomas. Ped ymunai'r Cymry Cymraeg â rhai o'r bataliynau arbennig fe'u caent eu hunain yng nghanol eu cydwladwyr, ymhlith cyfeillion, a than ofal swyddogion oedd megis hwythau'n Gymry o waed, calon, ac iaith. Mewn rhai o'r bataliynau hynny yr oedd y Gymraeg ymron â bod yn iaith feunyddiol pob ymddiddan, nid ymhlith y milwyr yn unig, ond, hefyd, rhyngddynt hwy a'r swyddogion.

Yr oedd i'r milwr etifeddiaeth deg. Ni throes erioed glust fyddar i alwad ei wlad. Pan gododd Llywelyn ein Llyw Olaf ac Owain Glyndŵr 'fflamdorch rhyfel', rhuthrodd dewrion Cymru i ateb yr alwad a phrofi eu gwladgarwch. Meddai'r Cadfridog Owen Thomas,

> Drwy'r oesoedd bu clod milwrol y Cymry yn ddisglair a dilychwin, nid yn unig o fewn terfynau ein gwlad fechan ni, ond ym mhedwar ban y byd lle cyflawnwyd gwrhydri gogoneddus gan Fyddin Prydain. Lle bynnag y byddai'r brwydro boethaf, yno y gwelid dewrion Fechgyn Cymru, ac yno yr enillasant glod a bery oesau'r ddaear.[30]

Apeliwyd yn gyson at yr 'etifeddiaeth deg'. Yn ei gerdd arobryn, yn galw gwŷr ieuainc Cymry i'r gad, meddai J. Gwili Jenkins,

> Clywch ar y bryniau alwad megis cynt!
> Llef fel llef Llywelyn gwyd y gwynt;
> Ar arch eich Owen, codwch fel un gŵr, —
> Oni chlywch drwy'r glynnoedd waedd Glyn Dŵr.

> * * *

> Hil aberth oesoedd! dros y breintiau mawr!
> Aberth sydd i chwithau — wele'ch awr!
> Clywch alwad Rhyddid a Chyfiawnder glân
> Parod fo'ch i'ch puro'n awr trwy dân.

I'r Cymry, yn ôl golygydd y *Western Mail*, yr oedd gwladgarwch nid yn unig yn sentiment ond, hefyd, yn rhinwedd ac egwyddor barhaol. Ymhyfrydodd yn nhraddodiad milwrol Cymru fel arf i fynegi'r gwladgarwch hwnnw.[31] Pwysleisiodd golygydd *The Welsh Outlook* nad rhywbeth newydd oedd fod catrodau o Gymru'n ymladd yn Ffrainc, gan eu bod drwy'r oesoedd wedi tywallt eu gwaed ar feysydd Ewrop. Yn Haf 1346, dilynodd 3,500 o saethyddion Cymreig Edward, y Tywysog Du, pan ymosododd ar Ffrainc. Ym mrwydr Crécy ymladdodd 5,000 o saethyddion a phicellwyr Cymreig. Ymladdodd Cymry, hefyd, ar dir Ffrainc yn erbyn y Tywysog Du. Yn Ffrainc, daeth Owain Lawgoch i amlygrwydd fel ymladdwr yn Rhyfel y Can Mlynedd, ac yn llys Ffrainc enillodd Owain Glyndŵr enwogrwydd. Ym mrwydr Waterlŵ cwympodd y Cadfridog Picton, ac yn y frwydr honno ymladdodd catrodau Cymreig gyda'u dewrder arferol.[32]

Edmygodd golygydd *Y Brython* Henry Richard, apostol heddwch ac Eleazar Roberts, ond credai y dylid rhoi heibio'r traddodiad hwnnw dros dro mewn achos oedd yn gyfiawn a sanctaidd.[33] Arwydd o ymlyniad Cymru wrth yr 'achos' oedd i blant Llanbryn-mair ar Ddydd Gŵyl Ddewi 1915 neilltuo'r diwrnod i glodfori Owain Glyndŵr a'r Cadfridog Picton, a phlannu Jac yr Undeb ar iard yr ysgol.[34] Yr oedd y delyn, hithau, hefyd, wedi'i phlannu'n gadarn yng nghalon y Cymro. Mynnodd un o ohebyddion *Y Brython* fod rhywbeth yn siâp a gosodiad y delyn yn gwneud i ddyn glosio ati, a pheri iddo gredu, ni wyddai'n iawn ym mha fodd, fod hanes a phrofedigaethau cenedl y Cymry wedi eu diogelu a'u trysori yn nhannau'r delyn, ac wrth syllu arni, ni allai lai na chofio am yr amseroedd enbyd a rhyfelgar pan orfodwyd y tadau i gadw un llaw ar y delyn, er mwyn cadw'u hysbrydoedd heb ddiffygio, a'r llaw arall ar y cledd yn barod i amddiffyn eu haelwydydd a'u gwlad rhag cael ei mathru a'i threisio gan y Saeson, hynafiaid yr 'Hun' creulon, treisiwr Ewrop. Ond yr oedd un peth yn gwbl sicr — byddai'r delyn, maes o law, yn seinio cân buddugoliaeth.[35]

Un o edmygwyr selocaf y Cadfridog Owen Thomas oedd Beriah Gwynfe Evans, ond ar ddechrau 1916 pryderai am ddyfodol y Fyddin Gymreig. Ymrestrodd cannoedd, onid miloedd, yn wir, o fechgyn Cymru dan y dybiaeth y caent eu derbyn i Fyddin Cymru, ond fe'u danfonwyd gan y swyddogion recriwtio Saesneg yng Nghymru i gatrodau Seisnig ac Ysgotaidd. Carai Beriah Gwynfe Evans gael gwybodaeth ynglŷn â nifer y milwyr a gymerwyd o'r catrodau Cymreig i lanw'r bylchau yn rhengoedd y catrodau na pherthynent i Gymru. Yr oedd y mwyafrif o'r swyddogion ym myddin y Cadfridog Owen Thomas yn Gymry twymgalon, yn anwylo'r iaith, ac yn parchu crefydd y Cymry, ond nid oedd, yn ôl Beriah Gwynfe Evans, un gwir Gymro yn medru'r Gymraeg yn yr adrannau eraill o Fyddin Cymru. Pa nifer, tybed o Saeson neu Ysgotiaid, neu Wyddelod, na wyddent ddim am Gymru a benodwyd i swyddi uchel ym Myddin Cymru? Y gwir plaen oedd hyn: yn y catrodau Cymreig, ar wahân i Frigâd Gogledd Cymru dan lywyddiaeth y Cadfridog Owen Thomas, estroniaid oedd y swyddogion yn dirmygu'r iaith Gymraeg a chenedl y Cymry.[36]

Yr oedd y *Welsh Outlook*, hefyd, yn feirniadol am fod cynifer o Gymry, ar ôl derbyn addewid y caent swyddogion yn medru'r Gymraeg, ac yn parchu eu traddodiadau a'u crefydd, wedi eu danfon i gatrodau Seisnig, dan reolaeth swyddogion uniaith Saesneg, ac am nad oedd y Cymry, lawer ohonynt, yn hyddysg yn yr iaith Saesneg, daeth y swyddogion i'r casgliad eu bod yn dwp ac anwybodus, yn 'blydi Cymry'. Pa bryd y gwawriai ar feddwl y teip hwn o Sais ei fod yn bosibl i ddyn fod yn ddiwylliedig, a darbodus, heb wybod Saesneg? Pa bryd y dysg y swyddogion nad yw'n angenrheidiol iddynt ymddwyn fel bwli tuag at y Cymro er mewn ymladd dros ryddid Belg?[37]

Pan symudwyd y Cadfridog Owen Thomas o'i swydd fel Pennaeth Byddin Cymru gan yr awdurdodau milwrol cythruddwyd y wasg Gymraeg am fod yr addewid o du'r awdurdodau y cai'r gwirfoddolwyr swyddogion a ddeallai eu hiaith a pharchu eu traddodiadau cenedlaethol, a'u magwraeth Gristionogol, wedi'i thorri. Gresynodd Beriah Gwynfe Evans fod 'Ysgotyn o genedl, Sais o dafod', gŵr nad oedd ganddo ronyn o gydymdeimlad â Chymru na gwybodaeth am ei delfrydau cenedlaethol wedi'i benodi yn lle'r Cadfridog Owen Thomas. Gadawodd y weithred flas drwg a chwerw yng nghalon pob Cymro twymgalon.[38]

Arafwch i ymrestru

Ym misoedd cynnar y Rhyfel ymffrostiodd un o bapurau newydd De Cymru fod gwladgarwch y Cymro wedi'i ennyn i'r fath raddau fel nad oedd angen mwyach i'r swyddogion recriwtio fynd allan i chwilio am fechgyn i ymuno â'r fyddin, oherwydd deuai'r bechgyn o'u gwirfodd i'r gwersylloedd milwrol i gynnig eu gwasanaeth.[39] Ond cyn diwedd 1914 yr oedd y papur hwnnw yn apelio'n daer am wirfoddolwyr. Mae'n amlwg nad oedd pawb mor barod i ymuno â'r hanner cant o hen filwyr Pontypridd a anfonodd deligram i bapur newydd yn cynnig eu gwasanaeth rhywle lle 'roedd angen.

Yng ngholofnau'r *Western Mail* awgrymwyd troi pob capel ac eglwys yn ganolfan cofrestru i'r fyddin, a dylai pob gweinidog gysylltu'n bersonol â'r bechgyn ifainc i'w hargyhoeddi o ddifrifwch y sefyllfa. Awgrymwyd, hefyd, fod Ymneilltuwyr yn fwy hwyrfrydig i ymuno na'r Anglicaniaid.[40] Synhwyrai 'Gwladgarwr Cymreig' yn *Y Brython* fod yr Ymneilltuwyr yn benodol a'r Cymry'n gyffredinol yn llusgo'u traed ar fater ymrestru. Gadawant i 'Eglwyswyr Seisnig' fynd i ymladd trostynt, ac arhosant hwy gartref i ganu 'Hen Wlad fy Nhadau' a gwrando pregethau'n ymdrin â phechadurusrwydd y Rhyfel.[41]

Gresynodd George Meredith, y bardd, fod cyn lleied o ysbryd rhyfel yn y Cymry. Yr oedd Piwritaniaeth a dysgeidiaeth heddychlon yr Ymneilltuwyr, yn ei farn ef, wedi darostwng a mygu'r ias ryfelgar a feddiannodd y genedl gynt, ac a fynegwyd mor gadarn yn 'Rhyfelgyrch Gwŷr Harlech' a 'Chapten Morgan.'[42]

Yn groes i'r farn honno, barn gyffredinol y wasg Gymraeg oedd bod y cyhuddiad am Gymry'n llwfr ac yn gyndyn i ymuno â'r fyddin yn gelwyddog ac enllibus. Cyfaddefodd John Morris-Jones i'r Cymry fod braidd yn ddifater ynglŷn ag ymrestru ar ddechrau'r Rhyfel, ond, y pryd hynny, ni sylweddolasent fod Cymru'n ymladd am ei rhyddid a'i heinioes.[43]

Os oedd yr awdurdodau milwrol yn awyddus i'r Cymry arddangos mwy o barodrwydd i ymrestru, dylent apelio atynt drwy berswâd, a wynebu'r gwir fod mwy o ofn rheg a rhysedd y catrodau Seisnig na chledd y gelyn ar filoedd o Gymry. Digon prin y gellid disgwyl i'r Cymry droi mewn undydd unnos oddi wrth Efengyl Tangnefedd y magwyd hwy ynddi. Peth cymharol hawdd oedd newid cyfeiriad wrth ddrilio, neu wrth annerch, ond ni ellid gwneud hynny'n hawdd ag argyhoeddiadau crefyddol.[44] Yn ôl E.T. John, A.S. dros Ddwyrain Dinbych, Tywysog Tangnefedd oedd gwir Dywysog Cymru, a gellid olrhain claerineb y wlad i'w chrefyddolder. Dyna oedd i gyfrif fod Cymru'n casáu rhyfel.[45] Credai John Williams, Brynsiencyn mai 'diffyg iawn-ystyriaeth a iawngymhwysiad o addysg ac egwyddorion Crist a'r Bregeth ar y Mynydd oedd wrth wraidd hynny o wrthwynebiad a deimlid gan rai Cymry culfarn i'w phleidio'.[46] Mynnai'r Cadfridog Owen Thomas fod ei gydwladwyr gystal milwyr ag a welid yn unman, ond oherwydd eu swildod, yr oeddynt yn araf i ymrestru, ac yn methu ymwthio digon yn y fyddin.[47]

Yng Nghyngor Sir Meirionnydd dywedodd Syr Osmond Williams ar goedd fod Meirion yn ôl i bob sir arall yng Nghymru i anfon milwyr i'r fyddin. Yr oedd Môn ac Arfon ar y blaen o ryw ychydig. Ond nid oedd hynny'n syndod i olygydd *Y Llan,* [48] gan fod gwŷr ieuainc y siroedd hynny wedi'u haddysgu i yfed gyda llaeth eu mamau ddirmyg o bopeth milwrol. Serch hynny, yr oeddynt yn fwy na pharod i ganu clodydd eu tadau a aeth i'r gad i wrthwynebu trais Lloegr. Yn eu golwg hwy, segur-swyddwyr, y bendefigaeth, ciwed i'w difodi'n llwyr o'r ddaear oedd y rhyfelwyr, a phan geisiwyd codi catrawd o wirfoddolwyr yn Ffestiniog, gwrthwynebodd 'arweinwyr y bobl' ymgymryd â'r fath gam. Yr arweinyddion hynny, meddid, a fu'n chwythu bygythion pan soniwyd ym Meirion am addysgu plant yn elfennau ymarferiadau corfforol i'w cymhwyso i fod yn gryfion i amddiffyn eu gwlad. Dylai Syr Osmond Williams a'i gymheiriaid, meddai golygydd *Yr Haul,* yfed y cwpan chwerw eu hunain, oherwydd hwy a'i piau ef, nid y bechgyn ieuainc. Pan lwyddai'r bechgyn i ymysgwyd o afael y syniadau llwfr a dderbyniasant gan eu harweinwyr, y pryd hynny byddent cyn baroted â bechgyn unrhyw ran arall o'r deyrnas i ateb galwad y wlad.

Yn ôl golygydd *Y Llan,* telir y pris am y neges heddwch a bregethwyd gan Ymneilltuwyr gyda'r canlyniad fod y plant a godwyd yn y capeli'n meddwl am ymrestru fel esgymunbeth, a'u bod uwchlaw ymuno â charthion y fyddin.[49]

Byddai'r pris am beidio ymrestru hefyd, yn uchel. Wrth annerch cyfarfod recriwtio yn Wrecsam, dywedodd Ellis Griffith, A.S. Môn, y byddai'r gŵr a ymatebodd i alwad ei wlad, ryw ddydd, yn llawenhau am iddo gael rhan yn y fath ymgyrch. Daw dydd, meddai, pan fyddai mwg maes y gwaed wedi diflannu, dagrau'r galarwyr wedi eu sychu, a'r glaswellt

ar feddau'r rheini a syrthiodd wedi tyfu drachefn. Holodd
yn daer,

> ... oni fydd yn rhagorfraint fawr i'r dyn ieuanc yr adeg honno
> i gofio iddo roi atebiad llawen i'r alwad mewn awr o angen, ac
> iddo roi'r oll a feddai o ynni, ffyddlondeb, a bywyd i wasanaeth
> ei wlad?

Pwy a feiddiai beidio â thalu'r pris![50]

Anfadwaith yr Almaen

Er gwaetha'r ensyniadau ynglŷn â hwyrfrydigrwydd rhai
Cymry ifainc i ymrestru, yr oedd y wlad yn gyffredinol yn
bleidiol i'r Rhyfel. Ym Medi 1914, anfonwyd neges o'r
Trysorlys i 'feibion dewrion Cymru' yn llawenhau na welwyd
y fath unfrydedd ym Mhrydain a'r trefedigaethau erioed o'r
blaen, gan fod pob gradd a phob plaid yn gytûn nad oedd
gan Brydain ddewis arall ar wahân i ymladd. Yn wyneb y fath
ysbryd unol gellid galw'n ffyddiog am holl ddewrder
meibion Cymru, a holl diriondeb ei merched i wneud aberth
er mwyn darostwng a ffrwyno balchder a hunanoldeb y gelyn.
Yr oedd holl egnïon y genedl yn ddarostyngedig i'r dasg o
achub gwareiddiad.[51]

Yr oedd mawredd yr argyfwng wedi sobri pawb a'u closio
at ei gilydd, gan fwrw pob cweryl arall i'r cysgodion.
Mynnai W. Llewelyn Williams fod y Deyrnas yn 'Gyfunol',
yng ngwir ystyr y gair. Distawodd llais sect a phlaid, ac
ychwanegwyd at yr ysbryd unol gan fodlonrwydd y mamau
i aberthu eu bechgyn ar allor eu gwlad.[52]

Yn ychwanegol at yr unfrydedd, sylwodd golygydd *The Welsh
Outlook*, ym Medi 1914 nad oedd yr ysbryd jingoistaidd, nac
ymlyniad cibddall wrth un blaid wleidyddol yn amlwg yn y
wlad. Datganai Torïaid eu hymddiriedaeth lwyr yn y
Llywodraeth, a diolchai'r Rhyddfrydwyr i'r wrthblaid am ei
chynhorthwy yn nydd argyfwng. Yr oedd elfen gref o
'sobreiddiwch' yn y wlad, ac ar wahân i ychydig eithriadau,
ni feddiannwyd trwch y boblogaeth gan unrhyw ysbryd
trahaus. Ni fynegwyd unrhyw gasineb, chwaith, tuag at y
gelynion, ar wahân i'r casineb hwnnw a arddangoswyd gan
y rheini a oedd yn casáu pawb a phopeth.[53]

Ond fel yr aeth y Rhyfel yn ei flaen, aeth y 'sobreiddiwch' fwyfwy dan straen. Ym Medi 1914, ysgrifennodd un o golofn-wyr *Y Brython* i'r perwyl fod y Cymry, fel y gweddill o drigolion Prydain, yn codi'n blygeiniol, hyd yn oed yn y parthau mwyaf gwledig a diarffordd i ymorol am bapur Saesneg, ei lond o 'gigyddiaeth a gwaed'. Darllenwyd y papurau hynny yn awchus.[54]

Yn 1915, bodlonai'r papurau lleol groniclo hanes y cyngor plwyf a basâr y pentref, ond ymhen llai na blwyddyn, yn ôl George M.Ll. Davies, adroddid ynddynt, gyda chymerad-wyaeth amlwg a boddhad, ddisgrifiad milwr sut yr aeth ef a'i gydfilwyr 'i weithio gyda'r bidog'. Ar un o hysbysfyrddau'r papurau newydd gwelodd y geiriau, 'Dwy fil o gyrff Al-maenig'. Mewn byr amser, lledodd yr ysbryd milwrol ei adenydd, ac enynnodd militariaeth fwy o filitariaeth.[55]

Arferai'r *Western Mail* groniclo hanesion am wrhydri'r milwyr yn y ffrynt, yn Awst 1914, yn y golofn, 'In The Trenches'. Disgrifiwyd yn gignoeth fel yr ymosododd yr Almaenwyr, 'a'u gwaedd yn rhwygo'r awyr', 'yn orffwyll gan awydd' (i ladd), a gloddestwyd ar y digwyddiadau pan ddinistriwyd yr Almaenwyr yn llwyr, yn aml mewn cyrch i ennill darn bychan o dir.

Tanseiliwyd y 'sobreiddiwch' yn llwyr gan y storïau am erchyllterau'r Almaen. Cyfaddefodd, hyd yn oed golygydd *The Welsh Outlook* nad oedd amheuaeth mwyach fod yr Almaen, hyd yn oed ym misoedd cyntaf y Rhyfel wedi gweithredu yn gwbl groes i ddeddfau cydnabyddedig rhyfel. Saethwyd dinasyddion diniwed, difrodwyd ffermydd a thai, a gellid cyfeirio at enghreifftiau o orfodi menywod a phlant i wasanaethu fel tarian i filwyr yr Almaen pan ymosodent ar eu gelynion. Nid gweithredoedd hwliganiaid oedd y gweithredoedd hynny gan eu bod yn ffrwyth cynllun bwriadus i ddychrynu'r cynghreiriaid. Serch hynny, hyderai golygydd *The Welsh Outlook,* y gallai'r cynghreiriaid ymwrthod â thactegau'r gelyn.[56]

Pan daniodd yr Almaen ar ddinas brydferth Louvain, yn 1914, a llosgi llyfrgell y Brifysgol, ymarswydodd O.M. Edwards o feddwl fod gwlad wareiddiedig wedi llosgi'n ulw un o lyfrgelloedd enwocaf Ewrop,[57] a gresynodd W. Llewelyn

Williams nad oedd un athro yn yr Almaen wedi condemnio dinistr Louvain. Pan ddymchwelwyd Eglwys Gadeiriol Rheims, Eglwys a godwyd yn y 13 ganrif a 'phrif gysegr crefydd a diwylliant yr oesau yn Ffrainc', ni chododd na phresbyter na 'ffeirad o'r Almaen ei lef yn erbyn y fath anfadwaith. Ni chododd neb ei lef, ychwanegodd W. Llewelyn Williams, pan esgynnodd gwaedd i'r nef o du trueiniaid digartref Termonde, Aerschott ac Antwerp. Yr oedd bydd-inoedd Cesar yn difa'r gwledydd fel haid o locustiaid,

> Yn lle Eglwysi Cadeiriol mawrwych, nid erys ond murddyn garw; eu llyfrau dirif a'u llawysgrifau hen a daflwyd i'r tân; eu gwŷr a'u gwragedd a'u plant a syrthiodd yn ebyrth i lid a gormes a thrachwant yr ysbeilwyr. Eu tai sydd anghyfannedd; eu meysydd a ddifrodwyd . . .[58]

Clywodd O.M. Edwards gan un a welodd y ffoaduriaid dychrynedig a ddaeth i Brydain o wlad Belg fod dwylo rhai o'r plant wedi eu torri ymaith oddi wrth eu breichiau.[59] Ni ddaeth neb o hyd i'r plant hynny, ond gyda pharhad y Rhyfel, dadlennwyd profion pellach o farbareiddiwch a phaganiaeth yr Almaen. Yn *Y Brython*, cyfeiriwyd at weinidog Lwtheraidd a garcharwyd am feiddio datgan o bulpud mai'r un Duw a addolid ym Mhrydain ac yn yr Almaen. Yr oedd yn wybyddus i bawb fod y Kaiser yn uchel ei gloch am fod Duw o'i blaid, ond aeth yr Almaenwyr gam ymhellach wrth fynnu fod ganddynt hwy eu Duw eu hunain. Cenedl etholedig y Duw hwnnw oedd yr Almaen. Dyma'r Duw, meddai *Y Brython*, a ysbrydolai'r Almaenwyr i gyflawni eu gweithredoedd anfad, ond er lles dynolryw, yr oedd yn dda o beth eu bod yn hawlio'r fath Dduw iddynt eu hunain. Ni allai Prydain ddygymod â'r fath Dduw.[60]

Amlygiad pellach o farbareiddiwch yr Almaen oedd y modd y trinid carcharorion Prydain. Yn wahanol i Brydain, cafwyd profion fod yr Almaenwyr yn lladd milwyr Prydain ar ôl eu dal yn gaeth.

Yr oedd rhai yn amharod i roi coel ar bob stori am greulonderau'r Almaenwyr, ond yn wyneb y sicrwydd ynglŷn â gwirionedd llu o ffeithiau a ddaeth i'r amlwg, gorfodwyd y mwyaf heddychol o ddynion i gefnogi'r Rhyfel. Ni ddylid ymorffwys, felly, meddai *Y Brython*, beth bynnag a fyddai'r gost, cyn torri crib y balchder milwrol oedd wrth wraidd amcanion yr Almaen. Byddai anfadwaith Louvain yn warth ac ystaen ar faner yr Almaen nas golchid fyth, ac am bob dafn o waed diniwed a gollwyd yng ngwlad Belg a Ffrainc oherwydd cynddaredd y gelyn, fe'i gorfodid cyn bo hir i dalu'n ddrud am ei fudrwaith.[61]

Tadogodd O.M. Edwards y bai am greulonderau'r Ellmyn ar yr awdurdodau milwrol a barlysodd y wlad â dychryn fel na feiddiai'i dinasyddion wrthwynebu. Cyflawnodd milwyr yr Almaen — tadau a bechgyn o gartrefi crefyddol lawer ohonynt — eu dyletswyddau, nid o fodd ond mewn ufudddod i orchymyn milwrol.[62] Ond tadogodd W. Llewelyn Williams y bai ar genedl gyfan. Yr oedd yr Ellmyn uwchlaw cyfraith, uwchlaw gwareiddiad ac uwchlaw Cristionogaeth. Ni allai W. Llewelyn Williams wahaniaethu rhwng gwreng a bonedd wrth geisio pennu cyfrifoldeb am y Rhyfel. Yr oedd pawb yn euog.[63]

Pan suddwyd y 'Lusitania' ym Mai 1915, cododd ton o ddialedd drwy Brydain. Collwyd 1,388 o fywydau. Arddelodd y llofrudd ei waith gan ymffrostio yn ei orchest, a bu'n ddigon beiddgar i roi rhybudd o'i fwriad, meddai golygydd *Y Brython*. Wrth drywanu'r llong a gludai wŷr, gwragedd, a phlant trywanwyd calon gwareiddiad mewn modd dyfnach nag erioed o'r blaen, ac aeth y mymryn olaf o barch at yr Almaen i lawr gyda'r llong. Mae'n wir fod y gelyn wedi rhoi rhybudd o'i fwriad, ond ni wrandawyd ar y rhybudd oherwydd i'r awdurdodau gredu fod hyd yn oed mewn rhyfel reolau nas torrid gan neb gwâr. Trywanwyd y llong yn ddisyfyd. Y Kaiser, 'yr anghenfil', 'y llofrudd', 'gelyn dynoliaeth' a'i suddodd.[64]

Mae'n hawdd deall ymateb golygydd *Y Brython* i suddo'r 'Lusitania' ond ni chyfiawnhaodd weithredoedd dinasyddion Lerpwl a geisiodd dalu'r pwyth yn ôl wrth ymosod ar siopau'r ddinas a berchenogid gan Almaenwyr. Parhaodd yr ymosodiadau hynny am dri diwrnod. Serch hynny, ychwanegodd fod teimladau pobl wedi eu cyffroi, a gellid deall paham na allent ymatal rhag mynegi'n groyw a chadarn eu dicter yn wyneb y fath greulondeb anesgusodol. Yn groes i arfer yr Almaenwyr dangosodd byddin a llynges Prydain fawrfrydigrwydd tuag at y gelyn, hyd yn oed, pan olygai hynny beryglu bywydau ei morwyr. Dylai pawb arddangos yr un mawrfrydigrwydd gan sylweddoli mai'r Kaiser a'i swyddogion a oedd yn gefn i bob erchylltra.[65]

Y farn gyffredinol oedd y byddai suddo'r 'Lusitania' yn sicr o ysgogi llaweroedd i ymuno â'r fyddin, a gellid, yn ôl rhai, godi catrawd, a galw'i milwyr yn 'Lusitaniaid'.

Troes y Kaiser a'i weision y Ddeddf Foesol wyneb i waered â chyrchoedd y Zeppelins a ddechreuodd yn Ionawr 1915. Methodd yr Almaen â gwahaniaethu rhwng pobl ddiniwed, hen bobl a gwersyll filwrol; rhwng mam yn cofleidio'i baban a milwr yn cario gwn. Cyfododd gwaedd gondemniol o'r gwledydd niwtral. Llofruddiaeth ddigymysg, meddid, oedd cyrchoedd yr awyrlongau.[66]

Gwaeth, hyd yn oed, na dinistr Louvain, suddo'r 'Lusitania', a chyrchoedd y Zeppelins oedd dienyddio Edith Cavell a gynorthwyodd nifer o filwyr y cynghreiriaid i ddianc. Disgrifiodd *Y Dinesydd Cymreig* y digwyddiad yn Hydref 1915 fel 'un o'r digwyddiadau mwyaf torcalonnus er toriad y rhyfel'. Yr oedd yn weithred annynol. Fe'i disgrifiwyd yn *Y Brython* fel gweithred 'ddaearol, anianol, a chythreulig', ac anodd dychmygu gweithred 'mwy amddifad o bob teimlad dynol'.[67]

Fel ymateb i'r 'barbareiddiwch' o du'r Almaen galwyd am fesurau i daro'n ôl ar y gelyn, a gofynnwyd am ymddiswyddiad rhai o weinidogion y goron a droes yng ngolwg llawer, yn fradwyr. Meithrinodd 'erchyllterau'r' Almaenwyr hefyd, elfen o histeria. Fe'i mynegwyd yn ymagwedd y foneddiges honno mewn cyfarfod yn un o blasau gogledd Cymru. Pe deuai'r Almaenwyr i Brydain yr oedd ganddi bilsen yn barod i'w llyncu cyn gynted ag y dôi'r newydd eu bod wedi glanio. Dewisai farw â'i llaw ei hun cyn bodloni i'r 'ellyllon dieflig ac anniwair' ei thrin fel yr oeddynt wedi trin merched Belg druain.[68]

Bu'r cyfarfodydd recriwtio yn gyfrwng i feithrin, yn gynnar yn y Rhyfel, yr elfen hon o histeria. Wrth annerch un o'r cyfarfodydd hynny yn y Pentre, Rhondda, anogodd Mabon y cynulliad i feddwl yn ddwys am y rhan flaenllaw a chwaraeodd gwlad fach Belg yn yr argyfwng, ac fel y bu farw ei glowyr farwolaeth erchyll pan gaethiwyd hwy yn nyfnder un o byllau glo'r wlad honno. Gofynnodd iddynt feddwl yn ofalus, beth, tybed, a fyddai ymateb y Pentre petai byddin yr Almaen yn glanio yn Lloegr, yn ymdeithio, wedyn, tua'r Rhondda, un rhan o'r fyddin yn dod i'r Rhondda Fawr, rhan arall yn gosod ei phawen ar y Rhondda Fach, a rhan arall eto yn dod i Ferthyr, ac wedi cyrraedd yn selio'r pyllau, a chaethiwo glowyr yr ail shifft. Meddai Mabon, 'cythreuliaid oedd y dynion a gyflawnai'r fath anfadwaith, a gelwir arnom yn awr i ymladd cythreuliaid'.[69]

Mynegodd tref Aberystwyth ei hanghymeradwyaeth o'r gelyn drwy erlid yr Athro Herman Ethé, a fu er 1873 yn athro Almaeneg yn y Brifysgol. Ond, hefyd, mynegwyd teimladau cryf yng Nghymru o'i blaid. Anghymeradwywyd y weithred gan bawb rhesymol, yn ôl awdur y golofn 'Wales At Work' yn *The Welsh Outlook*.[70] Gresynodd na fyddai'r egni a wariwyd i erlid yr hynafgwr wedi'i sianelu i recriwtio pobl ifainc i'r fyddin. Hyderai Gwilym Davies na fyddai pentrefi a threfi Cymru yn dilyn esiampl Athen Cymru. Byddai'r cenedlaethau a ddaw'n ymfalchïo oherwydd y rhan a chwaraeodd Cymru ym mrwydr Aisne a Marne, ond, beth, tybed a fyddai adwaith ein plant i 'frwydr Ystwyth?'[71]

'Ffei honot Aberystwyth' oedd y pennawd uwchben erthygl 'Alban' yn *Y Brython*,[72] yn delio ag achos yr Athro Herman Ethé. Yn nydd y prawf ar gymeriad Prydain Fawr pan alwai'r amseroedd arni i gyhoeddi neges 'uchelfoes ac anrhydeddus', dewisodd Athen Cymru arddangos ei heiddilwch drwy ennyn cythrwfl ac ysbryd anwar ei gwerin anwybodus. Megis cenfaint o feddwon ymosododd ciwed o'r dref ar gartref yr hynafgwr a'i fygwth â bygythion gweddus i ffŵl y ffair. Rhoddwyd iddo ef a'i briod bedair awr ar hugain i ymadael â'r dref, a phe gwrthodai wneuthur hynny, ymosodid arnynt, a chwelid y tŷ. Ciliodd yr Athro a'i briod — Saesnes o waed — ac anerchwyd y dorf a ymgasglodd yn ymyl capel Seilo gan un o arweinwyr y bobl a ddisgrifiwyd gan 'Alban' fel 'dryw bach diniwed'. Meddai ef,

> Friends, Aber. boys, Countrymen. I am glad to find that what Aber. had done had been regarded in the English papers and that telegrams had been received saying, 'Brave Aber'!

Dyna, ychwanegodd 'Alban', foeseg Aberystwyth yn yr ugein-fed ganrif — boddio'r Sais, a chael hysbyseb rad i'r dref fel 'Queen of the Welsh Watering-places'. Gallai Cymru hefyd, ymfalchïo yn ei hunbenaethiaid ar Lys Prifysgol Aberystwyth — y rheini o dref Aberystwyth a fu'n amlwg yn erlid yr Athro, ac yn arbennig y meddyg o'r dref, Dr T.D. Harries a alwodd ar yr hwliganiaid i roi tair banllef i ŵr bonheddig arall o athro, a ddywedodd iddo ef gael ei eni'n Sais, nid Almaenwr dienwaededig.

Yn ddiweddarach, pan oedd yr ymosodiadau o'r awyr yn eu hanterth pasiwyd penderfyniad, gan Gyngor Tref Aberystwyth o blaid talu'r pwyth yn ôl. Cynigiwyd y pender-fyniad gan Dr. T.D. Harries:

> They heard a great deal of the Christian point of view from some goody-goody people, but if those people heard the mournful cries of women who had lost their children they would have no doubts as to the justice of the reprisals . . . The Germans have adopted a code of cruelty and barbarity which they meant to carry on to the end of the chapter, and the people of this country ought to fight them not only in the trenches but outside, as well, and kill as many as they could of them.

Yr Arwr

David Lloyd George, gyda chynhorthwy parod y sefydliad crefyddol a lwyddodd, yn anad neb arall i wneud rhyfel gwaedlyd yn grwsâd sanctaidd. Yn ei anerchiad, 'Cyfiawnder ein Hachos', a draddodwyd yn y City Temple, Llundain, yn Nhachwedd 1914, dywedodd mai'r cyfarfod yn y City Temple, oedd yr ail iddo annerch erioed o blaid rhyfel. Bu'n annerch cannoedd o gyfarfodydd yn erbyn rhyfel. Yn wir, ymladdodd ar hyd ei oes yn erbyn militariaeth, ac er ei fod yn parhau i gasáu rhyfel â chas perffaith, fe'i gorfodwyd i gefnogi Rhyfel 1914 yn enw cydwybod dda. Gwyddai o'r gorau am erchyllfra rhyfel. Bu un o gadfridogion enwocaf Ffrainc yn llygad-dyst o'r erchyllfra hwnnw, a phan gyfarfu â David Lloyd George dywedodd wrtho fod y sawl a oedd yn gyfrifol am y Rhyfel yn berchen enaid diafol.[73]

'Y fath Nadolig', meddai, mewn erthygl yn y *Methodist Times*, wrth sôn am amgylchiadau'r cenhedloedd ar adeg y Nadolig 1914: cenhedloedd a'u poblogaeth ar gyfartaledd yn rhifo mil o filiynau yn ben-ben â'i gilydd; dwy filiwn ar bymtheg yn brwydro; ac mewn cyfnod o bedwar mis syrthiodd 2,500,000 ar feysydd Ewrop. A welodd y byd Nadolig tebyg?[74] Erys pris uchel mewn bywydau a dioddefaint i'w dalu i'r dyfodol, ond ni ellir llai na gresynu fod y gwastraff ar fywydau eisoes yn enbydus, ac atgoffir ef yn feunyddiol am y cyfoeth a gynaeafwyd dros y blynyddoedd o heddwch, a'r llafur caled, ond, bellach, a deflid i ganol fflamau y Rhyfel.[75]

Aeth i'r Rhyfel yn anewyllysgar, ond nid oedd llwybr arall yn agored iddo yn wyneb diefligrwydd y gelyn. Rhyfelai'r cynghreiriaid yn erbyn 'anwariaeth' gwlad oedd yn torri cytundebau, 'gwareiddiad hunangar, anianol, caled'. Creodd Duw ddyn ar ei ddelw ei hun, ond ailgrewyd ef gan wareiddiad yr Almaen ar lun peiriant a oedd yn gywrain, manwl a nerthol, yn amddifad o enaid. Llenwid y Kaiser â dwndwr milwriaeth, dyrchafai'r dwrn dur.[76] Yn ei olwg ef, meddalwch oedd sôn am aberthu dros eraill yn unol â'r egwyddor Gristionogol. Gwaed a haearn oedd ymborth yr Almaen, a phetai hi'n cael rheoli, darfyddai am ryddid a gweriniaeth am byth.

Pwysleisiodd David Lloyd George nad oedd Prydain yn ymladd yn erbyn gwerin yr Almaen. Yr oedd y werin dan bawen y dosbarth milwrol, a phetai modd ei ddymchwel, byddai'n ddydd o lawen chwedl i'r Ellmyn. Gallent, wedyn, ymysgwyd yn rhydd oddi wrth iau a gormes y dosbarth milwrol a oedd yn ymchwyddo megis mân-dduwiau gan rodianna'r heolydd, ac ysgubo o'r neilltu i'r gwter bawb a feiddiai ddefnyddio'r un llwybr. 'Ni biau'r ffordd', meddent hwy'n dalog.

Rhaid i genhedloedd bychain, hefyd, roi ffordd iddynt, fel modurwr a gredai mai er ei fwyn ef y gwnaed y ffordd, a gwae neb pwy bynnag a feiddiai'i rwystro.[77]

Nid mympwy sydyn a barodd fod yr Almaen wedi ymosod ar wlad fach Belg, ond cynllunio gofalus. Megis fwltur a fu'n hofran yn uchel uwchben gwlad Belg cyn ymosod arni, credodd yr Almaen y byddai'n disgyn ar wningen, ond sylweddolodd ar fyrder iddi ddisgyn ar ddraenog, a bu'n gwaedu fyth ar ôl hynny.[78]

Yr oedd anrhydedd cenedl yn y fantol i amddiffyn

annibyniaeth a rhyddid 'cymydog bach', yn ôl cytundeb. Ond daeth y gair 'cymydog' o hyd i ystyr newydd, meddai David Lloyd George. 'Pwy yw fy nghymydog?' 'Dy gymydog', yn ôl dehongliad yr Almaen, 'yw'r hwn sydd yn syrthio arnat fel lleidr, dy ddiosg a'th archolli, gan dy adael yn hanner marw'.[79]

Aeth y gair 'cytundeb', hefyd, yn ddiwerth. I'r Almaen, sgrap o bapur oedd 'cytundeb', ac ni ddylid ei rwymo wrth rywbeth mor simsan â 'chytundeb'. Yr oedd hynny, ymatebodd David Lloyd George, yn tanseilio cyfraith yr holl genhedloedd, yn agor y ffordd i farbariaeth.

Triniwyd gwlad Belg yn giaidd, un o'r gwledydd mwyaf didramgwydd yn Ewrop,

> Dyna'r lle oedd hi — yn heddychlon, diwyd, darbodus, gweithgar, heb beri tramgwydd i neb. A dyma'i meysydd ŷd wedi eu sathru, ei phentrefi wedi eu llosgi, ei chain-drysorau wedi eu difetha, ei dynion wedi eu lladd, ie, a'i gwragedd a'i phlant hefyd. Y mae cannoedd a miloedd o'i phobl — eu cartrefi bach cryno, cysurus wedi eu llosgi yn lludw, yn grwydriaid digartref yn eu gwlad eu hunain.[80]

Un o themâu canolog ei areithiau oedd hawl cenhedloedd bychain megis Belg a Serbia i fyw, y naill dan bawen Prwsia a'r llall wedi'i gormesu gan Awstria. Mynegodd yn huawdl ddyled y byd i genhedloedd bychain, 'a ddewiswyd gan Dduw yn gostrelau i gludo'i win pereiddiaf ar wefusau dynoliaeth, i lawenhau eu calonnau, i ddyrchafu eu gwelediad, i symbylu a nerthu eu ffydd.'[81]

Nid amheuodd am eiliad fod y cynghreiriaid yn ymladd dros un o egwyddorion sylfaenol y ffydd Gristionogol, sef i amddiffyn y gwan yn erbyn y cryf creulon, y cryf digydwybod a'r cryf annynol oedd yn afradu'r nerth a gawsant gan yr Hollalluog i ormesu, poenydio, damsang dan draed, a difrodi yn unol â thactegau'r bwli.[82]

Wrth annerch yr Eglwysi Rhyddion ym Mawrth 1918, dywedodd David Lloyd George na ddylai neb wneud yn fach o wladgarwch fel cymhelliad dros ymladd, ond y prif gymhelliad yn 1914 oedd ymateb i gri'r gwan a dilyn llais cydwybod yn erbyn trachwant, tyraniaeth, a grym oer. Dyna a wnaeth y miliynau o bobl ifainc yr ymerodraeth wrth ddewis eu llwybr i'w Calfaria. Ni allai'r gelyn ddeall natur y cymhelliad i amddiffyn y gwan. Deallai'n burion pe dywedai Prydain ei bod yn ymladd i gael meistrolaeth dros y gelyn, i ennill tiroedd, neu, er mwyn dial, ond yr oedd y tu hwnt i'w ddirnadaeth fod ymerodraeth yn barod i aberthu'r cyfan, ie, hyd yn oed ei bywyd hi ei hun, er mwyn cynorthwyo cenedl fach.[83]

Ond dylid cofio'n barhaus, yn nydd yr argyfwng, fod y gwenith a heuid yn y gaeaf yn fwy hael ei gynhaeaf na'r gwenith a heuid yn y gwanwyn meddal. Byddai'r cynhaeaf, ar ôl dyddiau blin y Rhyfel yn doreithiog. Eisoes gwelai David Lloyd George wladgarwch newydd, llawnach, godidocach yn ymgodi o boethder y Rhyfel, a sylweddoliad grymusach o'r pethau mawr eu pwys a oedd, oherwydd moethusrwydd a thrwmgwsg deiliaid y wlad, dan orchudd.[84]

Disgrifiodd mewn dameg ddyffryn rhwng y mynyddoedd a'r môr, yng ngogledd Cymru, — dyffryn clyd, cysurus, a'r mynyddoedd yn gysgod iddo rhag y gwyntoedd geirwon. Ond tueddai clydwch y dyffryn lesgáu dyn, a chofiai'n dda fel yr arferai'r bechgyn ddringo'r bryn uwchlaw'r pentref i gael golwg ar y mynyddoedd mawr yn y pellter, a chael eu bywiocáu gan yr awelon o gopa'r bryniau, ac ysblander y mynyddoedd. Buom fyw, meddai David Lloyd George, am genedlaethau, mewn cwm cysgodol yn rhy gysurus ein byd, yn rhy foethus; llawer ohonom, efallai, yn rhy hunanol, a daeth llaw drom tynged i'n ffrewyllu, a'n codi i'r uchelder lle gellid gweld y pethau tragwyddol eu pwys i genedl — y bannau uchelfrydig a aeth yn angof — Anrhydedd, Dyletswydd, Gwladgarwch, ac wedi'i gwisgo mewn gwisg ddisgleirwen, binacl Aberth, yn pwyntio fel bys tua'r Nefoedd. Fe ddisgynnwn eto i'r dyffrynnoedd; ond cyhyd ag y pery y genhedlaeth bresennol o feibion a merched, diogelant yn eu calonnau ddelw'r bannau, na syflir mo'u sylfeini, er i Ewrop grynu a siglo yn rhyferthwy rhyfel mawr.[85]

Ymhyfrydodd yn nifer y gwirfoddolwyr yn y fyddin. Ymddangosasai ar un adeg fod ysbryd milwrol Cymru wedi diflannu a mynd i golli yn niwloedd y gorffennol. Credai rhai fod diwygiadau crefyddol y 18 ganrif a'r 19 ganrif wedi lladd yr ysbryd hwnnw, ond y gwrthwyneb oedd yn wir am Gymru. Gallai Cymru ymffrostio yn Awst 1915 fod ganddi fyddin gref, a bechgyn llawn cyn ddewred â milwyr y Duc Wellington. Yr oedd mwy a mwy yn ymuno o sylweddoli fod rhyddid mewn perygl. Digon prin, felly, y gellid dweud fod ysbryd milwrol Cymru wedi marw. Yn wir, nid oedd ynghwsg, ond ymguddiai mewn ogofâu yn y mynyddoedd, yn disgwyl yr alwad oddi fry. Daeth dewrder Cymru yn fwy amlwg yn y Rhyfel nag erioed o'r blaen yn ei hanes, a phan baratoid siarter rhyddid Ewrop ar ôl y Rhyfel — y siarter, yn ôl David Lloyd George a fyddai'n penderfynu tynged dynolryw am genedlaethau — byddai'n destun balchder fod Cymru wedi cyfrannu i'r fyddin a sefydlodd siarter newydd dros ryddid.[86]

Nid oedd unrhyw amheuaeth ynglŷn â diwedd y frwydr. Gwelodd law cyfiawnder yn araf, ond yn sicr, yn ymaflyd yn y fuddugoliaeth. 'Wyliwr, beth am y nos?' Yr oedd yn dywyll, ac er bod sgrechiadau cynddaredd a phoen yn rhwygo'r awyr, roedd yr yfory euraid ar y trothwy, pryd y dychwelai ieuenctid gwrol Prydain o feysydd rhyfel Ewrop lle cafodd eu dewrder fuddugoliaeth i gyfiawnder a fyddai'n parhau.[87]

Yr oedd edmygedd y wasg Gymraeg a Chymreig o David Lloyd George yn ddifesur. Gan mai ef oedd prif ysgogydd y symudiad i gael Corfflu Gymreig, awgrymwyd y dylid ei alw'n 'Fyddin David Lloyd George'. Pan oedd yn Ganghellor y Trysorlys, cyfeiriwyd ato fel gŵr 'bywiog ei gynhedddfau, clir ei amgyffredion, a gwrol ei galon'.[88] Ef oedd 'dylanwad moesol cryfa'r dydd', yn ôl y Daily Post. Ystyrid y ddameg am y dyffryn a'r bannau a oedd yn cloi'r araith a draddododd yn Llundain, 'y gloywaf a'r godidocaf a ddiferodd tros ddeufin erioed'. Dyna hefyd ddedfryd y Times.[89] Ar ôl ei araith ym Mangor, ym Mawrth 1915, byddai'n weddus i Gymru wrth sôn am Ddewi Sant sôn hefyd am Ddewi arall. 'Yn ymarferol un ydynt', oedd sylw golygydd Y Brython.[90]

Yr oedd yn achos llawenydd i'r golygydd pan benodwyd ei arwr i ofalu am gyfarpar rhyfel yn 1915. Buwyd ar un adeg yn meddwl amdano fel areithiwr huawdl ar gyfer y werin bobl, ac na feddai adnoddau craffter, pwyll, a deheurwydd gwleidyddol yn cyfateb i'w ddawn. Ond diflannodd y gred honno, ac anodd meddwl am gyfuniad rhagorach, sef yr areithiwr huawdl, y dyn busnes craff, a'r gwleidydd mewn un person. Yn ychwanegol at y doniau hynny, yr oedd ganddo adnabyddiaeth lwyr o'r natur ddynol.

Ym Mehefin 1916, yr oedd teimlad cyffredinol, meddai golygydd *The Welsh Outlook*, fod angen arweinwyr iau a gwell i arwain ac adfer gobaith a hyder yng nghalonnau dynion. Un gŵr yn unig a allai ailennyn hyder, sef David Lloyd George. Fel Canghellor y Trysorlys (1908-15) gosododd y seiliau i alluogi'r wlad i dalu am y Rhyfel; ac fel Gweinidog Cyfarpar Rhyfel (1915-16) ac Ysgrifennydd dros faterion Rhyfel (1916) bu ar y blaen i ddarparu arfau a dynion i'r Rhyfel.[91] Cydnabu rhai o bapurau a chylchgronau Cymru fod ganddo elynion. Yn ôl *Y Brython* yr oedd yr ymosodiad ciaidd a wnaed gan y *Daily News* yn ffrwyth meddwl Sais wedi mynd o'i gof. Tybiai'r math hwnnw o Sais mai ef ydoedd Arglwydd y greadigaeth. Awgrymodd mai penboethyn ydoedd y Celt, — cyfeiriad uniongyrchol at David Lloyd George — a chanddo ormod o ddychymyg a ffansi i ddeall ffilosoffi bywyd mawr y byd.[92]

Honnodd un o bapurau dyddiol Llundain, mewn ffordd sbeitlyd, fod David Lloyd George, yn meddwl amdano'i hun fel 'The Man of Destiny' a alwyd i achub y wlad yn nydd ei chyfyngder. P'un ai a oedd ef yn ei weld ei hun yn y golau hwnnw ai peidio, yn ôl miliynau yn yr ymerodraeth, ef oedd yr unig un i arwain y wlad o'i thrybini ymlaen i fuddugol-iaeth, a byddent yn barod i'w ddilyn nes gorchfygu yr Almaen yn llwyr, a gorseddu cyfiawnder. Yng ngoleuni'r gobeithion hynny nid oedd yn syn, meddai *The Welsh Outlook*, mai'r digwyddiad pwysicaf yn 1916, cyn belled ag y bo Cymru a'r ymerodraeth yn y cwestiwn, oedd gwneud David Lloyd George ym mis Rhagfyr y flwyddyn honno yn Brifweinidog.

Er bod edmygedd y wasg Gymraeg a Chymreig ohono'n ddifesur, yr oedd cryn anesmwythyd ynglŷn â Mesur Gorfodaeth y Llywodraeth (Ionawr 1916), a pherthynas David Lloyd George â'r Mesur hwnnw. Bernid ei fod wedi'i huniaethu ei hun â'r dosbarth a fu'n dadlau dros orfodaeth filwrol hyd yn oed cyn y Rhyfel, a gwelsant fod yr argyfwng a oddiweddodd y wlad yn gyfle euraid i wasgu'r neges adref — y neges a gyhoeddwyd gan bapurau'r Arglwydd Northcliffe. Ond golygai derbyn gorfodaeth ddileu egwyddor gwirfoddolrwydd, a thanseilio un o bileri cryfaf democratiaeth, yng ngolwg *Y Brython*.[93] Rhoddodd gorfodaeth filwrol wedd arall ar y Rhyfel a oedd yn peri poen a blinder.[94]

Sarhad ar Gymru ydoedd y Mesur Gorfodaeth yn llychwino heb eisiau 'wisg wen ddisglair teyrngarwch gwirfoddol Prydain Fawr'. Dyna farn Beriah Gwynfe Evans. Yr oedd y sawl a fynnai wthio'r Mesur drwodd yn elynion rhyddid a byddai'n warth oesol ar Gymru petai rhaid cyrchu'r bechgyn dan orfod i amddiffyn eu cartrefi eu hunain rhag y gelyn. Gresynai at ymagwedd David Lloyd George a roddodd gefnogaeth lwyr i'r Mesur, a thrwy hynny gael ohono gwmni mor annheilwng ym mherson yr Arglwydd Northcliffe. Nid rhyfedd fod ei hen gyd-filwyr ym mrwydrau rhyddid yn anesmwytho o feddwl fod David Lloyd George yn mynychu cwmni mor sâl, ac yn bradychu'r hen Ryddfrydiaeth a'i thraddodiadau a gynhelid mor anrhydeddus gan W. Llewelyn Williams, ac E.T. John (Dwyrain Dinbych) — dau a wrthwynebodd y Mesur Gorfodaeth. Bu Llewelyn Williams yn ddigon dewr i wynebu 'Jingoes' ei etholaeth i'w goleuo ynglŷn â gorfodaeth, ac ni bu neb yn fwy cyson ei safiad dros egwyddor gwirfoddolrwydd a rhyddid nag E.T. John. Am yr aelodau eraill a etholwyd i wasanaethu Cymru yn enw rhyddid, cenedlaetholdeb a Rhyddfrydiaeth — yr oeddynt hwy, meddai Beriah Gwynfe Evans, yn euog o fradychu egwyddor, a'r gwirionedd.[95]

Dadleuai David Lloyd George y gallai gwrthwynebu'r Mesur olygu golli'r Rhyfel, ac ni allai ysgwyddo'r baich a'r cyfrifoldeb hwnnw. Dewisai gael ei erlid o'r blaid y bu'n aelod ohoni gydol ei oes, ac o'r bywyd cyhoeddus, cyn beichio'i gydwybod trwy wrthwynebu'r Mesur. Ni allai feddwl am unrhyw wlad mewn hanes na fabwysiadodd orfodaeth ar ei deiliaid wrth wynebu perygl milwrol. Yr oedd hynny'n wir am Ffrainc, yr Eidal, a Serbia yn y Rhyfel presennol, a phwy a allai fesur yr effaith ar ysbryd y wlad pan fyddai mewn ffordd i anfon daucanmil o ddynion i faes y gad?

Anghytunai â'r rheini a ddadleuai y byddai'r Mesur yn creu

anghydfod yn rhengoedd y dosbarth gweithiol. Nid oedd y dosbarth hwnnw'n llai gwladgarol na'u harweinyddion, a gwrthwynebai'r duedd i feddwl am y dosbarth gweithiol fel uned niwtral, ar wahân i'r gweddill o gymdeithas, i'w trin yn garcus rhag ofn iddynt droi'n elynion. Pe dywedid wrthynt fod gorfodaeth filwrol yn angenrheidiol i gael buddugoliaeth ni allai David Lloyd George eu gweld yn penderfynu mynd ar streic. Buont yn barotach i aberthu mwy dros ryddid nag odid un dosbarth arall.[96]

Pan ddaeth y Mesur yn Ddeddf, nid oedd unrhyw amheuaeth, yn ôl golygydd *Llais Llafur* y byddai'r dosbarth gweithiol yn ei dderbyn. Rhaid ennill y Rhyfel, meddai, ac nid oedd unrhyw adran o'r boblogaeth yn fwy penderfynol i ennill buddugoliaeth na'r gweithwyr.[97]

Nid oedd *Y Brython* yn gwbl fodlon ynglŷn â'r Mesur. Yr oedd yn barod i gydnabod fod pawb bob amser mewn perthynas â'r wladwriaeth yn byw tan gyfraith orfod, ond ni fynnai feirniadu'r Llywodraeth ar yr adeg honno. Y flaenoriaeth oedd cael buddugoliaeth dros y gelyn.[98]

[1]*Y Brython*, Medi 17, 1914, t. 1
[2]*Cymru*, Mehefin 1918, t. 187
[3]ibid. Ebrill 1916, tt. 153-4
[4]ibid. Rhagfyr 1918, t. 162
[5]*Y Brython*, Medi 17, 1914, t. 1
[6]tt. 217-24
[7]'Y Rhyfel', *Y Beirniad*, Hydref 1914, tt. 153-63
[8]'The Nature of Morality and its bearing on the War', *The Welsh Outlook*, Ionawr 1916, t. 11
[9]ibid. 'The War and Education', Mehefin 1916, tt. 182-3
[10]'Trwy'r Drych', *Y Brython*, Awst 13, 1914, t.1
[11]ibid. 'O Lan y Tafwys', Awst 6, 1914, t. 1
[12]gol. *Western Mail*, Awst 8, 1914, t. 4
[13]*The Welsh Outlook*, Medi 1914, tt. 375-77; Hydref 1914, t. 416
[14]'Trwy'r Drych', *Y Brython*, Awst 13, 1914, t. 1
[15]*Y Darian*, Medi 10, 1914, t. 2
[16]ibid. Medi 3, 1914, t. 5
[17]ibid. Medi 17, 1914, t. 7
[18]ibid. Ionawr 21, 1915, t. 6
[19]'O Lan y Tafwys', Medi 10, 1914, t. 1
[20]*Llais Llafur*, Awst 8, 1914, t. 4
[21]ibid. Awst 15, 1914, t. 4
[22]'War and the Labour Movement', *The Welsh Outlook*, Medi 1914, tt. 381-2

[23]'Dyddiadur Milwr', *Seren Gomer*, Gwanwyn 1969, t. 3

[24]*The Welsh Outlook*, Hydref 1914, t. 417

[25]*Western Mail*, Medi 30, 1914, tt. 5-6

[26]*Merthyr Pioneer*, Hydref 3, 1914, t. 4

[27]gw. *Y Darian*, Rhagfyr 23, 1915, t. 3

[28]Chwefror 2, 1916, t. 2

[29]*Y Dinesydd Cymreig*, Rhagfyr 2, 1914, t. 2

[30]*Y Clorian(n)ydd*, Chwefror 2, 1916, t. 2

[31]Awst 7, 1914, t. 4

[32]Medi 1914, tt. 378-9

[33]*Y Brython*, Medi 24, 1914, t. 4

[34]ibid. Mawrth 11, 1915, tt. 1

[35]ibid. 'O Big y Lleifiad', Hydref 22, 1914, t. 5

[36]*Y Darian*, Mawrth 2, 1916, t. 4

[37]gol. Chwefror 1917, tt. 44-5

[38]'Cymru a'r Fyddin', *Y Tyst*, Gorffennaf 5, 1916, t. 4

[39]*Western Mail*, Awst 8, 1914, t. 3

[40]ibid. Hydref 9, 1914, t. 3

[41]*Y Brython*, Medi 10, 1914, t. 2

[42]ibid. Mawrth 18, 1915, t. 8

[43]ibid. 'At y Cymry', Medi 17, 1914, t. 1

[44]ibid. 'O Big y Lleifiad', Medi 24, 1914, t. 5

[45]ibid. Hydref 1, 1914, t. 5

[46]ibid. Tachwedd 26, 1914, t. 2

[47]ibid. t. 2

[48]*Y Llan*, Medi 11, 1914, t. 4

[49]ibid. 'Ffug-Sancteiddrwydd', Hydref 9, 1914, t. 4

[50]*Y Dinesydd Cymreig*, Hydref 28, 1914, t. 3

[51]'At Fy Nghydwladwyr', *Y Brython*, Medi 10, 1914, t. 1

[52]op. cit., t. 162

[53]tt. 375-7

[54]'O Big y Lleifiad', Medi 3, 1914, t. 5

[55]'Second Bests', *The Welsh Outlook*, Chwefror 1916, t. 47

[56]ibid. Medi 1914, t. 378

[57]'Dydd y Cenhedloedd Bychain', *Cymru*, Tachwedd 1914, t. 202

[58]op. cit., t. 153

[59]op. cit., t 202

[60]'Rhediad y Rhyfel', *Y Brython*, Ebrill 29, t. 4

[61]ibid. 'O Big y Lleifiad', Medi 3, 1914, t. 5

[62]op. cit., t. 202

[63]op. cit., t. 155

[64]'Trwy'r Drych', *Y Brython*, Mai 13, 1915, t. 1

[65]ibid. t. 1

[66]ibid. Ionawr 28, 1915, t. 1

[67]ibid. Hydref 28, 1915, t. 1

[68]ibid. Gorffennaf 22, 1915, t. 1

[69]*Western Mail*, Hydref 3, 1914, t. 3

[70]Rhagfyr 1914, t. 523

[71]*Western Mail*, Hydref 17, 1914, t. 4

[72]'O'r De', Hydref 22, 1914, t. 1

[73]*Lloyd George's War Speeches Through Terror To Triumph* (Llundain 1915), t. 46

[74] ibid. t. 61
[75] ibid. t. 49
[76] ibid. t. 10
[77] ibid. t. 12
[78] ibid. tt. 48-9
[79] ibid. tt. 53-4
[80] Apêl at y Genedl gan Ganghellydd y Trysorlys. Wedi ei throsi i'r Gymraeg gan William Jones (Llundain 1914), t. 6.
[81] ibid. t. 10
[82] 'Mr. Lloyd George at Kinmel', *North Wales Observer,* Awst 25, 1916, t. 3
[83] gw. *Llais Llafur,* Mawrth 16, 1918, t. 3
[84] *Y Dinesydd Cymreig,* Chwefror 7, 1917, t. 8
[85] *Through Terror to Triumph,* tt. 14-15
[86] ibid. tt. 185-6
[87] ibid. t. 60
[88] Y Gwyliwr, 'O Lan y Tafwys', *Y Brython,* Awst 20, 1914, t. 2
[89] ibid. 'O Big y Lleifiad', Medi 24, 1914, t. 5
[90] ibid. 'Trwy'r Drych', Mawrth 4, 1915, t. 4
[91] Mehefin 1916, t. 180
[92] 'Trwy'r Drych', *Y Brython,* Mai 14, 1916, t. 1
[93] ibid. Mehefin 3, 1915, t. 2
[94] ibid. Mawrth 9, 1916, t. 1
[95] 'Llythyr Agored at yr Aelodau Cymreig', *Y Tyst,* Chwefror 2, 1916, t. 6.
[96] gw. *Manchester Guardian,* Mai 5, 1916, t. 5, t. 7
[97] Mai 6, 1916, t. 2
[98] 'Trwy'r Drych', Mawrth 9, 1916, t. 1

Y Sialens i'r Eglwys

Yn 'Nodion' golygydd *Y Tyst*, Gorffennaf 22, 1914, yr oedd is-bennawd, 'Bwystfileiddiwch'. Disgrifiodd y don o nwyd ymladdgar a orlifodd dros y wlad ac a oedd yn arwydd sicr o ddirywiad dwfn a difrifol. Llenwid y newyddiaduron gan hanes y gornestau paffio, ac ni ellid iawn fesur eu dylanwad niweidiol ar feddyliau ieuainc. Noddwyd y 'bwystfileiddiwch' hyd yn oed gan ferched. Profai hynny fod Prydain ar fin, neu, o bosibl wedi taro'r gwaelod mewn dirywiad a darostyngiad moesol.

Croesawodd *Y Tyst* alwad Dr. John Clifford, un o brif arweinyddion yr Eglwysi Rhyddion yn Lloegr, i rengoedd Crist wrthwynebu'r gornestau paffio. Gallai'r Eglwys eu diddymu fel y profodd pan drefnwyd gornest rhwng dau o baffwyr mwya'r byd, y naill yn ddu ei groen, a'r llall yn wyn, yn 1913. Crewyd y fath deimlad yn y wlad, dan ysgogiad dau o arweinyddion crefydd, nes gorfodi trefnwyr yr ornest i'w rhoi heibio. Fel y sylweddolodd y *Daily Mail*, ni ddylai neb amau dylanwad yr Eglwys. Yr oedd y papur a'i fryd ar gyhoeddi argraffiad Sul, ond cynhyrfwyd eglwysi'r Deyrnas i'r fath raddau nes gorfodi'r perchenogion i ildio'n ddi-oed. Daeth yr amser i'r Eglwys drefnu eu byddinoedd i wrthwynebu'r 'pla barbaraidd' a oedd yn prysur ddifa'r wlad, ac er mwyn ei difa'n llwyr, dylai gweinidogion ac esgobion ddihuno i'w cyfrifoldeb.

Ymhen llai na mis o amser, daeth 'bwystfileiddiwch' arall i gorddi'r wlad.[2] Sobreiddiwyd dyn pan sylweddolodd nad oedd ugain canrif o Gristionogaeth wedi newid dim ar ddull cenhedloedd Ewrop o setlo eu cwerylon, a'r un egwyddor a fabwysiadwyd i benderfynu cweryl gan wledydd cred a gwledydd paganaidd yr hen fyd. Yr oedd hynny, meddai golygydd *Y Tyst*, yn peri gofid a dryswch i bob Cristion goleuedig. Efengyl Tangnefedd oedd Efengyl Crist, ond yr

45

oedd miliynau o ddilynwyr Tywysog Tangnefedd yn ym-
baratoi i dywallt gwaed.

Nid dinistr bywydau yn unig oedd yn y glorian; heuid
hadau casineb am genedlaethau i ddod. Cyfaddefai'r sawl
a oedd yn sychedu am waed na pherthynai unrhyw rinwedd
i ryfel, ond cyfeirient at ryw 'anrhydedd' a 'hunan-barch' a'i
gorfodai i ryfela. Nid oedd hynny ddim amgen na thrachwant
dieflig a fendithid gan weddïau'r esgob gwladol. Ebe'r
golygydd,

> Yn enw popeth, paham y goddefir y rhagrith a'r barbareidd-dra
> hwn yn yr ugeinfed ganrif o oed Crist, a chan ei ddilynwyr
> proffesedig?[3]

Mynegodd golygydd *Y Goleuad* ei siom ynglŷn â'r holl siarad
am 'lethu'r naill wlad neu'r llall'.[4] Daeth yr adeg i'r Eglwys
lefaru'n ddifloesgni o blaid heddwch. Ni allai'r Eglwys
gyfiawnhau rhyfel, a galwyd hi i ddangos esiampl o bwyll,
arafwch, a hunanfeddiant i argyhoeddi'r wlad nad oedd wedi
meddwi ar waed. Mae'n wir nad oedd yr ysbryd bostfawr,
ymerodrol mor amlwg ag ydoedd yn Rhyfel y Bŵr, ond mewn
dyddiau pan danseilid y gorau a'r mwyaf cysegredig, swydd-
ogaeth yr Eglwys oedd dal gafael yn dynnach nag erioed o'r
blaen yn y gwirioneddau sylfaenol mai cariad, cyfiawnder,
a heddwch a ddylai reoli'r cenhedloedd.[5]

Erchylltra a bwystfileiddiwch rhyfel oedd byrdwn sylwadau
J. Gwili Jenkins yntau hefyd yn *Seren Cymru*. O'u cymharu
â'r Rhyfel a fygythiai droi Ewrop yn goelcerth, chwarae plant
oedd Rhyfeloedd Napoleon. Gweddai i ganlynwyr Tywysog
Tangnefedd, yn nydd y terfysg, ymlonyddu yn Nuw, a
gweddïo'n daer am ddyfodiad y Deyrnas a wnâi i ryfeloedd
beidio hyd eithaf y ddaear. Yn y cyfamser, rhoesai y *Seren*
ei hyder yn y gwŷr o farn gytbwys a golau a lywodraethai
Prydain, ond yr oedd gweld teyrnasoedd mwyaf goleuedig
y byd yn ymbaratoi i ryfela yn ddigon i beri i engyl wylo.[6]

Ond odid nad *Y Gwyliedydd Newydd* oedd y newyddiadur
enwadol mwyaf llawdrwm ar y Rhyfel. Yr oedd pob rhyfel
yn annynol a dieflig, ond pan ymleddid yn enw Cristion-
ogaeth yr oedd hynny'n fwy o warthnod ar wareiddiad.
Ffyrnigodd *Y Gwyliedydd* ar ôl darllen yn y wasg lith gan

Ymneilltuwr yn dadlau mai dyletswydd bennaf yr eglwysi oedd bod yn ganolfannau recriwtio. Yr oedd gan y golygydd y parch mwyaf diffuant tuag at y bechgyn ifainc a ymrestrodd yn y fyddin, ond, yn sicr, ni ddylai'r Eglwys ei hannog i wneuthur hynny.

Yr oedd dyletswydd yr Eglwys yn yr argyfwng yn driphlyg. Yn gyntaf, dylai gydnabod ei hanffyddlondeb i Dduw cyn i'r Rhyfel Byd dorri allan. Priodolid holl ddrygioni y Rhyfel i'r Kaiser, ond tybed, mewn gonestrwydd, na ddylid ei briodoli, hefyd, i Eglwys Dduw? Nid dichellion pendefigion a mawrion gwaedlyd yn unig oedd yn gyfrifol am y Rhyfel. Dylid ei briodoli i dymer a stad meddwl y werin, ac yn y cyfnod cyn y Rhyfel, ni fu'r Eglwys yn effro i'w goleuo ynghylch drygioni militariaeth a oedd yn gwbl groes i foeseg y Testament Newydd. Bu'r Eglwys yn hyglyw ynglŷn â dirwest, a da hynny, ond bu'n ddiystyr o ddrygioni rhyfel. Yn wir, credai'r golygydd, iddi gefnogi milwriaeth trwy fod mor ddihid yn ei hymagwedd.

Yn ail, dyletswydd yr Eglwys yn y presennol oedd lleddfu poen. Ni ellid cyfiawnhau rhyfel o dan unrhyw amodau, ond ni olygai hynny ymwrthod â lleddfu poen. Dylai, hefyd, ymarfer ei dylanwad i liniaru casineb a gelyniaeth, a'r drwgdeimlad a fynegid mewn geiriau ymosodol, ac ar brydiau, eiriau babaraidd. Ym Mhrydain a'r Almaen fel ei gilydd 'Gwladgarwch' oedd y gair allweddol; braint a dyletswydd yr Eglwys oedd cyhoeddi 'brawdoliaeth dyn'.

Yn drydydd, dylai'r Eglwys ystyried o ddifrif sut a pha fodd i drefnu'r dyfodol, a gofalu na sylfeinid y drefn newydd, ar ôl y Rhyfel, ar drais a milwriaeth. Ond byddai'n amhosibl cael trefn newydd hyd nes mynd i'r afael â'r ffactorau a arweiniodd at y Rhyfel Byd. Awgrymwyd y dylid ystyried tuedd y werin i ganiatáu'n oddefol i'r mawrion draarglwyddiaethu trosti, a phentyrru arfau'n ddireswm. Y gwir yw bod y werin yn casáu rhyfel, ac yfodd o ysbryd Crist yn helaethach na'r pendefigion, a phetai'n dewis, gallai hi roi terfyn ar bob rhyfel. Ond ni chafodd y werin arweiniad diogel gan yr eglwysi gan fod y Babaeth, Eglwys Loegr ac Eglwys yr Alban yn hwyrfrydig i gondemnio rhyfel. Cafodd paratoadau rhyfel rwydd hynt i gyrraedd eithafion disynnwyr yn yr Almaen, Ffrainc, Rwsia, a Phrydain (llynges Prydain, yn enwedig), a bu'r Eglwys yn dawedog. Pam na fyddai wedi codi ei llef yn erbyn yr holl baratoadau a wnaed yn Ewrop? Aeth protest yr Eglwysi Rhyddion, hefyd, yn fud, a manteisiodd y rhyfelgarwyr ar eu mudandod. Galwodd Undeb Eglwysi Rhyddion Cymru, ar ôl i'r Rhyfel dorri allan, am weddi ac ympryd, ond ni wrthdystiwyd yn groyw yn erbyn y Rhyfel.[7]

Awgrymodd golygydd *Y Tyst*, wrth ymdrin â'r ffactorau a arweiniodd at y Rhyfel, fod yr Eglwys, yn y cyfnod cyn yr argyfwng wedi tueddu i roi'r pwyslais ar berthynas yr unigolyn â Christ, ar draul esgeuluso a bod yn ddibris o agweddau cymdeithasol yr Efengyl a Theyrnas Dduw. Ond yn *Y Tyst*, 5 Awst er cydnabod o'r golygydd y gallai eglwysi Prydain, pe dewisent, wneud rhyfel yn amhosibl, ni ellid alltudio'r Rhyfel a dorrodd allan yn Awst 1914. Ei unig obaith oedd y gallai Duw eistedd ar y llifeiriant echrydus, a chyflawni ei fwriadau drwy'r rhyferthwy.[8]

Ymhen rhai wythnosau ar ôl i'r Rhyfel dorri allan, yr oedd y wasg grefyddol yn unfryd unfarn nad oedd modd ei osgoi. Canmolodd Syr Henry Lewis, Bangor, ysbryd cymodlon golygydd *Y Goleuad*, ond nid oedd hynny'n ddigonol na boddhaol fel ateb i gais taer y Llywodraeth am ddynion i amddiffyn y wlad. Yr oedd gweddïo, hefyd, yn annigonol i wynebu'r argyfwng. Ai rhesymol ddisgwyl i'r Tad Nefol gynorthwyo dynion os nad oeddynt hwy'n barod i wneud dim i gwrdd â'r perygl, ar wahân i weddïo a gweini ar yr anghenus? Rhoddasai Arglwydd Kitchener, arweiniad sicr a phendant i'r milwyr ynglŷn â'r temtasiynau a fyddai yn eu hwynebu ar dir estron. Onid lle'r Eglwys oedd rhoi'r arweiniad hwnnw? Gelwid arni, felly, i ymwregysu i'r frwydr, a bod yn llai petrus wrth arwain y bechgyn ifainc nad oeddynt wedi penderfynu i sicrwydd un ai o Dduw neu o'r diafol yr oedd yr awydd yn eu calonnau i ymrestru.[9]

Bu llosgi Louvain a saethu pentrefwyr diamddiffyn gwlad Belg yn achos i olygydd *Y Goleuad* newid ei farn am y Rhyfel. Cydnabu fod llawer o'r cymhellion o du'r cynghreiriaid yn ddigon annheilwng, ond er gwaethaf pob bai o'r eiddynt, safent dros wareiddiad a barchai egwyddorion Cristionogol yn wahanol i'r gelyn barbaraidd, gwrth-Gristionogol. Profodd llosgi dinas Louvain, tân-belennu Antwerp, y llofruddio a'r treisio ar bentrefwyr diniwed nad oedd yr Almaen na gwareiddiedig na Christionogol.

Mae'n wir ei fod, ar un adeg, wedi erfyn am bwyll ac arafwch o du Prydain, ond yn wyneb yr holl erchyllterau — credai, ar yr un pryd, y dylid bod yn ofalus cyn derbyn llawer o'r adroddiadau am filwyr yr Almaen a'u creulondeb — nid oedd amheuaeth fod y bwystfileiddiwch yn rhan o bolisi bwriadus yr Almaen. Ni allai gwareiddiad, o dan y fath amgylchiadau lai na mabwysiadu mesurau i'w amddiffyn ei hun, onid e 'llithrwn yn ôl dan iau haiarn a llaw waedlyd barbareiddiwch gwaeth nag eiddo'r oesoedd tywyll'.[10]

Mynegodd J. Gwili Jenkins, yn *Seren Cymru* ei ffydd a'i ymddiriedaeth yn arweiniad doeth a chytbwys gwŷr y Llywodraeth, a phan benderfynasant fod y Rhyfel yn anorfod, fe'i sicrhawyd nad oedd ffordd arall i wrthsefyll traha bygythiol yr Almaen.[11] Cydnabyddwyd yn gyffredinol mai ymerodraeth wedi'i sylfaenu ar Napoleoniaeth oedd ymerodraeth y Kaiser, peirianwaith yn lladd pob mireindeb a thiriondeb. Hyderai y byddai'r Rhyfel yn rhoi terfyn ar bob rhyfel, yn gwanhau yr Almaen filwrol, ac yn rhyddhau ei gwerin o afael y penaethiaid.[12] Ni bu rhyfel erioed â chymaint o unfrydedd ynglŷn ag ef. 'Gelyn ddyn', 'dyn pechod' ac 'anrheithiwr' yr oes oedd y Kaiser William, yn ymdebygu i Attila, bwystfil gwaedlyd y bumed ganrif o Oed Crist. Ond, a ragorodd Attila erioed ar ysgelerder Louvain, Rhydychen gwlad Belg?[13]

Parhaodd H.M. Hughes, golygydd *Y Tyst*, i ddatgan ei gasineb tuag at ryfel, ond daeth un peth yn gwbl sicr, ychydig wythnosau ar ôl cyhoeddi'r Rhyfel, nid oedd modd ei osgoi, a gallai Prydain fynd iddo â chydwybod lân. 'Ar ein gliniau ac ar ein traed yr enillwn y dydd', meddai ef.[14]

Diflannodd heddychiaeth ddigymrodedd *Y Gwyliedydd Newydd* yn fuan ar ôl y brotest gyntaf. Nid oedd dim mwyach yn rhy ddieflig i'r Almaen ei chyflawni, dim un celwydd yn rhy feiddgar, dim un creulondeb yn rhy ysgeler, dim un ystryw yn rhy anfad er mwyn iddi allu sylweddoli ei hamcanion uffernol. Ond yr oedd *Y Gwyliedydd Newydd* yr un mor llawdrwm ar fasnachwyr Prydain a feddiannwyd gan ysbryd trachwant, a'u hunig uchelgais oedd diogelu eu helw. Am y gweithwyr hwythau — collasant bob synnwyr am urddas a chysegredigrwydd gwaith. Yr oedd y rhan fwyaf o'r wasg yn bwdr, corff y boblogaeth wedi ymroi i chwantau bydol, y tafarndai a'r plasau pleser yn llawn, a themlau'r Arglwydd yn fwy na hanner gwag. Dylai Cristionogion ymostwng mewn edifeirwch gerbron Duw ac ymholi'n ddwys ynglŷn â natur y cymhellion dros ymladd yn erbyn y gelyn. Nid oedd amheuaeth ynghylch achos cyfiawn Prydain. Golygai golli'r frwydr oruchafiaeth paganiaeth dros y delfrydau Cristionogol. Cydnabu Mr. Asquith mai brwydr ysbrydol a ymleddid ar feysydd Ewrop, ac ni allai unrhyw un ystyriol ei wadu. Ond gallai'r achos, ar y naill law, fod yn deilwng, a'r cymhellion, ar y llaw arall, fod yn gwbl annheilwng, yn enwedig pan ystyrid fod y Rhyfel yn gyfle i rai rymuso hawl militariaeth ar y wlad, a thynhau gafael y fasnach feddwol. Dylai'r Eglwys wrthwynebu'r tueddiadau hynny.[15]

Ymhyfrydai *Y Llan a'r Dywysogaeth* nad oedd un enaid byw ym Mhrydain yn amau cyfiawnder ei hachos. Cenadwri unllais pulpud pob enwad fel ei gilydd oedd bod y Rhyfel yn gyfiawn, dros ryddid Prydain, a rhyddid cenhedloedd gwan yn erbyn trais a thrachwant anniwall yr Almaen. Yr oedd yn achos llawenydd i'r golygydd fod rhaib yr Almaen wedi ei wrthwynebu mewn modd mor effeithiol, a gellid bod yn sicr, beth bynnag a fyddai canlyniad y Rhyfel, y derbyniai yr Almaen wers nad âi'n angof.[16]

Crisialwyd ymagwedd y gwahanol enwadau i'r Rhyfel yng nghyfarchiad Llywydd y Gymanfa Fethodistaidd, yn Ionawr 1915. Yr oedd i ryfel wedd ofnadwy, sef dioddefiadau'r milwyr, a'r miloedd ar filoedd o fywydau a dorrid i lawr yn mlodau eu dyddiau. Ond yr oedd gwedd arall, hefyd, sef yr ysbryd hunanaberthol a ddeffroid ganddo, ac yn dilyn yr adeg pan alwyd am wirfoddolwyr i ymrestru, gwelid miloedd o wŷr ieuainc yn byw bywyd llawnach, cyfoethocach, a mwy anrhydeddus. Deffrowyd hwy i sylweddoli rhwymedigaethau newydd, ac i ddilyn delfrydau uwch. Ymfalchïodd yn nifer y bechgyn ieuainc a ymrestrodd, ac yn eu mysg llawer o Wesleaid. Fe'u hysgogwyd oll gan yr egwyddor honno a oedd mor ganolog i'r grefydd Gristionogol, a gellir bod yn sicr fod yr ysbryd ymroddgar a arddangosid ganddynt yn gymeradwy gan yr Hwn a roes ei fywyd yn aberth dros y byd.[17]

Cefnogoeth frwd

Trwy gydol y Rhyfel, ni ŵyrodd yr enwadau oddi wrth eu hargyhoeddiad ynghylch cyfiawnder achos Prydain. Canmolwyd y camre a fabwysiadodd y Llywodraeth i gyflafareddu cyn i'r Rhyfel dorri allan, a gwerthfawrogwyd ei darbodaeth ddoeth ynglŷn â'r paratoadau a amlygwyd i ddiogelu buddiannau cenedlaethol Prydain, a'i hadnoddau ymerodrol. Ar ddechrau'r Rhyfel, cytunai'r holl lysoedd enwadol fod rhyfel yn gyfrwng barbaraidd, ond er mwyn ei hanrhydedd hi ei hun, ni allai Prydain fod wedi ymddwyn yn wahanol. Aeth i'r Rhyfel gyda dwylo glân ac amcanion cywir er mwyn rhoi terfyn ar yr ysbryd rhyfelgar a oedd yn gwneuthur heddwch parhaol yn amhosibl.

Ni chafodd y llywodraeth gefnogwyr mwy brwd i'w hachos na'r enwadau crefyddol a'r Eglwys Sefydledig. Anghymeradwyodd yr enwadau ddatganiadau gwasg yr Arglwydd Northcliffe, ac o lwyfan, yn taflu amheuaeth ar eirwiredd rhai o arweinwyr Prydain gan y byddai hynny'n cefnogi'r gelyn, ac yn tueddu i ymestyn cyfnod y Rhyfel. Swyddogaeth yr eglwysi — fe'i mynegwyd yn glir a phendant gan y cyfundebau crefyddol — oedd cefnogi'r Llywodraeth, ymddiried yn llwyr yn ei harweinyddion, ymostwng mewn gweddi ac ympryd gerbron yr Arglwydd, a gofyn i Dduw brysuro dydd y fuddugoliaeth, a gwawr heddwch i'r holl fyd.

Ni allai'r Prifathro Owen Prys weddïo am fuddugoliaeth, ond, ar yr un pryd, yr oedd yn gobeithio am lwydd arfau Prydain. Yn wahanol iddo ef, ni chafodd Cyfarfod Misol sir Gaerfyrddin unrhyw anhawster i weddïo am fuddugoliaeth i Brydain ar dir a môr. Yr oedd pob gwir ddeisyfiad am ddyfodiad Teyrnas Dduw yn y byd hefyd yn ddeisyfiad ar Dduw i roddi buddugoliaeth lwyr i arfau Prydain. Cafodd 'Oxonian' yn *Y Goleuad* anhawster i ddeall safbwynt Owen Prys. Sut y gallai ef obeithio am lwydd arfau Prydain heb allu gweddïo am y llwyddiant hwnnw? Os oedd unrhyw beth yn deilwng i'r Cristion obeithio amdano, rhaid ei fod, hefyd, yn deilwng i weddïo amdano.[18]

Yn *Yr Eurgrawn* awgrymwyd fod y Rhyfel wedi deffro mewn dynion deimladau 'arallgarol' a dyngarol; datodwyd ganolfur y gwahaniaeth rhwng dyn a dyn — gwelid mab yr uchelwr yn ymladd yn gyfysgwydd â mab y weddw dlawd — a gallai ein puro a'n difrifoli, gan fod llwyddiant tymhorol Prydain wedi gwneud ei deiliaid yn bobl ysgafn, glwth. Ond odid nad un o effeithiau pwysicaf y Rhyfel oedd y ffaith fod y byd ysbrydol wedi dod yn fwy gwirioneddol, a daeth gweddi i'w gorsedd briod. Sylweddolodd llawer, am y tro cyntaf yn eu hanes, fod Duw'n wrandawr gweddïau.[19] Rhaid i ni fod, meddai Arsyllydd yn *Yr Haul,* nid yn unig yn genedl dan arfau, ond hefyd, yn genedl (yn byw) ar weddi.[20]

Treuliodd un o ohebwyr *Y Goleuad* Sul yng nghapel Croesor ym mis Awst 1914. Cynhaliwyd cwrdd gweddi am naw o'r gloch y bore i ymostwng gerbron Duw, ond ni chlywodd ef neb a fentrodd weddïo am lwydd arfau Prydain. Erfyniwyd yn daer ar i Dduw oruwchlywodraethu'r alanas. Ond os oedd y gweddïau fel y tystiodd y gohebydd, yn brin o erfyniadau am fuddugoliaeth i Brydain, trawyd nodyn hyderus yn yr oedfa honno. Cyn diweddu'r oedfa, cododd un hen ŵr ar ei draed, a darllenodd eiriau pennill o emyn 'Ymddiriedaf yn dy allu'. Yr oedd safiad yr hen bererin, meddai'r gohebydd, yn ddrych o'i ymddiriedaeth yn Nuw. Nid ofnai unrhyw ymerawdwr, ac yng nghhornel ei lygad gellid canfod rhyw ddireidi sanctaidd fel petai am ddatgan yn groyw,

> Her i ti y Kaiser gwaedlyd, a'th luoedd dirif o Ellmyniaid creulon, ddod i Groesor nac i Brydain byth, tra bydd Hwn yn aros yn Hollalluog, a minnau'n parhau i ymddiried ynddo. Mae Hwn wedi gorchfygu holl alluoedd y tywyllwch mewn un brwydr fythgofiadwy, a chan dy fod di a'th epil o'r un gwehelyth, bydd dy einioes di fel einioes un ohonynt hwythau . . .[21]

Galwyd eglwysi Cymru'n gyson i gadw Sul o ymostyngiad gerbron Duw. Amheuai Gwylfa Roberts werth y galwadau swyddogol i gynnal y Suliau hynny. Y gair 'ymostyngiad' oedd yn peri blinder i'r Brenin, gan ei fod yn rhoi'r argraff i'r gelyn fod Prydain yn swp ar lawr, yn llwfr ac ysig. Ond gwnâi fyd o les i Brydain, yn ôl Gwylfa Roberts, i ymostwng yn 'ddi·lol a dibetrus' oherwydd bu'n rhy ffroenuchel gerbron Duw. Y gwir plaen am y gwledydd Ewropeaidd oedd eu bod yn cael eu cystwyo gan eu fflengyll eu hunain.[22] Cafwyd pwyslais cadarnach fyth gan E. Tegla Davies wrth ymdrin â 'Gweddi A'r Rhyfel'. Wrth gerdded llwybrau dieithr, yr hyn a ddigwyddodd oedd fod dynion wedi tynnu'r drychineb arnynt eu hunain, ac o daro'u pennau yn erbyn y muriau tragwyddol ni ellid disgwyl dim ond poen. Dylem holi a yw ein dymuniadau yn unol ag ewyllys Duw, ac a yw'r cenhedloedd yn dymuno iddynt eu hunain Ei ddymuniadau Ef? 'A rhaid barnu'r dymuniadau hynny, nid yng ngoleuni'r hyn a dybiwn ni sydd dda inni, nac yng ngoleuni ein casineb at yr Almaen (onid casáu a'n casao, a charu a'n caro a wnawn, ac nid dyna Ei ewyllys Ef), ond yng ngoleuni Gethsemane a'r Groes'.[23]

Yn Ionawr 1915, gresynodd Gwylfa Roberts fod yr ysbryd militaraidd yn mynd ar gynnydd, a gwelodd y perygl i'r milwr a milwriaeth fynd yn eilun cenedl ar ôl i'r Rhyfel ddod i ben. Gallai nawdd yr Eglwys i'r milwr droi'n fagl iddi i'r dyfodol. Serch hynny, yr oedd yn achos llawenydd iddo fod hanner cant o fechgyn ieuainc ei Eglwys yn Llanelli wedi ymrestru yn ystod chwe mis cyntaf y Rhyfel.[24]

Nid oedd pawb yn gallu gweddïo'n gyhoeddus, ond gallent hwy roi mynegiant i'w teimladau dyfnaf a dwysaf trwy ganu emynau. Ar gais y gweinidog neu'r codwr canu gellid cael y gynulleidfa i arllwys ei holl enaid mewn emyn i ymbil am fuddugoliaeth ar y fath elyn anghyfiawn. Yr oedd rhai emynau, yn ôl un o'r cyfranwyr i'r *Brython* yn fwy pwrpasol na'i gilydd. Awgrymodd fel emynau cymwys i'w canu, 'Marchog, Iesu, yn llwyddiannus,/Gwisg dy gleddyf ar dy glun' — gallai pennill cyntaf yr emyn fod yn gytgan; 'Mewn anialwch 'rwyf yn trigo,/Temtasiynau ar bob llaw,/Heddiw, tanllyd saethau yma,/'Fory, tanllyd saethau draw; ''R Hwn sy'n gyrru'r mellt i hedeg' ar y dôn Alexander; 'Paham y sefi draw' ar dôn Ieuan Gwyllt, Moab; a 'Pwy welaf o Edom yn dod' ar y dôn Bozra. Perthynai grym arbennig i'r dôn Alexander a Bozra. Canwyd y dôn Bozra mewn capel yn Rhiwabon ar ddechrau'r Rhyfel, a gallai'r gweinidog dystio fod sŵn buddugoliaeth yn y canu. Pwy a allai fesur ei dylanwad a'i heffaith ar gynulleidfaoedd lluosog?[25]

Ni phetruswyd, chwaith, i ddefnyddio'r bregeth fel arf i hybu achos Prydain gerbron Duw. Seiliwyd pregeth O.L. Roberts, Lerpwl yn *Y Dysgedydd* ar Rhufeiniaid 8, adnod 36, 'Os yw Duw trosom . . .' Meddai ef, 'Y mae gennym y sail gryfaf dros gredu fod Duw trosom os ydym ein hunain yn sicr ein bod ni dros Dduw', a'r symbyliad cryfaf dros ryfela oedd yr ymwybod fod achos Prydain yn gwbl gyfiawn.[26]

Gwaith cymharol hawdd oedd cymhwyso'r bregeth i amgylchiadau dreng y cyfnod. Fel y Caldeaid annuwiol ym mhroffwydoliaeth Habacuc, gallai'r Ellmyn lwyddo dros dro, ond yn y diwedd byddai'r fuddugoliaeth i'r cyfiawn. 'Y cyfiawn a fydd byw trwy ei ffyddlondeb'. Pan ddeuai'r fuddugoliaeth derfynol y pryd hynny byddai proffwydi'r Almaen, megis Nietzsche a Treitschke yn wrthodedig ac esgymun, a gwireddid proffwydoliaeth Habacuc.[27]

Yr oedd yr Ysgrythur yn bleidiol i achos Prydain. Gwelodd Job 'Oleuni disglair yn y cymylau' (37:21). Onid oedd ymdrechion Prydain o blaid heddwch, ei byddin o wirfoddol-wyr, a chyfiawnder ei hachos oll yn oleuadau disglair? Yn y bregeth, 'Goleuni Disglair yn y Cymylau', honnwyd fod cyfiawnder tragwyddol o du Prydain, a'r sêr yn eu graddau yn ymladd dros ei deiliaid. Galwyd y wlad i fod yn ffynhonnell goleuni, yn ganolbwynt tangnefedd i'r holl fyd, yn feistres celf a gwyddor, llên a chân, gwarcheidwad heddwch a chyfiawnder cyffredinol ar y ddaear, ac efengyles yr holl genhedloedd.

Ni chafodd achos Prydain, a chyfiawnder yr achos hwnnw, rymusach tystiolaeth na'r un a roddwyd yn y bregeth seiliedig ar lyfr Job,

> Ai cyfiawn yw ein hachos? Ydyw, os yw yn gyfiawn i'r cryf i gynorthwyo'r gwan. Ydyw, os mai yr Oen, ac nid y bwystfil sydd i deyrnasu. Ydyw, os mai un tebyg i Fab y dyn sydd i gael yr orsedd. Ai cyfiawn yw ein hachos? Ydyw, canys y mae yn frwydr gwirionedd yn erbyn cyfeiliornad, goleuni yn erbyn tywyllwch, cyfiawnder yn erbyn anghyfiawnder, Crist yn erbyn Anghrist, y bwystfil yn erbyn Mab y Dyn.[28]

Achos Crist oedd achos Prydain, a ddysgodd i'r byd pa fodd

i lywodraethu gyda chadernid y Crist, a pha fodd i ufuddhau gyda gras.

Gan fod yr achos mor aruchel, yn yr 'Apêl at Wŷr Cymru', yn Hydref 1914, a arwyddwyd gan nifer o weinidogion a gwŷr lleyg mwyaf blaenllaw Cymru, gwnaed datganiad nad oedd un aberth yn rhy fawr i ddiogelu rhyddid, gwareiddiad, a chrefydd. Golygai hynny aberthu gwaed gorau'r genedl. Cyd-nabu'r datganiad Ymneilltuol fod rhyfel yn 'neilltuol atgas', ond ar ôl ystyriaeth fanwl o'r ffeithiau, fel y'u cyflwynwyd yn y papurau swyddogol, — 'a'u cywirdeb yn ddiamheuol', daeth y sawl a arwyddodd yr 'Apêl' i'r casgliad anorfod, nid yn unig na cheisodd ac na ddewisodd Prydain y Rhyfel hwn, eithr yn hytrach ei fod wedi ei wthio arni, er pob ymgais i gadw heddwch, gan drais gwarthus ar egwyddor ymddiriedaeth a chyfiawnder rhwng y cenhedloedd. Peryglwyd sefydlogrwydd y Deyrnas, gan fod ysbryd milwrol Prwsia yn elyn i bob rhyddid, a chrefydd — 'meddiant drutaf pob dyn a chenedl'. Yng ngolwg y tadau, nid oedd unrhyw bris yn rhy uchel i'w meddiannu ac yng ngolwg yr Ymneilltuwyr o gydwybod a arwyddodd yr Apêl nid oedd unrhyw aberth yn rhy gostus i'w diogelu rhag brad y gelyn.

Apeliwyd, felly, at 'wŷr Cymru', yn enwedig y gwŷr hynny mewn safleoedd o ddylanwad i bwyso ar fechgyn ieuainc i ymrestru ar yr awr gyfyng yn hanes Prydain.[29]

Eglurodd y sawl a arwyddodd yr 'Apêl' nad oeddynt yn cynrychioli'n swyddogol yr enwadau gwahanol yng Nghymru, ond yn datgan barn bersonol fel dinasyddion Cristionogol. Serch hynny, yr oedd y datganiad yn adlewyrchu ymagwedd y sefydliad crefyddol, Ymneilltuol yng Nghymru, ac, o ran hynny yr Anglicaniaid, hefyd. Yng ngeiriau Arsyllydd,

> O'n hanfodd yr aethom i ryfel; ac o'n bodd, hefyd, i amddiffyn y gwan a'r gorthrymedig. Ymdrechwyd, ond yn ofer, i osgoi y trychineb hwn . . . Os cyfiawn ydoedd i'n hynafiaid yn 1588 i ymlid yr Armada, cyfiawn yw i ninnau ymladd â Germani heddyw.[30]

Nid oedd yn yr 'Apêl' anogaeth i'r eglwysi arwain yn y gwaith o recriwtîo i'r fyddin. Rhybuddiodd H.M. Hughes, golygydd Y Tyst, y dylent hwy fod yn wyliadwrus rhag cael eu defnyddio fel cyfryngau milwrol a rhyfelgar. Cyflawnent eu gwaith priod wrth fod yn flaengar i liniaru poen yn y mudiadau dyngarol, i groesawu ffoaduriaid, a chalonogi'r awdurdodau a'r boblogaeth trwy eu hadnoddau ysbrydol a materol. Nid busnes yr Eglwys na'i gweinidogion ydoedd defnyddio trefniant crefyddol ac ysbrydol i sicrhau milwyr i'r fyddin. Cadwer yr Eglwys, felly, yn glir oddi wrth drefniadau milwrol. Ni fwriadwyd iddi gyflawni'r gwaith hwnnw.[31]

Swyddogaeth Cymdeithasfa'r Methodistiaid, yn ôl yr Athro T.A. Levi, oedd cynorthwyo i ddiogelu enaid y genedl yn nydd y prawf.[32] Ar yr wyneb, ymddengys mai dyna hefyd farn H.M. Hughes, ond yn ei 'Nodion' yn Y Tyst ym mis Hydref 1914, dywedodd mai'r ffordd effeithiolaf dan fendith Duw i ennill y dydd ar ormes a thrachwant ydoedd cymell bechgyn ifainc i ymrestru wrth y miloedd. Yr oedd yr achos yn gyfiawn, a bodolaeth Prydain yn y glorian. Ychwanegodd nad oedd ganddo na'r amser nac amynedd i hollti blew ar y pwnc a dadansoddi ei agweddau academaidd oherwydd pan deflid dyn i'r dŵr gan adyn a'i bwriodd yno, ac yn gwneud ei orau glas i'w rwystro rhag nofio, yna'n sicr, nid dyna'r amser i ddadlau ac ymresymu ynglŷn â'i gyflwr.

Yn groes i'w fwriad, ceisiodd H.M. Hughes ddadansoddi'r sefyllfa, a dod i'r casgliad na ddylid defnyddio trefniant eglwysig i'r diben o recriwtio i'r fyddin, ond nid oedd undyn byw a'i rhwystrai ef, fel Cristion, i annog y bechgyn i ymrestru. Yr oedd gwladgarwch, cyfiawnder achos Prydain, a chrefydd yn cymell Cristionogion i wneuthur hynny.[33]

Ni flinwyd J. Evans Owen yn Y Dysgedydd gan unrhyw wahaniaeth rhwng dyletswydd Cristionogion fel unigolion, a'r Eglwys. Dylid defnyddio'r pulpud i annog gwŷr o ynni a nerth i ymladd yn erbyn gelyn heddwch Ewrop, ac archoffeiriad duw Rhyfel ym mherson ymerawdwr yr Almaen. Gan fod y fyddin wedi'i seilio ar wirfoddolrwydd yr oedd yn gyfreithlon i oleuo'r bobl, a'u hannog i amddiffyn y wlad. Enwad y Bedyddwyr oedd ar y blaen yn y gwaith hwnnw, a chroesawodd y sibrydion fod yr enwad am sefydlu cadran o'r eiddo'i hun. Gresyn, meddai J. Evans Owen fod cynifer o weinidogion yn fud ar y pwnc, ac ni fynnent annog neb i ymrestru.[34]

Galwodd Syr Henry Lewis, hefyd, ar yr holl eglwysi i ymarfogi. Nid oedd yr anogaeth iddynt barhau mewn ymbil a gweddi i Dduw brysuro dydd ymwared a heddwch, a goruwchlywodraethu'r terfysg a'r anhrefn i hyrwyddo'i fwriadau, a dyfodiad Ei Deyrnas, yn ddigonol. Dylid datgan yn ddifloesgni fod crefydd a gwladgarwch yn galw ar bawb i ysgwyddo baich y Rhyfel. Na phetrused y gweinidogion, ond chwythed pob un yr utgorn i alw a chalonogi ym mhob rhyw fodd y bechgyn ieuainc i ymrestru.[35]

Yr oedd J. Puleston Jones yn argyhoeddedig na ddylai gweinidog ymadael â'i briod waith, ddiosg ei swydd, er mwyn ymuno â'r ymgyrch i gael bechgyn i ymrestru, ac ni ddylai areithio ar y pwnc, neu ymarfer ei ddylanwad o'i blaid.[36] Anghytunai 'Oxonian'. Hanfod yr Efengyl oedd bod un yn rhoddi ei einioes dros y brodyr. Gallai un fyw'r egwyddor a'i chyflawni ar y maes cenhadol, ond ar wahân i'r maes hwnnw prin oedd y cyfleusterau i arddangos ysbryd gwrol, anturus. Ond daeth y cyfle yn y Rhyfel, ac fel y dywedodd David Lloyd George, unwaith yn unig y deuai'r cyfle i ran plant dynion i arddangos y fath wrhydri. Beth oedd yn anghyson â swydd gweinidog ei fod yn annog gwŷr ieuainc Cymru i roi eu hunain yn ewyllysgar i'w gwasanaethu? Dylai pob gweinidog osod y mater yn deg gerbron ieuenctid ei ofal, heb dreisio'u rhyddid, ond, ar yr un pryd, wneud yn eglur fod pob un a ymwrthododd â'r alwad mewn perygl o ddinistrio'i enaid.

Âi J. Puleston Jones oddi cartref i draddodi darlith ar 'Athroniaeth Nietzsche', ac nid oedd angen iddo 'ddiosg ei swydd' er mwyn gwneuthur hynny. Nid oedd angen iddo chwaith ei ddiosg er mwyn annog gwŷr ieuainc i ymrestru yn erbyn byddin a oedd yn ymgorfforiad o ysbryd Nietzsche, a'i amcan i ddileu Cristionogaeth o'r byd.[37]

Tristwch o'r mwyaf yng ngolwg Joseph Jones (Aberhonddu) ydoedd gweld arwyr heddwch gynt, o bulpud a llwyfan yn annog pobl ifainc i ymrestru. Nid oedd yn unman lais yn cyhoeddi heddwch. Clywodd am un o oreugwyr Cymru yn traethu ei farn mewn ffair gyflogi yn Aberhonddu. Ystyrid ef fel cydwybod sir Frycheiniog, a byddai'n anodd cael cymeriad purach, na gŵr o farn fwy cytbwys. Ond apeliodd at y gwasanaeth-ddynion i beidio â chael eu cyflogi yn ôl eu harfer, eithr yn hytrach i ymrestru dan faner Prydain. 'A syrthiodd y cedyrn?' gofynnodd Joseph Jones.[38]

Argyhoeddwyd un o golofnwyr *Y Brython* mai'r cedyrn na sythiasant oedd y pregethwyr a geisiai berswadio'r bechgyn i ymrestru. Rhaid ei bod yn argyfwng o'r gwaethaf cyn bod gweinidogion mwyaf heddychol Cymru, a'r pregethwyr galluocaf a'r tanbeitiaf yn bodloni clecian y chwip filwrol i hysio'r ifanc i ymuno â'r fyddin. Gwnaethant hynny o raid, nid o fodd. Haeddent bob clod, a phwy'n well na gweinidogion â thipyn o fin yr iaith ar eu tafod, a grym meddwl ar eu brawddegau i wneud y gwaith o recriwtio? Hwy o bawb a allai ennill clust y Cymro, ac onid oedd araith gan un o feistriaid y gynulleidfa, gyda mêr yr Efengyl tu ôl iddi, yn fwy o werth na llond trol o anogaethau Seisnig o'r senedd? Clywodd, gyda llawenydd, fod John Williams, Brynsiencyn, yn tanio sir Fôn a Chaernarfon gan gysegru'i ddawn a'i huodledd i weiddi 'I'r Gad'. Cenedl heddychlon oedd Cymru, yn casáu ymrafael, ond yn casáu llwfrdra'n fwy, ac wedi elo'r frwydr heibio a seinio corn buddugoliaeth na foed neb i edliw i'r Cymry na wnaethant ddim namyn swatio yn eu seddau a gweddïo.[39]

Ni chafodd achos recriwtio yng Nghymru ragorach gŵr na John Williams, Brynsiencyn. Cysegrodd ei ddawn a'i huodledd ar allor y fyddin, wedi'i argyhoeddi fod y Rhyfel yn Rhyfel sanctaidd. Mewn cyfarfod recriwtio ar lannau Mersi ym mis Tachwedd 1914 dywedodd ei bod yn ddyletswydd ar ddyn ymagweddu'n gadarnhaol petai'n gweld rhyw ddihiryn, dyweder, yn cam-drin plentyn bach neu'n ymosod ar ddynes ddiymgeledd. A feiddiai rhywun ddadlau fod 'dynoliaeth iach' neu 'grefydd' yn gwarafun iddo amddiffyn cam y gwan?

Adroddodd John Williams stori amdano'i hun a chyfaill iddo. Cerddai'r ddau i fyny'r rhiw ar un o heolydd Lerpwl. ''Fydda i byth', meddai'r cyfaill, y Dr. John Hughes, 'yn pasio'r heol yna (gan gyfeirio at heol ar y dde), na fydda i'n meddwl am Mr. Rees (Henry Rees)'. Deuai'r ddau fraich ym mraich i fyny'r heol pan welsant ŵr yn cam-drin mul. Gollyngodd Mr. Rees ei fraich, ac aeth ar ei union at y dyn a gurai'r mul. 'Ddyn', meddai, gan roi ysgytwad iddo, 'beth yw eich meddwl yn trin y creadur mor greulon?' Yr oedd Mr. Rees, ychwanegodd John Williams, yn un o'r dynion mwyaf 'saintly' a fu erioed. Nid tymer ddrwg neu ysbryd dialgar a barodd iddo ymddwyn yn y modd hwnnw, ond cythruddwyd ei enaid wrth weld mul yn cael ei gam-drin. Onid ysbryd cyffelyb a ddeffrowyd yng nghalon Prydain wrth weld cenedl fawr, falch yn cam-drin Belg, y genedl fechan?

Credodd y Kaiser mai ef oedd i lywodraethu Ewrop. Creadur cymysgryw oedd y Kaiser — rhywbeth rhwng dyn a diawl — creadur cableddus a gredai mai ef oedd Duw ar y ddaear. Yng ngoleuni ei athroniaeth atheistaidd mawrygwyd rhyfel, a gwendid oedd cyfiawnder a heddwch. Clywodd John Williams gan foneddiges a fu dros gyfnod yn yr Almaen fod ieuenctid y genedl honno yn gorfod mynychu lladd-dai'r wlad i weld yr anifeiliaid druain yn cael eu lladd. Byddai mynd yno'n eu cynefino a'u caledu tuag at waed a chigyddiaeth.

'Beth a ddigwyddai pe'n darostyngid ni?' gofynnodd John Williams. Byddem fel cŵn yn ysgwyd ein cynffonnau i dderbyn hynny o friwsion a ganiateid i wlad ddarostyngedig,

> Yn wyneb hyn oll, fechgyn ieuainc, ymfyddinwch, ac na adewch i ryddid eich gwlad, diogelwch eich teuluoedd, a'ch breintiau crefyddol gael eu hysbeilio oddi arnoch. Er ei holl ddiffygion Prydain yw'r lanaf, anrhydeddusaf y mae haul Duw'n tywynnu arni, a byddwch o'r un ysbryd â'r hen ŵr hwnnw o Fôn a ddwedai'r dydd o'r blaen ei fod yn methu cysgu'r nos wrth feddwl am y bechgyn glewion oedd yn y 'trenches' i'w gwneud hi'n bosibl iddo fo gysgu o gwbl.[40]

Wrth annerch cynulleidfa o chwarelwyr yn Llanberis gallent fod, meddai ef, yn feirniadol ohono am siarad ar lwyfan recriwtio, ond ni chyflawnodd erioed waith mwy angenrheidiol. Prawf o hynny oedd iddo ddod o'i gartref y noson honno i'w hannerch. Petai modd i unrhyw un, yn Llanberis, fod yn ddigyffro yng nghanol y fath argyfwng, yna'n sicr, amheuid ei ddynoliaeth. Ped ymosodid arnynt beth a ddeuai o grefydd, iaith, a sefydliadau Cymru? Golygai ein trechu droi cloc datblygiad Ewrop yn ôl gan mlynedd, o leiaf. Dyletswydd pob dyn ifanc, felly, yn Llanberis, oedd ymrestru. Byddai hynny'n dyrchafu'r ardal yn foesol ac ysbrydol.[41]

Amheuai 'Wenffrwd', un o golofnwyr cyson *Y Dinesydd*

Cymreig, mai pregethwyr a stiwardiaid oedd y dynion mwyaf cymwys i gyflwyno achos y wlad gerbron y chwarelwyr. Gallai'r chwarelwr bwyso a mesur yn ofalus, a'i chael yn anodd rhoi clust i'r gennad a arferai ddysgu egwyddorion heddwch dan faner Tywysog Tangnefedd, ond bellach yn gwahodd pawb i ladd eu brodyr. Yr oedd hynny'n gwbl afresymegol. Nid y stiward chwaith a dra-arglwyddiaethai dros y chwarelwyr oedd y dyn delfrydol i ddwyn perswâd arnynt i ymuno. Daeth hynny'n amlwg yn y cyfarfodydd recriwtio, ac yn y mannau hynny lle nid oedd na phregethwyr na stiwardiaid, ymrestrodd llawer o fechgyn ieuainc. Yn Ffestiniog, er enghraifft, lle'r oedd y gweinidogion wedi cadw draw o lwyfan recriwtio, cafwyd y nifer mwyaf o wirfoddolwyr i'r fyddin.

Nid gwaith hawdd oedd perswadio dosbarth o bobl a wreiddiwyd yn yr Ysgol Sul, gan y pulpud, a'r Eisteddfod i wadu'r hyn a gawsant yn waddol oddi wrth y sefydliadau hynny, ac nid ar chwarae bach y gellid dileu o'r cof ddylanwad areithiau David Lloyd George, y Barnwr Bryn Roberts, a'r Arglwydd Morley yng nghyfnod Rhyfel De Affrig.

Pe gellid cael dynion heblaw pregethwyr a stiwardiaid i argyhoeddi'r chwarelwyr fod gwir angen amdanynt, yr oedd 'Wenffrwd' yn argyhoeddedig y ceid bataliwn o chwarelwyr yn Arfon a Meirion a fyddai'n barod i herio unrhyw un ym myddin Prydain. Nid llwfriaid mohonynt. Onid oedd gwaith y chwarelwr yn brotest yn erbyn y fath ensyniad? Ni ddylid ei ddifrïo na'i orfodi, nac ymddwyn tuag ato'n drahaus. Ni allai neb amau ei ddewrder a'i nerth anghymarol, ac unwaith yr argyhoeddid ef o gyfiawnder unrhyw achos, byddai'n fwy na bodlon i ymladd drosto. Ond nid pregethwyr a stiwardiaid oedd y gwŷr mwyaf cymwys i'w hargyhoeddi o deilyngdod yr achos.[42]

Trwy gydol y Rhyfel, ymboenai John Williams ynghylch anwybodaeth y Cymry am yr argyfwng, er ei fod, ar yr un pryd, yn gresynu fod ysbryd militariaeth yn prysur feddiannu'r wlad. Ye oedd y cwbl a oedd yn annwyl a gwerthfawr yng ngolwg y Cymry yn y fantol, ond ymofidiai nad oedd hanner y wlad yn sylweddoli hynny. Ceisiodd oleuo'r gwŷr anwybodus ynghylch difrifwch y sefyllfa. Rhoes fynegiant i'w ofid yn ei lythyr at Dan Tomos (26.12.17),

Beth ddelai o'r byd pe llwyddai teyrnas fel hon? Fe sethrid dan draed bopeth sy'n annwyl gan bob Cymro teilwng yn y wlad. Darfyddai am bob rhyddid gwladol a chrefyddol, sernid ar gyfiawnder . . . a chymerai arwyddair Paganaidd yr hen oesoedd, 'Trechaf treisied, gwannaf gwaedded le oraclau Duw'r nefoedd . . .[43]

Ni fu beirniadaeth 'Wenffrwd' ynglŷn ag anghymwyster gweinidogion i annerch ar lwyfannau recriwtïo yn foddion i leihau'r galw amdanynt. Un o'r prysuraf yng Ngogledd Cymru oedd Thomas Charles Williams, Porthaethwy. Methodd fod yn bresennol i annerch mewn cyfarfod ymrestru yn Nefyn, ond anfonodd lythyr i'r perwyl ei fod o blaid ymladd y Rhyfel i'r pen hyd nes cael Prwsia a'i balchder milwrol tan draed. 'Y neb na sydd ganndo gleddyf, gwerthed ei glog a phryned un', — dyna'i anogaeth i ddynion ieuainc Nefyn,[44] gan ategu datganiad Syr Henry Lewis y dylid cyhoeddi o bob pulpud, 'y neb sydd ganddo bwrs, cymered; a'r un modd god; a'r neb nid oes ganddo, gwerthed ei bais, a phryned gleddyf!'

Mewn cyfarfod ymrestru ym Methesda, o dan lywyddiaeth J.T. Job, dywedodd un o'r gweinidogion fod ganddo ef fab a llu o berthnasau yn y Rhyfel, a dyletswydd pawb a honnai fod yn genedlgarwyr oedd gwneud rhywbeth mwy na chanu 'Hen Wlad Fy Nhadau'. Tystiodd un o weinidogion y Wesleaid iddo ef ymuno ag Adran Gogledd Cymru o'r Fyddin. Chwalwyd yn llwyr yr hen syniad a goleddai am y milwyr. Ni fu erioed mewn cwmni gwell, boneddigieiddiach, a'r awyrgylch heb ei ferwino gan fedd-dod na rhegfeydd.

Yn y cyfarfod ymrestru ym Methesda, anerchwyd hefyd gan William Jones, A.S. a'r Cadfridog Owen Thomas. Ni siaradodd William Jones erioed o'r blaen, ar lwyfan o blaid y Rhyfel, ond ni allai ymatal yn hwy. Petai'n gadael i'r cyfle fynd heibio, byddai'n edifar ganddo, ac yn ei gwneud yn anodd iddo godi'i ben ar derfyn y Rhyfel. Apeliodd y Cadfridog Owen Thomas at 'ddynoliaeth' bechgyn Bethesda, ac ategwyd ei apêl ef a'r siaradwyr eraill gan Thomas Charles Williams. Yr oedd yr alwad i'r bechgyn yn 'alwad crefydd', a thros yr egwyddorion hynny a fu mor gysegredig i'w tadau.[45]

Curo cefn Ymneilltuaeth

Ar adegau, yr oedd pryder yn y rhengoedd Ymneilltuol nad oedd eu bechgyn yn ymateb i alwad y wlad fel y dylent. Ar wahoddiad athrawon Coleg y Bala anerchwyd y myfyrwyr gan ŵr lleyg, W.R. Evans, Ll.B., Rhuthun, ar 'Ein Dyletswydd yn y Cyfwng Presennol'. Ymunodd miloedd o fechgyn na pherthynent i'r Eglwys, ac ni phroffesent y grefydd honno a oedd yn hawlio hunanaberth, â'r fyddin. Yn wyneb eu parodrwydd i roi eu bywydau, a allai myfyrwyr yn ymbaratoi ar gyfer y weinidogaeth ymatal? Bwriadai rhai ohonynt fynd yn gaplaniaid neu'n weinyddwyr, ond dylent ymholi'n ddwys, onid eu dyletswydd oedd rhannu caledi a pherygl y milwr ar y maes, yn y ffosydd, yng nglyn cysgod angau ei hun? Gadawai hynny argraff ddofn ar y milwyr. Cawsent gyfle nas gwelwyd ei debyg o'r blaen, a phan ddychwelent — wrth reswm, ni ddeuai pawb yn ôl, ond byddai'n farw ardderchog — edrychid arnynt gydag edmygedd fel bechgyn a gyflawnodd yr aberth fwyaf. Byddai'n ardderchog o beth petai modd i'r Cyfundeb a Chymru allu dweud,

> Yn 1914, mewn argyfwng mawr . . . rhoddodd efrydwyr Coleg Diwinyddol y Bala eu heinioes i farw ar faes y frwydr yn Ffrainc a Belgium, gan ymladd dros ryddid a chyfiawnder, ac er amddiffyn eu gwlad.[46]

Er gwaethaf hwyrfrydigrwydd rhai i ymuno, yr oedd y cyfundebau enwadol oll yn gytûn yn eu hedmygedd o wroldeb a hunanaberth y gwŷr ieuainc a ymrestrodd dros hawliau cyfiawnder a dynoliaeth, ac yn gwrthdystio'n gryf yn erbyn yr ensyniadau di-sail a chamarweiniol a wnaed mewn rhai cylchoedd fod y mwyafrif ohonynt yn aelodau o Eglwys Loegr. Yr oedd yn gwbl amlwg fod pawb nad oeddynt na Phabyddion na Wesleaid, neu Bresbyteriaid, yn cael eu rhestru fel aelodau o Eglwys Loegr. Yn Ionawr 1915, maentumiodd Esgob Llanelwy fod wyth deg y cant o'r milwyr Cymreig yn Eglwyswyr.

Yn ôl un o'r swyddogion mewn swyddfa ymrestru yng Nghaerdydd, nid oedd Ymneilltuwyr Cymru wedi ymuno â byddin yr Arglwydd Kitchener yn ôl y disgwyl. O'r saith cant a hanner a ardystiodd (h.y. a lanwodd ffurflenni yn datgan eu parodrwydd i ymuno) dros gyfnod arbennig, prin yr oedd un y cant yn Ymneilltuwyr. Perthynai'r mwyafrif llethol i Eglwys Loegr ac Eglwys Rufain. Credai'r swyddog hwnnw y dylid yn ddiymdroi alw sylw'r eglwysi Ymneilltuol at ddifrawder eu plant. Yr oedd ef ei hun yn aelod gyda'r Wesleaid, ac ni allai neb gyhuddo'r enwad hwnnw o lusgo'i draed.[47]

Yr oedd yn ddirgelwch i un o swyddogion y 'Rifle Brigade' a oedd mewn gwersyll ar gyrion Caerdydd, fod y mwyafrif llethol o'r tri chant o filwyr dan ei ofal yn aelodau un ai o Eglwys Loegr neu Eglwys Rufain. Os nad oeddynt yn aelodau gyda'r naill na'r llall, yna fe'u cofrestrwyd fel Wesleaid. Pan ofynnwyd i'r newydd-ddyfodiaid i'r fyddin ynglŷn â'u hymlyniad crefyddol, yn amlach na pheidio tueddent i ddilyn y dyrfa, a chofrestru fel aelodau o Eglwys Loegr.[48]

Yng ngoleuni'r duedd honno nid oedd yn syn, yn ôl golygydd *Y Tyst,* fod Esgob Llanelwy yn gallu clochdar am gyfartaledd uchel y milwyr oedd yn Anglicaniaid. Yr oedd y golygydd yn dra awyddus i gynnal enw da Ymneilltuaeth, ac fe'i cafodd yn anodd dygymod ag ymagwedd rhyw Sais anwybodus a sgrifennodd ato o un o siroedd Cymru i gamgyhuddo Ymneilltuwyr o beidio ag ymrestru. Dewisach ganddynt hwy aros gartref i ganu 'Hen Wlad Fy Nhadau' — cyfeiriodd 'Y Gwladgarwr Cymreig', yn *Y Brython* at yr un cyhuddiad. Ni feiddiodd y gŵr o Sais ysgrifennu dan ei enw priod ond dewisodd dan ffugenw 'chwistrellu ei lid sectarol, gwenwynig o'r tu ôl i'r gwrych ar bobl y mae ei drigias yn eu mysg, ond nas gŵyr ddim amdanynt'. Os oedd ei gymdogion Ymneilltuol yn codi ei wrychyn wrth ganu 'Hen Wlad Fy Nhadau' i ormodiaith, purion peth fyddai iddo ddychwelyd i wlad ei dadau hyd nes y deuai o hyd i ddigon o foesau i beidio â difrïo pobl ar gam.[49]

Yn naturiol, ymhyfrydodd y wasg Ymneilltuol ym mhresenoldeb cynifer o Ymneilltuwyr yn y Fyddin. Cyfaddefid bod hynny'n rhywbeth newydd yn hanes Prydain, ac yn achos ymffrost am fod 'halen Piwritaniaeth', bellach, ar faes y gad.[50]

[1]t. 8

[2]'Nodion', *Y Tyst*, Awst 5, 1914, t. 8.

[3]ibid. t. 8

[4]'Dymchwel Gwareiddiad', *Y Goleuad*, Awst 7, 1914, t. 8

[5]ibid., 'Yr Eglwys a'r Rhyfel', Awst 21, 1914, t. 8

[6]*Seren Cymru*, Awst 7, 1914, tt. 8-9

[7]*Y Gwyliedydd Newydd*, Awst 18, 1914,. t. 4

[8]tt. 8-9

[9]'Yr Eglwys a'r Rhyfel Barn Syr Henry Lewis',*Y Goleuad*, Medi 4, 1914, t.7

[10]ibid. Medi 4, 1914, t. 8

[11]'Eu llais a rua megis y môr', *Seren Cymru*, Awst 7, 1914, t. 8

[12]ibid. Awst 14, 1914, t. 8

[13]ibid. Medi 4, 1914, t. 8

[14]'Y Rhyfel', Awst 12, 1914, t. 9.

[15]gol. 'Y Gwyliedydd beth am y nos?', Gorffennaf 1915, t. 4

[16]gol. Awst 14, 1914, t. 4; Awst 21, 1914, t. 4

[17]*Yr Eurgrawn*, Ionawr 1915, t. 2

[18]'Gweddi ac Arfau Prydain', Medi 11, 1914, t. 11

[19]W.P. Roberts, 'A Ellir Da o'r Rhyfel', *Yr Eurgrawn*, Hydref 1915, t. 368

[20]'O'r Arsyllfa', Medi 1, 1914, t. 284

[21]R.H.W. 'Sul yng Nghroesor', *Y Goleuad*, Medi 10, 1914, t. 3

[22]'Pob Ochr i'r Heol', *Y Tyst*, Ionawr 6, 1915, t. 5

[23]'Gweddi a'r Rhyfel', *Y Geninen*, Ionawr 1915, t. 12

[24]op. cit., Ionawr 27, 1915, t. 4

[25]Eos Maelor, *Y Brython*, Awst 27, 1914, t. 2

[26]*Y Dysgedydd*, Hydref 1914, t. 438

[27]ibid. D. Eurof Walters, 'Habacuc a'r Rhyfel', Mawrth 1915, t. 6

[28]T. Esger James, 'Goleuni Disglair yn y Cymylau', *Y Tyst*, Mawrth 17, 1915, t. 6

[29]'Y Rhyfel' Datganiad Ymneilltuol', *Y Darian*, Hydref 15, 1914, t. 8

[30]op. cit., t. 282

[31]'Nodion', Medi 30, 1914, t. 4

[32]gw. 'Methodist Association at Penllwyn', *Welsh Gazette*, Gorffennaf 27, 1916, t. 4

[33]*Y Tyst*, Hydref 14, 1914, t. 4

[34]'Y Byd Crefyddol: Ei Feddyliau a'i Weithredoedd', Hydref 1914, tt. 454-5

[35]op. cit., t. 7

[36]'Colofn Hawl ac Ateb', *Y Goleuad*, Medi 18, 1914, t. 6

[37]ibid. 'Gweinidogion a'r Rhyfel', Medi 25, 1914, t. 9

[38]'Cristionogaeth a Rhyfel', *Y Geninen*, Ebrill 1915, t. 75

[39]gw. *Y Brython*, Medi 10, 1914, t. 2

[40]ibid. 'I'r Gad, Gymry Annwyl', Tachwedd 26, 1914, t. 2

[41]*Y Dinesydd Cymreig*, Medi 9, 1914, t. 5

[42]ibid. 'Y Ford Rydd', Medi 23. t. 6

[43]'Hunangofiant', trwy ganiatâd Mrs. Rhiannon Evans.

[44]*Y Brython*, Medi 10, 1914, t. 2

[45]*Y Dinesydd Cymreig*, Rhagfyr 2, 1914, t. 2

[46]'Efrydwyr a'r Rhyfel', *Y Goleuad*, Tachwedd 13, 1914, t. 4

[47]'Nonconformist Apathy', *Western Mail*, Hydref 1, 1914, t. 3

[48]ibid. 'Nonconformist Recruits', Hydref 8, 1914, t. 4

[49]'Nodion', *Y Tyst*, Medi 16, 1916, t. 4

[50]J. Evans Owen, 'Y Byd Crefyddol', *Y Dysgedydd*, Tachwedd 1914, t. 508

Profi'r Tân

(Ymatebion personol i'r Rhyfel)

Yr oedd yn achos bodlonrwydd i D. Gwylfa Roberts fod deddf gorfodaeth filwol yn cynnwys adran yn rhyddhau gweinidogion oddi wrth y trefniadau milwrol. Ni welodd unrhyw gyfeiriad yn gwarafun hynny, — prawf clir fod cydwybod y wlad o blaid eu rhyddhad, a bod greddf y werin yn ei harwain i wahaniaethu'n ddi-feth rhwng gwaith gweinidog yr Efengyl a dyletswyddau'r rhyfelwr, pa mor gyfiawn bynnag oedd y Rhyfel. Pwysleisiodd hyn am ei fod yn angerddol awyddus i ddylanwad y weinidogaeth beidio â chael ei amharu mewn unrhyw fodd gan y Rhyfel. Daeth dyddiau blin yn hanes crefydd, llawer o ymholi ac amau, condemnio a beirniadu; y weinidogaeth yn rhanedig, a brodyr yn ymollwng i ddadlau â'i gilydd — rhai dros y Rhyfel, eraill yn gwrthwynebu; rhai yn flaenllaw i annog dynion ieuainc i ymrestru, eraill yn ymatal yn llwyr; rhai, hyd yn oed, yn credu mewn gorfodaeth filwrol, eraill yn ei chasáu, Meddai D. Gwylfa Roberts,

> Arwyddion gofidus yw y rhai hyn. Nid oes neb ohonom na ddymuna yn dda i'n teyrnas a'i chynghreiriaid, bid siŵr. Byddai yn felys gennym allu meddwl fod hwn yn 'rhyfel sanctaidd' ac yn 'rhyfel Duw', a bod iawnder ein hachos yn rhagfynegi ein buddugoliaeth.[1]

Yn groes i farn D. Gwylfa Roberts, mynnai awdur yr erthygl 'The Battalion of Preachers', yn *The Welsh Outlook*, mai un o'r digwyddiadau mwyaf arwyddocaol yng Nghymru, yn 1916, oedd y nifer o weinidogion a ymunodd â'r R.A.M.C. Ymhen yrhawg byddai oddeutu mil o weinidogion ieuainc yn dychwelyd ar ddiwedd y Rhyfel i greu Cymru newydd, eu cyhyrau wedi'u hystwytho gan ymarferiadau corff y fyddin, a'u meddyliau pŵl wedi cael chwistrelliad o awyr iach. Pan

65

ddychwelent, ni fyddent mwyach yn ei chael yn hawdd cyfansoddi pregethau mewn myfyrgelloedd mwll, llawn llwch a mwg tybaco. Trwy ddisgyblaeth y fyddin, a bywyd yn yr awyr iach, yr oedd y 'greadigaeth newydd' yng Nghymru ar y trothwy,[2]

Yn naturiol, byddai gan y caplaniaid ran flaenllaw yn y Gymru newydd, ond yn wahanol i awdur yr erthygl, gwelsant hwy fryntni'r Rhyfel, a'i gythreuligrwydd. 'Beth a welais yn Ffrainc a Belg?' holodd J.J. Evans, Niwbwrch, a fu'n gaplan yn y gwledydd hynny. 'Ni welais ddim na ddisgwyliwn ei weld ar faes y gwaed — sefyllfa o wallgofrwydd', oedd ei ateb.[3] Erchylltra a chreulondeb y Rhyfel a gafodd sylw James Evans, un arall o'r caplaniaid a ddisgrifiodd ei brofiadau'n gyson yn *Y Tyst*. Serch hynny, yr oedd yn gwbl argyhoeddedig fod byd o wahaniaeth rhwng lladd mewn gwaed oer a lladd dros achos cyfiawn,

> Pan mae'r byddinoedd yn ymgiprys gledd yng nghledd, llenwir y milwr â brwdfrydedd ac angerddoldeb, meddir, tu hwnt i ddim arall sy'n meddiannu dyn; ac hyd yn oed pan gyll ei fywyd, mae'n haws dygymod ag angau wedi cael cyfle i'w amddiffyn ei hun; a mae colyn angau wedi ei dynnu i'r hwn sydd yn ymwybodol ei fod wedi gwneud ei ran yn ogoneddus yn nydd y prawf.[4]

Antur Gristionogol oedd y Rhyfel, a thystiodd y caplaniaid i arwriaeth Gristionogol llawer o'r bechgyn a oedd yn barod i farw, os dyna'r cwpan i'w yfed. Nid sŵn na thabwrdd oedd eu gwladgarwch, ac wrth agosáu at awr y prawf grymusodd yr arwriaeth, a lliniarwyd ofn angau gan y sicrwydd cadarn eu bod yn ymladd mewn crwsâd sanctaidd.

Mewn amgylchiadau anodd a dieithr, ni allai'r caplan D. Cynddelw Williams lai na sylwi fod rhyw argyhoeddiad tawel, ond dwfn, wedi meddiannu'r bechgyn i'w sicrhau fod yr ymdrech yn fwy na brwydr yn erbyn cig a gwaed. Fe'u galwyd i roi atalfa ar y llifeiriant a'r rhyferthwy a fygythiai bopeth o bwys ym myd yr ysbryd, ac er bod angau yn rhythu arnynt yn barhaus, gwelent, hefyd, fyd arall yn ymagor o'u blaenau lle cyfrifid rhoddi bywyd yn ei holl ieuengrwydd dros ryddid, cyfiawnder, a chartref yn uwch o ran ei werth na byw am flynyddoedd maith heb ymgyrraedd tuag at unrhyw nod arbennig.[5]

Disgrifiodd y caplaniaid yr oedfaon yn Ffrainc, pa destunau oedd yn taro'r amgylchiadau, y themâu mwyaf trawiadol, a'r emynau mwyaf poblogaidd. Cyfeiriodd James Evans at oedfa am saith o'r gloch y bore wrth olau canhwyllau mewn hen sgubor.[6] Canwyd, 'Dyma babell y cyfarfod' gyda 'ffresni'r wawr'. Darllenwyd Salm 91, 'Nid ofni rhag dychryn nos; na rhag y saeth a ehedo y dydd. Na rhag yr haint a rodio yn y tywyllwch, na rhag y dinystr a ddinystrio ganol dydd' (adn. 5 a 6). Daeth yr ymadroddion yn real. Yn dilyn, canwyd un o hoff emynau'r bechgyn, 'Cofia Arglwydd Dy ddyweddi/Llama ati fel yr hydd', a chafwyd arddeliad arbennig ar y geiriau, 'Ac na ad i'w holl elynion/ Arni'n hollol gael y dydd'. Ar ôl yr emyn, gweddi fer, gan nad oedd amser i ragymadroddi na hysbysu'r Bod Mawr am bethau y gwyddai Ef eisoes amdanynt yn well na neb arall. Daethant ynghyd i un amcan a phwrpas, sef i geisio amddiffyn a chysgod Duw trostynt hwy a'u hanwyliaid yng Nghymru. Yn dilyn y weddi canwyd emyn arall, 'Pan oedd Sinai yn melltennu/A'i tharanau'n rhwygo'r nen'. Rhoddodd y geiriau hynny ollyngdod i'r enaid yn sŵn taranau a dychrynfeydd Ffrainc. Seiliwyd y bregeth ar yr Epistol at y Philipiaid, y bennod gyntaf, adn. 19-20. '. . . na'm gwarad-wyddir mewn dim, eithr mewn pob hyder, fel bob amser, felly yr awrhon hefyd, y mawrygir Crist yn fy nghorff i'. Yng ngoleuni'r testun gwelodd y bechgyn ar unwaith ei genadwri, sef y fraint a'r anrhydedd o gael dioddef dros yr Achos mawr, mewn perthynas ag arwyr a dioddefwyr yr oesoedd cynt, megis yr apostol Paul a Christ ei Hun. Cyn ymwahanu, canwyd yr emyn 'O Arglwydd Dduw Rhagluniaeth/Ac iachawdwriaeth dyn,/Tydi sy'n llywodraethu/Y byd a'r nef dy hun', — o bosibl, yr emyn dwysaf a mwyaf pwrpasol a genid gan y bechgyn, ac ar hyd y ffordd wrth ddychwelyd o'r oedfa, ailganwyd y geiriau, 'Yn wyneb pob caledi/Y sydd, neu eto ddaw,/Dod gadarn gymorth imi/I lechu yn dy law'.

Yn yr oedfaon yn Ffrainc, ar adegau, profwyd yr eneiniad a deimlwyd gynt yn Niwygiad '04 - '05. Wrth ganu'r hen emynau yr oedd gruddiau'r bechgyn yn wlyb gan ddagrau, ac ar eu hymdaith i'r ffrynt, parhaent i'w canu. Yr unig ofid, yn ôl Peris Williams a gydgerddai â'r bechgyn ran o'r ffordd i gwrdd â'r gelyn oedd bod amryw ohonynt heb Destament Newydd Cymraeg, am fod y stoc wedi'i dihysbyddu.

Mynnai J. Parry Brooks mai un o fuddugoliaethau pennaf yr Efengyl yng nghyfnod y Rhyfel oedd yr arweiniad a gafodd y dynion ifainc i ddarllen llyfr y llyfrau. Yr oedd ugeiniau o enghreifftiau a ddangosai fel y profodd yr Hen Lyfr yn gyfaill mewn cyfyngderau. Gwelodd ef ei hun filwr clwyfedig yn disgwyl ei dro i weld y meddyg. Wrth ddisgwyl, darllenai ei Destament bychan. Sylwodd y caplan fod bwled wedi gadael ei hôl ar dudalennau'r llyfr. Meddai'r milwr, 'Padre, do you see the bullet hole in my Testament. Isn't this a marvellous book? You see how it saved my life, it stopped the bullet, but better than that it has given me Jesus Christ'. Mae'r llyfr, ychwanegodd y caplan, yn fywyd. (Nid dyma'r unig enghraifft o Destament Newydd yn achub rhag y fwled yn ystod y Rhyfel Mawr).[7]

Cysylltwyd aberth y bechgyn ag angau'r Groes. Rhai oriau ar ôl gwasanaeth y cymun — cyfeiriodd y caplaniaid a'r milwyr yn aml iawn at yr oedfa gymun e.e. teimlodd y caplan A.W. Davies yn 'Gair o Ganaan' fod 'rhyw swyn ysbrydol rhyfedd a bendithiol yn y cymun gyda'r bwrdd bach a'r lliain gwyn o dan frigau cysgodol hen ffigysbren fawr'[8] — lladdwyd, yn ôl James Evans, un o'r bechgyn hawddgaraf a thebycaf i'w Waredwr a fu erioed, gan brofi o ffrwyth y winwydden o newydd yn Nheyrnas Nefoedd. Meddai James Evans, 'Ddarllenydd ar dy esmwyth fainc yn dy gartref clyd, a wyddost ti dy ddyled iddo ef a'i gyffelyb. Glyw di yntau'n dweud, "Hwn yw fy nghorff yr hwn a dorrir trosoch" '.[9]

Sylwodd fod ambell filwr yn mynnu dangos ei glwyf yn yr ysbyty. 'Deallais yn well nag erioed', meddai, 'eiriau ymffrost yr apostol, "O hyn allan na flined neb fi; canys dwyn yr wyf yn fy nghorff nodau yr Arglwydd Iesu" '. Bu ef ei hun yn glaf mewn ysbyty, ond fel llawer o'r cleifion eraill, cywilyddiai am nad oedd ei afiechyd wedi golygu colli diferyn o waed yn yr Achos mawr.

Yn wrthgyferbyn i arwriaeth milwyr yr Achos mawr yr oedd byddin yr Anghrist, 'yr Ellmyn brwnt nad oedd ganddynt barch i'r byw na'r marw'. Amlygwyd eu diffyg parch mewn gwasanaeth angladd i ddau filwr o Gymru. Prin fod y gwasanaeth wedi dechrau pan ddisgynnodd pelen ffrwydrol, ac yna, un arall, ryw bum llath ar hugain o'r fan lle safodd James Evans uwchben y bedd.

Cytunai'r caplaniaid oll fod cymrodoriaeth gref wedi'i chreu rhwng y bechgyn. Ni chawsant eu blino, meddai J.J. Evans, gan bechodau megis cenfigen, malais a gwenwyn. Yr oed pob peth ganddynt yn gyffredin — cyflwr nid annhebyg i'r Eglwys Fore — ac amlygwyd caredigrwydd diderfyn yn eu rhengoedd. Arswydodd J.J. Evans o feddwl y dychwelent ymhen yrhawg i eglwysi a'u llond o genfigen a malais.

Mynegwyd undeb y gymdeithas yn y gwasanaethau crefyddol, — dan orfod, mae'n wir. Dyweder a fynno, meddai Edward Jones, caplan ym Mharc Kinmel, yn y fyddin yr oedd y gynulleidfa orau yn yr holl wlad.[10] Gwyn fyd na fyddai rhywbeth tebyg i'w ganfod yn yr eglwysi. Yn y fyddin ymunai'r holl enwadau Ymneilltuol yn y cyfarfodydd, ond ar derfyn y Rhyfel dychwelai eu haelodau i'w heglwysi i'r hen rigolau a'r ffiniau enwadol. Ymladdodd y bechgyn ochr yn ochr; cydoddefasant, ac yn wahanol i'r eglwysi yng Nghymru byddent yn aeddfed i addoli galon wrth galon, pe caent eu harbed.

Adroddodd yr is-bwyllgor o Gymdeithasfa'r Gogledd a benodwyd i ohebu â'r caplaniaid ac eraill cymwys ynglŷn â buddiannau'r milwyr yn 1918, fod culni enwadol yn y Fyddin yn llawer llai nag yn yr eglwysi yng Nghymru, ac am y tro cyntaf erioed, gwelsant ragoriaethau cyfundebau ar wahân i'w cyfundeb hwy eu hunain. Y gobaith oedd y gallai hynny esgor ar awydd i gael mwy o undeb rhwng y gwahanol enwadau yng Nghymru.

Er gwaetha'r arwyddion calonogol, nid oedd y Gymru newydd ar fin cael ei gwireddu, fel y tystiodd Edward Jones. Yng ngwersyll Parc Kinmel, a safai yn y canol rhwng Y Rhyl, Abergele, a Llanelwy, yr oedd oddeutu ugain mil o filwyr (ym Mai 1916), eu hanner yn Gymry, a thua dwy fil o glwyfedigion maes y gwaed. Ofer meddwl nad profedigaeth o'r mwyaf oedd taflu ieuenctid o bob gradd a chymeriad at ei gilydd mewn un gwersyll. Ym mhob un caban yr oedd tua deg ar hugain o filwyr, ac o blith y nifer hwnnw ymhyfrydai un o leiaf yn ei allu i demtio a rhwydo'r diniwed. Gwnaeth yr awdurdodau eu gorau glas i ddidoli'r gwenith oddi wrth yr efrau, ond serch hynny, rhoddwyd bechgyn diniwed na chlywsant ddim ond yr hyn a oedd weddus a glân cyn dod i'r fyddin, yn cael eu hunain mewn amgylchiadau anodd a dinistriol i gorff ac enaid. Petai gan Edward Jones fachgen ym Mharc Kinmel, pryderai fwy am ei gymeriad, a'r perygl iddo golli'i rinwedd a'i ddiniweid-rwydd. Gallai ddygymod â cholli'i fachgen yn Ffrainc. Ni ddylai neb ei dwyllo'i hun i feddwl y deuai'r milwyr yn ôl i'w cartrefi yn well o ran ysbryd a moes. Byddai'r mwyafrif llethol yn is o ran eu delfrydau, yn fwy daearol a milwrol eu hysbryd. Na ddisgwylied neb i'r Rhyfel fod yn gyfrwng tröedigaeth. Gwelodd gannoedd a ddychwelodd o Ffrainc, ond ni welodd ynddynt unrhyw olion eu bod wedi derbyn bendith ysbrydol ar ôl bod ar faes y frwydr,

> Mae dod wyneb yn wyneb â gwastraff, afradlonedd ac annuwioldeb gwersyll fel hwn yn dangos yn eglur fod yn rhaid i ddyn gael ei eni o'i newydd cyn y gellir gwneud dim ohono; hefyd, mai gras y nefoedd yw'r unig gyfrwng drwy ba un y gellir ei ail-eni.[11]

Dangosodd profiad y caplaniaid, yn gwbl eglur, yn ôl un gŵr, mewn llythyr yn y *Y Goleuad*,[12] fod corff mawr o ddynion yn y fyddin a gollodd eu gafael ar grefydd gyfun-drefnol yn llwyr. Yr oedd anwybodaeth ddybryd am yr Ysgrythurau, gwirioneddau'r Efengyl, ac athrawiaethau crefydd. Ni ddarllenent y Beibl, ac ni weddïent, ond yr oeddynt yn nodedig am eu hysbryd brawdol a'u caredigrwydd, eu sirioldeb a'u hunanaberth. Yr oedd hynny'n gyson â barn is-bwyllgor Cymdeithasfa'r Gogledd fod gan y grefydd ymarferol fwy o afael ar y bechgyn na chrefydd profiad. Serch hynny, yng ngwersyll Kinmel, yr oedd carfan o wŷr ieuainc dewisol, yn ôl Edward Jones, yn casáu'r Rhyfel, ond eto'n barod i wynebu'r gelyn yn enw Arglwydd Dduw y lluoedd.

John Dyfnallt Owen

Pan oedd John Dyfnallt Owen yn weinidog Heol Awst, Caerfyrddin, ymrestrodd fel caplan gyda'r YMCA yn Fflandrys, dros gyfnod o dri mis, yn Haf 1916. Aeth mor agos at y ffrynt ag yr oedd modd, i ardal Béthune, yn ymyl camlas enwog La Bassée. Yn ei gyfarchiad 'At y Darllenydd' yn y gyfrol *Myfyrion a Chaneuon Maes y Tân* (Calan Mai 1917) dywedodd iddo dreulio deufis mewn tref a'i thegwch fel 'tegwch gwyryf deunaw oed' cyn anharddu ei hwyneb gan aml graith a chlwyf, a'r amser yn weddill mewn hen ffatri lom o fewn cyrraedd i ffosydd Ffrainc.

Yng Ngorffennaf 1914, ymwelodd â Thrawsfynydd lle bu'n weinidog (1898-1902), ac ar flaen yr ymgyrch i geisio rhwystro'r Swyddfa Ryfel rhag codi gwersyll tanio-gynnau yn y fro. Yr oedd yn ofid calon iddo fod 'taranau creulon y gynnau mawr wedi anrheithio'r ddaear'; puteineiddiwyd y 'fro wyryfol', 'chwythwyd hen aelwydydd yn gandryll', a rhwygwyd y tir 'â hafog y meddwl barbaraidd' na fynnai 'ddygymod â gwyryfdod bro a bryn, na chyfrif dim yn sanctaidd'.[13]

Yn ystod ei ymweliad â bro Hedd Wyn taniwyd yr ergydion cyntaf o wn mawr yn ymyl Hen Gapel Pen-y-stryd, gan chwalu'r ffenestri ac ysigo muriau'r capel. Sylweddolodd bryd hynny gyn lleied o barch a oedd gan swyddogion rhyfel tuag at le cysegredig, ac nid oedd gan ryfel 'ran na chyfran i ddiwyllio natur lednais dyn'.

Er gwaethaf ei atgasedd tuag at ryfel a amlygwyd yn ei ysgrif 'Hedd Wyn', yn *Rhamant a Rhyddid*, dangosodd ei ddyddlyfr a ymddangosodd ar dudalennau *Y Dysgedydd* (rhan ohono a ymddangosodd yn y cylchgrawn) a'r gyfrol *Myfyrion a Chaneuon Maes y Tân*, mai'r milwr oedd y 'Cymro arwrol'. Pan ddychwelodd o Fflandrys, bu'n darlithio ar draws Cymru ar ei brofiadau yn y ffrynt. Un o'r profiadau hyfrytaf oedd cael pregethu i un o'r catrodau Cymreig, a gweinyddu'r ordinhad o Swper yr Arglwydd ar faes agored mewn pentref yn Ffrainc. Ar derfyn yr oedfa, gwahoddwyd ef i le bwyta swyddogion y fyddin, ac yno cyfarfu â chryn ddwsin o swyddogion, Cymraeg eu hiaith a'u hanian, graddedigion o Brifysgol Cymru, a ymddiddorai mewn llenyddiaeth Gymraeg. Molid arwriaeth y Cymro gan bawb; cyflawnodd wyrthiau; a chlywodd â'i glustiau ei hun ŵr o'r Alban yn tystio nad oedd angen ymboeni ynglŷn â thynged cyrch ar y gelyn cyhyd ag y bo'r Cymry'n rhan ohoni. Gresyn, meddai J. Dyfnallt Owen, nad oedd llygad-dyst ar gael i ddisgrifio a chadw i'r oesoedd a ddêl wrhydri'r Cymry ar faes y gad. Yr oedd, hefyd, yn destun rhyfeddod na chlywid hwy fyth yn achwyn.[14]

Yn Rhagfyr 1914, ymfalchïodd fod miloedd o Gymry ifainc wedi ymrestru yn y lluoedd arfog gan arddangos yr un ysbryd â Garibaldi pan gyfarchodd fechgyn yr Eidal â'r geiriau, 'Y sawl a gâr ryddid a'i wlad, dilyned fi'. Yr oedd saliwt yn ddyledus i feibion dewr Gwalia, ac atgoffodd J. Dyfnallt Owen hwy y byddent yn brwydro ar ddaear Ffrainc a gysegrwyd gan waed eu cyndadau a ymladdodd ym mrwydrau Crécy, Agincourt, a Poitiers. Byddai ganddynt, hefyd, esiampl Peredur Gymro, gwron beirdd, rhamantwyr a llenorion pennaf y byd, — y gŵr oedd yn batrwm o gwrteisi a gwroldeb, a gyflawnodd drwy ei ddiweirdeb orchestion tebyg i'r eiddo Syr Galahad.[15]

Yr oedd y milwr o Gymro'n ddyrchafedig, ond fe'i rhybudd-iwyd i beidio â dilyn esiampl hen fyddin y Cymry wrth groesi afon Conwy. Ar flaen y fyddin honno ymdeithiai'r telynorion, ond wrth groesi'r afon syrthiodd y telynau i'r dŵr gan leithio'r tannau. Wedi cyrraedd glan, sylweddolodd y telynorion nad oedd y tannau'n ymateb i drawiad eu bysedd. Esgorodd hyn ar dorcalon, a chollwyd y frwydr. Yng nghalonnau milwyr Cymru, meddai J. Dyfnallt Owen, yr oedd telyn Cymru, gan gyfeirio'n arbennig at y bechgyn ieuainc a oedd ar fedr mynd i Ffrainc, i faes y gad. Anogodd hwy i daro'r tannau 'nes byddo'r miwsig yn tasgu oddi arnynt. Fel na mae concro'.[16]

Pan gyrhaeddodd Ffrainc, gwelodd arwriaeth y Cymro ifanc drosto'i hun. Sylwodd ar ei sirioldeb diball; ni chwynai, ond ymdeithiai tua'r tân, dan ganu a chwerthin, neu chwibanu rhyw alaw nwyfus, a phan ddychwelai o'r ffosydd yn llaid o'i gorun i'w sawdl diasbedai strydoedd y pentref gan nodau'r gân. Mor wahanol i grefydd Cymru oedd megis merddwr, yn ddifenter a diaberth!

Fe'i cyfareddwyd gan wrhydri'r milwr o Gymro yn wyneb angau. Gwelodd fataliwn ar sgwâr Béthune yn derbyn gwobrau gan y cadfridog. 'Yr oedd gwrid a fflam yn eu pryd a'u gwedd, ac yr oedd eu gweld yn symud fel un gŵr a'u bidogau yn fflam yn yr haul yn ddigon i yrru dychryn hyd yn oed ar elyn.'[17] Edrycher i mewn i'w bywydau i chwilio gem, ac fe'i ceid; — mor wahanol i'r gŵyr hynny a'u heinioes yn ddiogel, a heb hamdden ganddynt i wneud dim arall ond grwgnach, beirniadu a chondemnio. Yn Ffrainc gwelodd y ddynoliaeth ar ei gorau, — mor wahanol i'r bywyd hunanol gartref yng Nghymru. Ni allai lai na dotio at gymrodoriaeth y milwyr, a'u consyrn am ei gilydd. Derbyniodd un swyddog o Gymro nefoedd i'w ysbryd wrth ddarparu miwsig i'w gyd-filwyr, ac ymgymerodd un arall â dysgu Ffrangeg yn ddi-dâl i bedwar dosbarth o filwyr yn wythnosol. Beth, tybed, a feddyliai athrawon ysgolion Cymru am hyn? Neu, beth a feddylient am y milwr ifanc, ysgolor a cherddor o'r radd flaenaf, a dreuliodd bob eiliad sbâr yn rhannu'i ddawn gyda'i gymrodyr? Llanwyd eneidiau'r bechgyn hyn ag ysbryd hael, cymdogol.

Peredur Gymro oedd y marchog 'urddawl, llawn teyrnedd'. Perthynai'r milwyr o Gymry hwythau i 'hil Peredur'. Ganwyd Peredur yn batrwm o sifalri:

> Nid hir yn unig ei baladr, eithr praff hefyd. Nid llym yn unig ei gledd, ond glân hefyd . . . A dyma chwi ddewrion hygar o Gymru annwyl: heb air o gas ar wefus; heb lid yn y fron, na serch at arf a rhyfel. Blant y bwth a'r werin, pwy na ddiolch mai hil Peredur chwychwi pan wêl eich buchedd lân, a'r ddelw o ddysg a dawn ar eich ymddiddan.[18]

Ond nid oedd y fuchedd bob amser yn lân. Bu rheg ac ymadrodd aflednais y milwr o Gymro'n ddolur calon iddo. Perthynai i'r Armagedon yn Ffrainc, elfen o fawredd, ond, hefyd, elfen o fychander hyll. Ar faes y gad fe'i profodd y milwr ei hun yn fwy na dyn, ond gallai yntau ddisgyn yn isel. 'Pa hyd y portha llanciau yr aelwydydd glân wanc y butain sydd yn tynnu i'w thŷ?', holodd yn ddwys. Gwanychid nerth y wlad gan y fath ymddygiad, ac erfyniodd ar yr Ysbryd Glân buro'r sawl a oedd yn barod i aberthu. Rhaid wrth Bentecost yn ogystal â Chalfaria.

Yr oedd naïfrwydd J. Dyfnallt Owen, — oherwydd fod iaith fras y milwyr wedi peri blinder i'w ysbryd — yn achos syndod i Alun Llywelyn-Williams a briodolodd y naïfrwydd a'r diniweidrwydd i'w fagwraeth gysgodol bietistaidd. Ond, dylid cofio, hefyd, fod gan J. Dyfnallt Owen ddelwedd o'r milwr o Gymro fel gŵr â'i arfau'n lân, a'i ysbryd heb ei lychwino gan bechodau'r cnawd. Doniwyd ef â nerth dengwr am fod ei galon yn bur.

Rhan o'r ddelwedd am ei burdeb oedd y milwr ar ei liniau. Yr oedd J. Dyfnallt Owen yn un o'r cwmni a gilagorodd ddrws yr Ystafell Dawel — yr ystafell a neilltuwyd i weddïo a myfyrio — a bu'n llygad-dyst i un o'r golygfeydd tyneraf a mwyaf defosiynol a ddaeth i ran dyn. Canfu filwr ifanc ar ei liniau gerbron yr allor, ei fidog wrth ei ystlys, mewn gweddi ddwys. O'r eiliad honno, aeth y lle yn sanctaidd a chysegredig.[19]

Bryd arall, gwelodd bump o filwyr yn cymuno yn eu dillad gwaith. Onid ei ddillad bob dydd a wisgai'r Iesu pan dorrodd y bara yn yr oruwchystafell blaen honno y nos cyn ei ddioddefaint? Yr oedd llaid y ffos ar ddillad y milwr a gyfranogodd o'r bara a'r gwin gyda J. Dyfnallt Owen, a chreithiau'r frwydr ar ei gorff. Gwyddai'r milwr fwy am y Groes nag ef, ond ni ddaeth Calfaria'n nes na'r tro hwnnw yn yr Ystafell Dawel.

Yn wrthgyferbyn i sifalri'r milwr o Gymro gwelodd, hefyd, hagrwch rhyfel. Ar faes y gad, nid oedd 'delw rheswm' ar ddim. Pwy a faidd, gofynnodd, ganu uffern y rhyfel hon? Rhaid cerdded trwy'r llosgfeydd cyn gallu gwneuthur hynny, a phrofodd faes y tân drosto'i hun. Yno, ar faes y gad, yr oedd Angau a'i wyntyll yn ei law, ddydd a nos, 'ni chwsg ac ni huna'. Byddai'n awr ofnadwy pan orfodid 'Iwrob ddu' i

> . . . sefyll wrth y fainc
> Pan elwir y cynhaeaf Mawr
> O ddolydd gwaedlyd Ffrainc.[20]

Gweddïodd am lygad i ganfod yr hawddgar, i weld yn 'glir ac ymhell', tu hwnt i'r 'hyll' a'r 'hagr'. Disgrifiodd Rudyard Kipling ac H.G. Wells yr 'hyll' a'r 'hagr' yn ei holl agweddau llygredig, ond nid oedd ganddynt hwy weledigaeth ynglŷn â'r trybini a oddiweddodd gwareiddiad. Ni allent hwy gynnig ffordd i ddatod clymau'r diafol. Beth a dalai yn y gyflafan ond ffydd fawr? Ni allai fod yn ddall i'r 'garw a'r gerwin', ond,

Ar waethaf y drwg a welir a'r drwg mwy nas gwelir, mynnaf gredu fod y diben yn dda, a mi chwenychwn fyfyrio yn hir ar hyn, modd y delo patrwm y da ar holl ddelw fy nghymeriad.[21]

Cydnabu gyda'r bardd Shakespeare,

> There is some soul of goodness in things evil,
> Would men observing distil it out . . .

Er gwaetha'r drwg ni pheidiodd ag ymserchu yn y prydferth mewn Natur, a'r da mewn dyn. Safai gobaith yn ddigryn,

> Daw haul ar ôl y glaw,
> Daw diben ar dreialon
>   Ac eilwaith oni ddaw
> Daw nefoedd maes o law.[22]

Ar adegau, mae'n disgrifio 'gobaith' a 'ffydd' yn nhermau ymlynu wrth y da a oedd yn y byd, er gwaetha'r drwg a welid ynddo. Dyma'r da a oedd yn gynhenid i'r drefn. Bryd arall, mae'n 'ffydd' benodol yn atgyfodiad Iesu. Gweddnewidir y diffeithwch, maes o law, i ddod yn Ardd yr Arglwydd, a chyfyd dinasoedd ar gorsdir, ac o'r mynwentydd daw atgyfodiad. Dolen oedd yr Armagedon yn y datblygiad llawn,

> Rhaid talu yn ddrud, mae'r hafog yn ein gwneud yn golledigion. Ond adnewyddir wyneb y ddaear drachefn, plant y cewri ydym.[23]

Yn ei gerdd 'Mi Wn Am Fedd', mae'r pwyslais ar rym atgyfodiad Iesu, nid ar unrhyw ddaioni yng ngwead y cread. Cyfeiriodd at dair beddrod, un yng Nghymru, un arall yn Fflandrys, a'r trydydd yng Nghanaan. Yng Nghymru, yr oedd 'distaw fedd, llannerch hedd'; ymhell o sŵn a rhwyg y belen gras; yn Fflandrys, ar gwr y gwersyll tân, yr oedd 'distaw fedd, ond heb yr hedd'; ond yng Nghanaan 'ar riniog gwersyll Duw' peidiodd y gyflafan. Yno 'roedd 'Bedd gwag y Ceidwad',

> Y distaw fedd, piau'i hedd
> Ddod â'r byd i newydd wedd.[24]

Fel y dangosodd ei gerdd, 'Peidiwch A Gwybyddwch',[25] cafodd byliau o amheuaeth ynglŷn â'r drefn. Collodd olwg ar 'Dad yr hedd'; sigwyd ei ffydd; ymbalfalodd megis gŵr dall; ymdrechodd yn ei nerth ei hun gan gredu y deuai'r fuddugoliaeth i'w ran ar hyd y llwybr hwnnw, ond mewn cymundeb â'i Dad, ymdawelodd, a gadawodd i Dduw ei ddatguddio'i Hun iddo, a'i gyfarch. Daeth o hyd i 'stafell dawel yn ei enaid ef ei hun, ym mhoethder y frwydr, ac yn y llonyddwch hwnnw adferwyd ei ffydd.

Argyhoeddwyd ef fod achos Prydain yn deilwng. Yr oedd meddwl yr Almaen, meddai, yn 'greulon o uchelfrydig', a hunanol, yn ymborthi ar ei 'wenwynchwant ei hun', megis bwystfil wedi gwallgofi. Gwelodd y Rhyfel fel brwydr rhwng 'bywyd' a 'mater', 'rhyddid' a 'chaethiwed'. Rhoddodd yr Almaen fri ar y materol, y peiriannol, a'r grymus heb le yn ei bywyd a'i chredo i gynneddf, greddf, a chalon,

> Y ffurf ar fater a hoffa hi yw'r ffurf sy'n lladd, yn difa, ac yn difrodi. Felly'r genedl a biau mwyaf o rym bywyd ac nid o rym mater biau'r dydd yn y diwedd...[26]

Flwyddyn yn ddiweddarach, yn 1917, syrthiodd Hedd Wyn yn aberth i'r un ysbryd anrheithiol a ganfu J. Dyfnallt Owen yn Nhrawsfynydd. Dylai Cymru, meddai ef, gael awr hamdden yn fuan i feddwl am ei cholled, a chreu penderfyniad na fyddai iddi ran mwyach mewn gwareiddiad oedd yn ysbeilio'r genedl o'i meibion glew ac athrylithgar.

Tom Nefyn Williams

Ymunodd Tom Nefyn Williams â'r Ffwsiliwyr Cymreig (RWF) yn 1915 am nad oedd dim i'w gadw gartref, dim meddiannau, dim gofalon penteulu a chynlluniau pendant ar gyfer y dyfodol. Yr oedd, hefyd, elfen o anturiaeth yn ei awydd i ymrestru, a chwilfrydedd ynglŷn â'r byd ehangach oedd ar y trothwy. Yn ychwanegol at y cymhellion hynny, aeth i'r Rhyfel i achub cam y gwan ac aelodau drylliedig teulu Ewrop,

> Aelod ifanc o'r Eglwys oeddwn innau pan euthum i'r fyddin, y crwsâd hwnnw oedd i achub gwlad fechan Belg o afaelion militariaeth Prwsia ac i sicrhau i'r holl fyd ddyfodol democrataidd a heb ryfel.[27]

Ugain mlynedd yn ddiweddarach, dywedodd am y cyfnod 1914-18, iddo yfed o win coch y math ymladdgar ar wladgarwch, a phrofi o ysfa gwallgof y blynyddoedd dreng hynny. Fe'i perswadiwyd gan y gwleidyddion a phregethwyr fod y Rhyfel yn grwsâd Cristionogol, a hwyluswyd y ffordd iddo gario dryll a hogi cleddyf am eu bod hwy'n cysylltu dioddefiadau'r milwyr ag aberth croes Crist.[28]

Fe'i cafodd ei hun yn dilyn ffordd o fyw cwbl ddieithr iddo, fel pe bai wedi cael ei luchio ar blaned arall i ganol y cymysgwch odiaf o ddynion, cymysg o ran cymeriad ac arferion. Yr oedd y bywyd yn druenus, a'r tâl yn swllt a dwy geiniog y dydd. Arferai anfon saith ceiniog o'r tâl gartref i'w fam.

Dysgodd y grefft o ladd y gelyn. Cerddodd am filltiroedd, ac wrth ymarfer â bidogau, crochwaeddai'r bechgyn cyn rhuthro ar sacheidiau o wellt, nid annhebyg o ran siap i ddynion. Arferent, hefyd, goeg frwydro ar draws y caeau.

Ar wahân i un uchel swyddog yr oedd ymagwedd y swyddogion yn fonheddig. Eisteddai'r uchel swyddog hwnnw ar ei farch porthiannus, yn gweiddi'i orchymynion mewn tôn sarhaus. Yr oedd hynny, yn ôl Tom Nefyn Williams, yn fwy anodd i'w ddioddef nag unrhyw galedwaith a ddaeth i'w ran fel milwr.

Bu canu emynau'n bwysig yn ei bererindod fel milwr, a phan elwid y 'roll-call' gyda'r nos, arferai'r Cymry ganu emynau. Meddai ef, 'Eu cyrff mewn barics yn Lloegr, eithr eu henaid yng nghymanfaoedd eu henfro. Eu telyn ym Mabilon, ond salmau Caersalem ar ei thannau'. Trachefn, yng ngwlad Canaan, mewn pantle islaw Gaza, ym Mawrth 1917, crynhodd gannoedd o Gymry i ddisgwyl y gorchymyn i ymosod, cyn y wawr, ar rai o amddiffynfeydd y Twrc a'r Almaenwr. Yr oedd cryn straen ar deimlad a meddwl, ond, yn sydyn, oddeutu un-ar-ddeg o'r gloch yr hwyr, torrwyd ar y tyndra gan lais tenor yn canu nodau cyntaf y dôn 'Diadem' i'r geiriau, 'Cyduned y nefolaidd gôr':

> Ar drawiad, yn gymwys fel pe gwasgai rhywun glicied reiffl, ergydiodd ein hyder a'n pryder i linellau olaf y pennill. Megis cwch rhwyfau yn mynd o don i don, llithrasom ninnau yn ddiymdrech o emyn i emyn: Diadem, yna Cwm Rhondda, Urbs

Area, yna Andalusia; Dwyfor, yna Tôn y Botel; Gwylfa, yna Crug-y-bar; Aberystwyth, yna Rhos-y-medre.

Cymanfa ganu bell-bell o bob addoldy, ac ar drothwy'r cyfyngder gwaethaf![29]

Dibynnent oll ar lyfr emynau'r cof, 'y llyfr a ysgrifenasid yn dawel a graddol pan oeddym ni'n blant yn ymrwbio mewn rhai hŷn na ni yng nghysegrfâu Cymru'.

Ar ôl dysgu'r grefft sut i ladd y gelyn fe'i cafodd ei hun yn 1915 yn y Dardanelles, yn wynebu'r Twrc. Fe'i cafodd ei hun, hefyd, yn uffern:

> Ubain a sgrech a chwalfa tân-belen ar ôl tân-belen, fel pe y gollyngasid yn rhydd yn yr awyr las gannoedd o ellyllon gwibiog. Yma ac acw o'n deutu, ond gyda byddarol ffrwydradau, troid y môr yn lluwch gwyn. Yna, trwy agorfan yn ochr y llong, aeth yr hanner cant cyntaf ohonom i beth nid annebyg i 'tugboat'. Sshh . . . whiw . . . bang! . . . Bang . . . bang . . . bang! Ond megis islais tangnefeddus, cofiem nodau'r dôn Andalusia, a'r geiriau 'O Dduw, rho im dy hedd'.[30]

Yn yr ysgarmes honno, troes ieuengrwydd, mewn undydd, yn henaint, ac i'r munudau ymdreiddiodd tragwyddoldeb. Ar amrant, troes y sawl a oedd yn gyfysgwydd ag ef yn 'fwndel gwingol, griddfannus, gwaedlyd'. Lloriwyd minteioedd gan yr ergydion, i ddisgyn megis clwstwr o frwyn a dorrwyd â chryman miniog. Targedau o gnawd diymadferth oeddynt oll heb na chyfle na gallu i daro'n ôl — personau yn erbyn peiriannau.

Ar ôl iddo ef ei fwrw'i hun i'r llawr, gwelodd Dwrc ifanc yn gorwedd yn llonydd, a'i ben yn gwyro tuag ato. Yn y 'mudandod anghyffyrddus', sylwodd ar gorff lluniaidd, tal, y Twrc, 'ei law dde heb ollwng ei reiffl. Rhes gam a choch o ochr ei dalcen, a hyd ei foch chwith'.[31]

Y peth cieiddiaf yn y Rhyfel oedd ymosod â bidogau. Golygai hynny fod dyn yn erbyn dyn, ac nid oedd mwyach ffin rhwng byw a marw, da a drwg, yfory a doe, y creulon a'r cain. Gwnaed yr unigolyn yn ddim ond nwyd hyrddiol gibddall i'w amddiffyn ei hun, a darostyngwyd dynoliaeth i lefel bwystfileiddiwch arfog. 'Munud iasol' oedd honno pan ymosodwyd â bidog.[32]

Bwystfileiddiwch y Rhyfel a ganfu Tom Nefyn Williams,

nid ei ramant. Disgrifiodd y Rhyfel yn y Dardanelles fel uffern a'r caead wedi ei dynnu ymaith. Ar y meysydd lle bu brwydro ni welodd ddim ond 'olion aberth trychinebus o ddrud ac ofer'. Yng Nghanaan, drachefn, troes yr erwau meithion digysgod yn fynwent i gannoedd ar gannoedd o wŷr ieuainc, ac ymlynodd cnawd un a faluriwyd fel tameidiau o glai coch wrth ei gôt am rai dyddiau. Am un-ar-ddeg o'r gloch y nos canent emynau eu rhieni, ond am un-ar-ddeg y bore gorweddai'r rheini nas lladdwyd yn swp yng ngwres yr haul heb ronyn o nerth hyd yn oed i chwifio ymaith y gwybed.

Fe'i gorfodwyd i ymadael â'r Dardanelles oherwydd twymyn yr enteric, ac yn ddiweddarach yng Nghanaan, clwyfwyd ef. Pan oedd yr ymladd i ennill Gaza ar ei ffyrnicaf, fe'i lloriwyd gan fwled. Yr oedd y 'shrapnel' a'i saethau llai yn hisian ac ubain, 'fel ped aethai'r byd yn sioe bwystfilod gwylltion y Diafol, ac yntau (er mwyn elw a hwyl) wedi bwrw'r gorila a'r panther du a'r fwltur a'r cobra i'r un gell'. Fel hyn y disgrifiodd yr olygfa ar ôl ei daro gan fwled:

Deuddydd rhwng milwyr Prydain a rhai Twrci ar 'Randir Neb' . . . Dim diod nac ymborth . . . Haul didostur . . . Cymry clwyfedig ar y llaw chwith; Sais heb ei synhwyrau yn crwydro ar ei ddeulin; swyddog o'r Almaen a'r staen coch ar ei gnawd; chwe Twrc na roddai dim ond griddfan iaith i'w teimlad . . . Dim cysgod rhag y saethau a groesent 'No Man's Land'.[33]

Yn ei gyfrol *Yr Ymchwil*, cyfeiriodd at yr olygfa honno fel 'Pentecost yr anafusion'.[34]Siaradent bawb yr un iaith, sef iaith dioddefaint. Yno, ar gyrion Gaza, sylweddolodd, am y tro cyntaf, mai ffurf ar annuwiaeth oedd y Rhyfel yn gwadu cariad, gwirionedd, a chyfiawnder, ac o'r herwydd yn gwadu Duw a'i ddaioni. Pe gofynnid iddo pa hawl oedd ganddo i annerch ar oferedd ac annuwiaeth rhyfel atebai ar unwaith iddo dreulio pedair blynedd a hanner gyda'r gwŷr traed, fod y creithiau'n parhau, ond, ymhen hir a hwyr, derbyniodd y weledigaeth o fyfyrio ar dreialon cymysg.[35]

Yn nechrau 1916, dychwelodd i Brydain o'r Dardanelles. Aeth i neuadd y dref, Nefyn, lle cynhelid cyfarfod recriwtio. Llanwyd y neuadd gan ddynion a merched a ddaeth yno i glywed meistr yn y grefft o recriwtio i'r fyddin. Ar y llwyfan, ymgasglodd gŵyr mwyaf dylanwadol y fro, ac anerchwyd gan Dywysog Pregethwyr Cymru. Arhosodd Tom Nefyn Williams yn ymyl y drws, a gwrandawodd yn astud ar bob gair a lefarwyd o'r llwyfan. Cyfaddefodd iddo ef fod ar hyd y ffordd yn wladgarwr dall, ond methodd y trychinebau a'r dioddefaint, y bu'n llygad-dyst ohonynt, ei bersawdio i wadu delwau rhyfel. Serch hynny, y noson honno, hoeliwyd ei sylw ar nifer o gwestiynau oedd yn hawlio ateb.

Sylwodd fod y gwŷr hynny a oedd yn frwd dros recriwtio bechgyn i'r fyddin naill ai'n rhy hen i fynd yno eu hunain, neu nid oedd ganddynt fechgyn a fyddai'n agored i'w derbyn i'r fyddin neu'r llynges. Hwy hefyd, oedd y cyfoethocaf a'r mwyaf cysurus eu byd yn y gymdogaeth, ac nid oedd unrhyw berygl i sŵn y Rhyfel darfu ar eu gorchwylion yn ystod y dydd na'u cwsg y nos. Pryderent fwy am arian nag am ddynion a faluriwyd gan y Rhyfel, ac eto, dyma'r dynion a glodforwyd fel proffwydi gwasanaeth, aberth, a gwladgarwch.

Sylweddolodd, hefyd, fod y mwyafrif llethol yn y cyfarfod yn arweinwyr crefyddol, a Christionogion brwd, a fyddai'n barod i ymladd a gwaedu dros ddirwest, iaith lân, a Christ diniwed dogma. Dyma'r dynion a dywalltai watwareg ac anogaethau gwladgarol fel olew berwedig am bennau chwarelwyr a gweision fferm yn neuadd y dref, ac ar y Sul, hwy oedd y dynion a addolai Grist yr Heddwch ac Ewyllys da, yn yr eglwysi. Chwipient y werin, gan osod arni boenedigaethau croeshoeliad cyfoes.

Yn neuadd y dref, Nefyn, prociwyd ei gydwybod i sylweddoli fod yr ymgyrch recriwtio yng Nghymru, a'r ymladd ar faes y gad yn atheistiaeth, yn gwadu Duw, a daioni. Tystiodd ef ei hun mai ar faes y gad yng Nghanaan y sylweddolodd am y tro cyntaf mai ffurf ar annuwiaeth oedd y Rhyfel. Ond, gellid yn briodol, olrhain yr argyhoeddiad am annuwiaeth y Rhyfel, i'r cyfarfod recriwtio yn Nefyn. Yno, clywodd y neges, mewn islais, cyn iddi ddod, yn ddiweddarach, yn llais clir a chroyw.

Digwyddodd un peth arall yn y neuadd yn Nefyn a adawodd argraff ddofn arno. Yn ymyl y fynedfa, allan o'r tywyllwch, ymddangosodd wyneb gwelw merch ifanc, a thros ei hysgwydd 'roedd siôl wlanog yn cario baban oddeutu hanner blwydd. Ar wyneb y ferch, canfu olion pryder a hiraeth, unigrwydd a siom. Yn sydyn, ar ôl iddo gamu'n nes at ymyl y dorf i wrando apeliadau taer yr arweinwyr crefyddol, troes hithau ei phen, a chraffu'n hir ar wisg a chwdyn milwr Tom Nefyn Williams. Yng ngolau'r lampau olew, gwelodd ef ei dagrau'n llifo, iaith calon doredig, a chariad wedi'i glwyfo'n dost. Cwblhaodd y cof y darlun: 'milwr ifanc yn marw . . . y wisg yn goch gan waed . . . cri am ddŵr . . . corff gwelw mewn blanced garpiog . . . Bedd annhymig o dan y ffigysbren . . . Amen yr Eglwysi . . . merch yn ei dagrau, a bachgen unig . . .'[36] Tom Nefyn Williams a gladdodd dad y bachgen bach ym Mae Suvla.

Dychwelodd i faes y frwydr, yn 1916, o'i wirfodd. Yr unig gymhelliad dros ddychwelyd oedd ymdeimlad o dosturi tuag at y bechgyn, ac awydd i amddiffyn y gwan. Ar y trydydd ar ddeg o fis Mawrth 1919 dychwelodd i Lŷn, ac atgasedd tuag at ryfel wedi'i argraffu'n annileadwy ar ei enaid.

Lewis Valentine

Wrth gyflwyno'i 'Ddyddiadur Milwr'[37] i'w ddarllenwyr, a ysgrifennwyd mewn barics a gwersylloedd, ffosydd a murddunod yng ngwlad Belg, Ffrainc, ac Iwerddon, dywedodd Lewis Valentine iddo ef, fel y mwyafrif o'i gyfoedion gredu celwydd y gwleidyddion am amcanion y Rhyfel, — Rhyfel i roi pen ar ryfel, ac i ddiogelu hawliau cenhedloedd bychain. Yn fuan iawn yn ei yrfa filwrol sylweddolodd nad oedd yn y byd hwn gythreuldeb ffieiddiach na rhyfel.

Nid oedd unrhyw amheuaeth fod y Rhyfel yn boblogaidd. Arwyr mawr yr aelwyd lle magwyd ef oedd Dr. John Clifford, un o arweinwyr amlycaf enwad y Bedyddwyr, a David Lloyd George. Bu'r ddau yn amddiffynwyr y Bŵriaid yn Rhyfel De Affrig, ond yn 1914 credai'r ddau fod achos Prydain yn gwbl gyfiawn a sanctaidd. Cydnebydd Lewis Valentine iddo feddwi ar *Homilïau*, Emrys ap Iwan, ond dechreuodd wegian yn wyneb y gri unol fod y Rhyfel o blaid cenhedloedd bychain.

Fel y ffyrnigai'r Rhyfel, aeth bywyd myfyriwr ym

Mhrifysgol Bangor yn fwy diflas. Yr oedd y prifathro'n frwd o'i blaid, a Silas Morris, prifathro coleg y Bedyddwyr, yntau hefyd o'r farn mai dyletswydd pob myfyriwr oedd ymuno â'r fyddin. Ac nid oedd yr eglwysi mor frwd eu croeso â chynt i fyfyrwyr diwinyddol.

Tua diwedd 1915, anfonwyd cylchlythyr i golegau Cymru i'w hysbysu o'r bwriad i sefydlu corfflu meddygol, fel rhan o'r RAMC, i weinidogion a myfyrwyr diwinyddol. Derbyniodd y corfflu fendith prif gaplan y Fyddin Gymreig, John Williams, Brynsiencyn, a'r Cadfridog Owen Thomas. Ymunasai Lewis Valentine eisoes â'r Corfflu yn y coleg a sefydlwyd i hyfforddi swyddogion ar gyfer y fyddin (yr OTC). Yno, hyfforddwyd ef sut i dreiglo'r gwin port yn arlwyfa'r swyddogion, a threuliodd ran o'i wyliau haf mewn lifrai cyw o swyddog, yn hyfforddi'r gwirfoddolwyr. Pan ymunodd â'r corfflu meddygol rhyddhawyd ef o'r gwaith hwnnw. [Dau arall a ymunodd, ym Mangor, oedd John Jones, Cwmafon, ac Albert E. Jones (Cynan).] Yn y wŷs a dderbyniodd, addawodd y Swyddfa Ryfel y cedwid y myfyrwyr diwin-yddol yn uned gyfan, ac ni throsglwyddid neb ohonynt i adrannau ymladdol y fyddin, ond torrwyd yr addewid honno.

Ymrestrodd yn y Rhyl, Ionawr 8fed 1916. Ar y Sul cyn iddo ymrestru, pregethodd yn Rhuthun lle cyfarfu, yn oedfa'r bore, â'r hybarch sant, Isaac James. Fel hyn y disgrifiodd Lewis Valentine y cyfarfyddiad rhyngddynt:

> Digwyddais sôn fy mod ar fedr ymuno â'r fyddin, a gofynnodd yntau i mi aros ar ôl yn y capel wedi i'r diaconiaid a'r gynulleidfa ymadael. Gwahoddwyd fi i benlinio gydag ef yn y sedd fawr, a byth nid anghofiaf y weddi ddwys honno. Yr oedd yn amlwg nad oedd fy ngwaith wrth ei fodd, ac yr oedd yn bendant fod rhyfel yn rhy ffiaidd i weinidog Efengyl yr Arglwydd Iesu ymhel ag ef . . . Bu'r weddi honno yn hofran yn f'enaid trwy gydol y rhyfel . . .[38]

O'r braidd fod unrhyw ddosbarth ar wahân i'r milwyr, wedi dianc rhag beirniadaeth lem Lewis Valentine. I'r mwyafrif o wleidyddion, elw ydoedd y Rhyfel, ac ni ellid disgwyl am heddwch oddi wrthynt hwy. Yr oedd nifer mawr ym mhentrefi a threfi Cymru hefyd yn elwa ar gythreuldeb

y Rhyfel. Daeth swyddogion y fyddin o dan ei lach; tuedd-
ent hwy i edrych ar y Cymry fel dynion gwyllt o'r mynydd,
hanner gwâr, a thalai'r Cymry hwythau'r pwyth yn ôl drwy
holi cwestiynau wedi eu llunio'n ofalus mewn iaith
academaidd, ddieithr, i boeni'r swyddogion. Llwyddodd yr
is-swyddogion i'w hargyhoeddi mor gyfoethog oedd yr iaith
Saesneg mewn rhegfeydd. Yn ychwanegol at eu rhegfeydd
cyfeiriodd Lewis Valentine at eu gorchmynion cignoeth,
aflednais. Dywedai rhyw Lifftenant-Gyrnol o'r RAMC,

> Pan fyddwch nesaf yn y lein, rhwygwch y croesau bach yma
> oddi ar eich tiwnig, a chipiwch y frechled a'r groes goch oddi
> am eich braich. Y mae digon o ddrylliau a reifflau wrth law, a
> digon o fomiau o fewn eich cyrraedd. Ymaflwch ynddynt a
> defnyddiwch hwynt, a chofiwch eich bod yma yn unig i ladd y
> blydi Almaenwyr.[39]

Dyna, hefyd, oedd byrdwn pregeth y caplan a ddaeth ar
ymweliad i'r gwersyll. Yr oedd y bregeth honno'n
ddychrynllyd o gableddus. Gwrandawodd y gynulleidfa ar
swyddog milwrol a lefarodd yn enw ac wrth fodd ei arglwyddi
rhyfel, nid ar was i Grist yn cyflwyno neges a losgai yn ei
fynwes. Ond haeddai'r caplaniaid eraill y ganmoliaeth uchaf
am eu gwaith o dan amgylchiadau anodd. Gwahoddwyd
Lewis Valentine i bregethu yn lle'r caplan yng ngŵydd tyr-
fa fawr o filwyr. Tystiodd mai oedfa ddilewyrch a gafwyd,
ond nid oedd hynny'n syn oherwydd beth a ellid ei ddisgwyl
oddi wrth oedfa swyddogol, a chyfarth a choethi swyddogion
yn rhagarweiniad iddi?

Daeth ei lach drymaf ar arweinwyr crefyddol Cymru am
feiddio datgan fod y Rhyfel yn grwsâd dros Gristionogaeth.
Meddai Lewis Valentine, 'Duw, maddau iddynt, canys ni
wyddant pa beth y maent yn ei wneuthur, a chadw dy bobl,
er mwyn y croeshoelio a fu ac y sydd'. Yn wahanol i'r
arweinwyr crefyddol, ni chanfu fymryn o'r ysbryd
jingoistaidd yn rhengoedd y milwyr. Amdano ef ei hun, ni
ddymunodd fuddugoliaeth i'r naill fyddin na'r llall, gan y
byddai hynny, yn ei dyb ef, yn sicr o hau hadau rhyfel arall.

Cyfeiriodd yn gyson yn ei 'Ddyddiadur' at gost a gwastraff
y Rhyfel. 'Beth pe gwyddai mamau Cymru, a mamau pob

gwlad, yn wir, fel y dirdynnir ac y rhwygir eu plant. A Duw mawr i beth!' Teimlodd fod anwybodaeth ddybryd ynglŷn â chythreuligrwydd y Rhyfel. Yn sicr, nid chwarae criced mohono fel y tybiodd ei athro a'i cymhellodd, dros gyfnod y Rhyfel, i weithio'n galed gyda'i Hebraeg![40]

Fe'i gwelodd ei hun yn rhan o'r 'aflendid' a'r 'ynfydrwydd' oedd yn ailgroeshoelio Iesu. 'Uffern aflan', 'diawlineb', 'cigfa', 'cythreuldeb digywilydd', y 'Foloch uffernol' oedd y Rhyfel. Credai rhai o'r gweinidogion y dylid eu cynnwys hwy yn neddf gorfodaeth filwrol, ond anghytunai Lewis Valentine, gan fod caniatáu rhyddid i wŷr diwylliedig fel gweinidogion i ddilyn eu galwedigaeth yn gynhorthwy i ddiogelu bywyd gwâr yn y tir am nad oedd mymryn o wareidd-dra mewn rhyfel:

> Am 4 o'r gloch y bore torrodd yr argae. Cyfarthiadau y gynnau mawr barus yn ddibeidio, chwyrniadau hirllaes y tanbelenni, a'r ddaear yn dirgrynu i gyfeiliant y cannoedd awyrblaniau. Cesig amryliw y môr tân yn ymrowlio, — yr ydym yn uffern, a dyma sioe dân gwyllt y diawliaid i'n difyrru.

> Uffern! Uffern! Uffern! Y mawr drugarog Ddduw beth yw dyn? Gwae — gwaed — gwallgofrwydd! Lladd-dy ellyllon! Cannoedd lladdedigion yn y cleidir a'r 'lleufer yn eu llygaid'. Cnawd drylliedig, esgeiriau yn ysgyrion. Atal, Dduw y dwymyn wallgof, atal boeredd y mallgwn.[41]

Holodd drachefn beth pe bai mamau'r wlad yn cael treulio un awr ar faes y gwaed i weld yr hafog a gyflawnwyd ar y bechgyn a godwyd ganddynt mor dirion? Yn eu dwylo hwy yr oedd yr allwedd i fyd di-ryfel.[42]

Y traddodiad Anghydffurfiol Cymraeg, yn ôl Lewis Valentine, a ddiogelodd gymeriad llawer o'r Cymry. Cafodd y milwyr ddarlithoedd ar lendid corff, a sut i osgoi clefydau gwenerol. Ond nid oedd neb yn annog y milwyr i ddiweirdeb. Crechwen a gâi unrhyw ble dros ei ymarfer. Yn wyneb holl demtasiynau'r fyddin, talodd barch i esiampl a hyfforddiant aelwyd Anghydffurfiol lle dyrchefid y rhin-weddau Cristionogol,

> Chwardded a chwarddo, a gwawdied a wawdio, daeth miloedd o'n bechgyn yn ôl o'r rhyfel hwn yn ddilychwin eu cymeriadau.

Yn ôl fy sylwadaeth i yn Ffrainc mae'r Saeson yn llawer mwy masweddus na'r Cymry, ac yn arw aflan ac anfoesgar wrth gyfarch merched mewn caffiau a chantinau.[43]

*   *   *

Ym mhrofiadau Tom Nefyn Williams a Lewis Valentine daeth oferedd rhyfel yn amlwg. Nid oedd y wedd honno mor amlwg, — o leiaf, ni phwysleisiwyd hi gyda'r un angerdd — yng nghyfrol J. Dyfnallt Owen, *Myfyrion a Chaŋeuon Maes y Tân*. Rhoes Cynan, hefyd, fynegiant i'r oferedd a'r gwastraff,

> Dydd ar ôl dydd o ryfela, tanio yn frwd yn y ffos,
> A rhuthr bidogau yn dilyn tan dostur dall y nos,
> Dydd ar ôl dydd yn ymlusgo, ennill neu golli rhyw fryn;
> Claddu ein meirw bob noson, a'r sêr yn syllu yn syn.[44]

Yn wahanol i J. Dyfnallt Owen, ni allai Tom Nefyn Williams a Lewis Valentine ganfod na rhamant na sifalri yn y Rhyfel. Nid oedd amheuaeth ynglŷn â dewrder a dynoliaeth eu cyd-filwyr, ond y nodyn a drewid yn gyson gan y ddau oedd bwystfileiddiwch y cyfan oll. Eto, yng ngherdd Cynan, 'Mab y Bwthyn', 'peiriant lladd' oedd y milwyr a glodforwyd gan Lywydd y Brigâd am iddynt fynd 'fel diawliaid trwy'r llen-dân', a llwyddo, yn y rhuthr, i ladd cannoedd o'r Ellmyn. Yn y modd hwnnw, cedwid y faner heb ystaen arni, a byddent, hefyd wedi ymdeithio un filltir yn nes i'r nod.

Yn eu hymagwedd tuag at y caplaniaid, yr oedd Tom Nefyn Williams a Lewis Valentine yn ganmoliaethus ohonynt er bod eithriadau megis y 'caplan dieithr' a'i 'bregeth gab-leddus' a ddisgrifiwyd yn 'Dyddiadur Milwr'. Ar y nawfed o Fedi, 1917, fodd bynnag, cafwyd gwasanaeth melys o addoli, a'r caplan ar ei orau glas yn cyflwyno'r Efengyl dan eneiniad, ac yn dangos nad oedd y gwrthwynebiadau poblogaidd i Gristionogaeth yn ddim namyn pydewau na ddalient ddwfr.

Gweithred seml o du'r caplan nid ei bregeth a adawodd argraff ar Tom Nefyn Williams. Bu'n gorwedd, wedi'i glwyfo'n dost ar ddaear 'Rhandir Neb' am ddeuddydd cyn cael ei gario gan ddau filwr ar draws bwrdd-dir agored i le-trin-clwyfau. Yr oedd eisoes wedi derbyn yr anorfod pan

85

ddaeth caplan y Corfflu Cymreig heibio'r fan lle gor-
weddai. Gofynnodd Tom Nefyn Williams iddo'n drwsgl am
lymaid o ddŵr. Edrychodd y caplan arno am hanner eiliad,
ac yna, heb yngan yr un gair, rhoddodd y llwyaid oedd yn
weddill yn ei botel ddŵr ar wefus Tom Nefyn Williams.
Meddai ef,

> Anghofiais ei bregethau o bryd i bryd, ond erys oerni'r dŵr. Ni
> wn pa un ai Calfin ynteu Armin ydoedd, ond deallais ddiwinydd-
> iaeth y diferion prin . . . Sut y bu i'r gŵr a'r llwyaid dwfr groesi
> fy llwybr? Ai rhan o ymwead ffawd, neu ymyriad Duw? . . . Y
> Parchedig Arthur William Davies, gweinidog gyda'r Wesleaid
> oedd ef; ac am na fedr arian byth dalu iddo am wlychu fy
> ngweflau a'm tafod sychlyd, nid oes dim amdani bellach ond
> ei anwylo hyd fy medd.[45]

Ond ni roddodd eirda i'r caplan hwnnw a aeth heibio i'w
wely yn yr ysbyty ar ôl ei glwyfo, gan ymwrthod â rhoi iddo
fara a gwin y cymun, naill ai oherwydd gorlafur neu am
iddo sylwi o ddarllen y cerdyn uwchben gwely Tom Nefyn
Williams na pherthynai i'r un garfan grefyddol ag yntau.

'Gwladwr . . . gŵr bonheddig o Gristion'. Dyna ddisgrifiad
Dan Tomos, capten yn y fyddin, o'r caplan J.J. Evans,
Niwbwrch. Pan oedd yr 'R.W.F.' (y 4edd Fataliwn) ar ei thaith
i un o'r brwydrau yn La Bassée, syrthiodd milwr o Gaernar-
fon mewn gwendid a blinder dan garnau ceffyl J.J. Evans.
Disgynnodd y caplan oddi ar ei geffyl, a gofynnodd i'r
bachgen a oedd yn sâl. Atebodd y bachgen na allai fynd gam
ymhellach, ond fe'i persawdiwyd i sefyll ar ei draed.
Cymerodd y caplan y pac oddi ar ei ysgwyddau, a dododd
ef ar ei geffyl. Nid cynt y digwyddodd hynny pan ddaeth
y cyrnol heibio. 'Beth yw hyn?' holodd yn syn, 'swyddog a
chadben yn rhoi ei geffyl i arall . . . milwr cyffredin yng
nghyfrwy swyddog'. Atebodd y caplan, 'Cyrnol, gwn mai chi
yw pennaeth y gatrawd hon, ond Iesu Grist yw fy Meistr i,
gwneuthum yn ôl yr hyn a ddisgwyliai Efe i mi ei wneuthur'.
Troes y cyrnol ben ei geffyl, a charlamodd ymaith wedi cael,
yn ôl Dan Tomos, y bregeth orau, o bosibl, yr unig bregeth,
a gafodd erioed.[46]

Nid oedd pob caplan yn ymdebygu i J.J. Evans fel y
dangosodd Dan Tomos. Ar achlysur y ddarlith 'Fighting with

the Bayonet', cedwid y seddau blaen i'r swyddogion, a'r rhai blaenaf oll i'r caplaniaid. Rhoddwyd y seddau ôl i'r milwyr cyffredin a fyddai'n defnyddio'r bidogau. Dyma ran olaf y ddarlith fel y'i croniclwyd gan Dan Tomos:

> But I want you chaps to realize there is more to it than just knowing the bayonet drill, such as the importance of giving the bayonet a twist in the guts of the enemy before you take it out. The Hun is a wily fellow, and as he approaches under the pretence of surrendering, muttering, 'Kamerad, Vife und nine children', be on your guard, for not only is he wily, he is also strong, and on getting close enough to you he may throw his arms around you in an attempt to overcome you. But as long as you have your trusty rifle and bayonet all may yet be well. Press the butt of your rifle against the toe of your boot and the point of your bayonet will jut outwards; give it a little upward jerk and you will ensure the Hun will have no more wives or brats, and at the first opportunity get on your knees, and thank God in the name of Jesus Christ you have been able to do another good deed.

Am ychydig eiliadau ar ôl y ddarlith, bu distawrwydd yn y babell, ac yna'n sydyn guro dwylo mewn cymeradwyaeth gan rai o gaplaniaid y seddau blaen...[47]

1.'Pob Ochr i'r Heol', *Y Tyst*, Ionawr 19, 1916, tt. 4-5
2*The Welsh Outlook*, Mehefin 1916, tt. 201-2
3*Y Goleuad*, Mawrth 29, 1918, t. 5
4*Y Tyst*, Mehefin 28, 1916, t. 6
5'Y Cymry yn Ffrainc', *Y Goleuad*, Medi 21, 1917, t. 6
6*Y Tyst*, Ebrill 19, 1916, t. 6
7'Llith y Caplan', *Y Gwyliedydd Newydd*, Tachwedd 20, 1918, t. 5
8ibid. Tachwedd 13, 1918, t. 2
9*Y Tyst*, Ebrill 19, 1916, t. 6
10ibid. 'Parc Kinmel, Mai 24, 1916, t. 7
11ibid. t. 7
12'Llais y Wlad', Ionawr 18, 1918, t. 5
13*Rhamant a Rhyddid* (Llandysul, 1952), t. 37
14'Dyfnallt at the Front', *Llais Llafur*, Medi 23, 1916, t. 7
15'Colofn y Bobl Ieuainc', *Y Darian*, Rhagfyr 17, 1914, t. 7
16ibid. 'Y Cymro Arwrol', Rhagfyr 24, 1914, t. 7
17'Gair oddi wrth Dyfnallt', *Y Tyst*, Gorffennaf 26, 1916. t. 7
18*Myfyrion a Chaneuon Maes y Tân* (Caerfyrddin, 1917) t. 76
19gw. *Y Tyst*, Awst 23, 1916, t. 4
20*Myfyrion a Chaneuon Maes y Tân*, t. 45
21ibid. t. 81
22ibid. tt. 58-9

[23]ibid. t. 43
[24]ibid. t. 61
[25]ibid. t. 90
[26]ibid. t. 68
[27]Yr Ymchwil, (Dinbych, 1949), t. 26.
[28]*Dagr Cain — Dagrau Crist* (Gwasg y Bala, 1935), t. 5
[29]*Yr Ymchwil*, t. 39
[30]ibid. t. 29
[31]ibid. t. 31
[32]ibid. t. 40
[33]*Dagr Cain* ... t. 5
[34]gw. t. 41
[35]*Dagr Cain* ... t. 5
[36]*At Suvla Bay What a Soldier learnt at Gallipoli* (Cymdeithas y Cymod, Llundain, s.d.)
[37]*Seren Gomer,* Gwanwyn 1969 — Hydref 1972
[38]ibid. Gwanwyn 1969, t. 7
[39]ibid. Hydref 1970, t. 86
[40]ibid. t. 85
[41]ibid. Gaeaf 1970, t. 96
[42]ibid. t. 96
[43]ibid. Gwanwyn 1970, t. 50
[44]'Buddugoliaeth', *Cerddi Cynan* (Lerpwl ail arg. 1960), t. 127
[45]*Yr Ymchwil*, t. 42
[46]'Hunangofiant', tt. 119-20
[47]ibid. t. 120

Cynnal crefydd mewn argyfwng

Yn y papurau enwadol, ac ym mhenderfyniadau llysoedd yr enwadau dros gyfnod y Rhyfel, rhoddwyd sylw arbennig i'r pynciau a ganlyn: achos dirwest, cysegredigrwydd Dydd yr Arglwydd, consgripsiwn, yr angen i gynilo, iaith anweddus swyddogion y fyddin, ac ar ôl y Mesur Gorfodaeth ymdriniwyd â'r gwrthwynebwyr cydwybodol, a heddwch trwy gyflafareddiad.

Ac eithrio'r penderfyniadau ar ddirwest, cysegredigrwydd y Sul a'r Mesur Gorfodaeth Milwrol, ond odid nad penderfyniadau ynglŷn â'r Cadfridog Owen Thomas a ysgogodd y teimladau mwyaf brwd a gwlatgar.

Mynnai'r wasg grefyddol fod adran wrth-Gymreig o'r fyddin yn eiddigeddus o safle a phoblogrwydd y Cadfridog, ac wedi penderfynu ei symud o'i swydd, doed a ddelo. Taflwyd sen a sarhad ar genedlaetholdeb Cymru a dŵr oer ar ei sêl drwy'r ystryw i symud o Fyddin Cymru yr unig Gadfridog oedd yn adnabod Cymru'n drwyadl, yn deall ei phobl, yn medru ei hiaith, ac mewn llawn gydymdeimlad â dyheadau gorau'r genedl, yn enwedig ei chrefydd. Cyn yr ymchwiliad i'w achos, anogodd *Y Tyst* y Cymry i ddeffro, i ddweud yn glir, cryf, a phenderfynol na oddefid y camwri a'r sarhad cenedlaethol ar y genedl, ac od oedd gronyn o ysbryd cenedlaetholdeb yn aros yng Nghymru, yn ei gwerin, a'i harweinwyr o bob gradd a safle, dylid ei brofi'n ddiymdroi mewn gweithredoedd.[1]

Mynegwyd gwerthfawrogiad o benderfyniad y Cadfridog i gael caplaniaid Cymraeg, a sicrhau i'r Ymneilltuwyr eu hawliau ynglŷn â gwasanaethau crefyddol yn y fyddin. Gan fod cynifer o wŷr ieuainc Cymru yn cael eu hamddifadu o freintiau ac ymgeledd cartref ac Eglwys, pasiodd Cymanfa Bedyddwyr Arfon, ym Mehefin 1916, benderfyniad o ddiolchgarwch i'r Cadfridog Owen Thomas, Parc Kinmel, am ei ofal a'i ddylanwad moesol a chrefyddol. Bu'n benteulu a gweinidog i'r bechgyn o dan ei ofal. Canmolwyd, hefyd, ei ymdrechion clodwiw i ddarparu cynhorthwy i'r milwyr anafus, ac i'r milwyr a fyddai'n ddi-waith ar ôl y Rhyfel.

Gwrthdystiwyd yn bendant a chroyw yn erbyn yr ymgais i apwyntio swyddog arall yn ei le heb gydymdeimlad â chrefydd ac iaith Cymru.

Yn yr ymchwiliad i'w achos, llwyddodd nid yn unig i glirio'i enw da o bob awgrym anwireddus a daflwyd ar ei eff-eithiolrwydd a'i allu gan 'ddynion bach, cenfigenllyd a beiddgar yn y fyddin', ond, hefyd, yn ôl dedfryd y prawf bu ei holl ymddygiad yn anrhydeddus.[2] Wrth lawenhau yn y ddedfryd, teimlai rhai o'r cyfundebau crefyddol y dylai'r Llys Ymchwiliad a benodwyd gan y Llywodraeth gyhoeddi'r holl weithrediadau a'r tystiolaethau i fodloni cyfiawnder cyhoeddus, ac er mwyn ei sicrhau, apeliodd Cyfundeb Annibynnol Dwyrain Dinbych a Fflint ym Mawrth 1917, at y Prifweinidog, er mwyn anrhydedd Cymru a'i chymeriad cenedlaethol, i fabwysiadu mesurau priodol i'w cyhoeddi. Galwyd, hefyd, ar yr Aelodau Seneddol Cymreig i gyflawni eu dyletswydd yn yr achos arbennig hwn.

Bu'r Swyddfa Ryfel yn gyndyn i dynnu'n ôl y cyhuddiad o aneffeithiolrwydd yn erbyn y Cadfridog. Rhoddodd Ellis Davies, A.S. rybudd o'i fwriad i godi'r mater yn y Tŷ, yn wyneb cyndynrwydd y Swyddfa Ryfel, ond ni wnaed hynny, gan i'r Swyddfa Ryfel, ym mherson Mr. McPherson, dynnu'n ôl y cyhuddiad. Rhoes hynny, yn ôl 'Gohebydd Seneddol' *Y Goleuad,* fodlonrwydd i'r Cadfridog Owen Thomas, a mynegodd ef ei ddiolch i'r tri aelod seneddol, Ellis Davies, Syr Herbert Roberts, a Syr Haydn Jones am eu cynhorthwy.

Yn nechrau 1917, urddwyd Owen Thomas yn farchog. Ef, o bawb, yn ôl golygydd *Y Tyst,* a fu'n gyfrifol am weithredu awgrym David Lloyd George i ffurfio Corfflu Cymreig cyflawn yn cael ei reoli a'i arwain gan swyddogion o Gymry. Pe bai wedi cael aros yn ei swydd, fe fyddai'r Corfflu wedi datblygu i'w lawn dwf yn lle bod yn adran anghyflawn,

> Yr oedd yn ffefryn y genedl, a hyder rhieni Cymraeg yn ogystal â'r bechgyn ynddo, fel Cymro yn siarad Cymraeg, ac Ymneilltuwr a addolai yn y Capel Cymraeg, a swyddog milwrol uchel a

gymerai ddiddordeb personol yn ei filwyr, ac a wnaeth ei frigad
y fwyaf poblogaidd o bob un yng Nghymru, a barai i'r bechgyn
ddylifo i'w adran . . . Yn wir, ofnir mai'r pethau hyn a achosodd
ei frad . . .[3]

Mewn cyfarfod cyhoeddus ym Mae Cemaes, ei fro enedigol,
talwyd teyrnged iddo. Yr oedd canlyniad yr ymchwiliad i'w
achos, meddid, yn fuddugoliaeth i Gymru, gan mai dros
Gymru, ac er ei mwyn yr ymladdai, a dywedodd ef ei hun,
'Yr wyf yn caru fy ngwlad, fy iaith a fy nghenedl, a pharod
wyf i roi fy mywyd drosti'.[4]

Iaith aflednais

Ni dderbyniodd pob swyddog eirda'r cyrff enwadol.
Achosodd iaith anweddus rhai o swyddogion y fyddin ofid
a phryder. Yr oedd yn 'aflan ac atgas'. Nid oedd lle o gwbl
i amau teyrngarwch aelodau Cymanfa Annibynwyr
Morgannwg i'w Brenin a'u gwlad. Yn wir, canmolwyd hwy
ar goedd yn yr uchel-lysoedd ar gyfrif eu teyrngarwch, ond
daeth ton o gywilydd trostynt pan dderbyniasant gwynion
pobl ifainc eu heglwysi am yr iaith amrwd, a'r geiriau
aflednais a hyrddiwyd atynt, yn enwedig gan yr is-swyddogion.
Yn ôl Cymdeithasfa Bedyddwyr Mynwy, syrthiodd yr uchel-
swyddogion, hefyd, i'r un camwedd. Clwyfwyd teimladau
tyner y bechgyn gan y fath iaith, gyda'r canlyniad fod bywyd
yn y fyddin wedi mynd yn fwy atgas yn eu golwg, yn enwedig
o ystyried iddynt ymuno yn y lle cyntaf o ran dyletswydd,
nid o fodd. Galwyd ar y Llywodraeth a'r awdurdodau milwrol
i sefydlu comisiwn i ymchwilio i'r cwynion, a dwyn mesurau
i roi terfyn ar ymagwedd y swyddogion. Penderfynodd
Cyfundeb Annibynnol Gogledd Morgannwg a gyfarfu yn
Ebrill 1916, anfon cwyn at y Gwir Anrhydeddus H.J. Tennant
o'r Swyddfa Ryfel, Arglwydd Kitchener, a'r Cadfridog Owen
Thomas, am ymddygiad nifer o swyddogion yng ngwersyll-
oedd Cymru. Defnyddiwyd iaith 'lygredig a ffiaidd', a
theimlai'r milwyr na allent ddioddef rhagor ar law'r
swyddogion. Nid oedd hynny i'w ryfeddu ato yn enwedig o
gofio eu magwraeth grefyddol, a'u teimladau tyner. Apeliwyd
at y tri swyddog i symud y straen annioddefol a orfodwyd
ar y bechgyn.

Yn Sasiwn Rhuthun, yn Ebrill 1916, dywedodd John Williams, Brynsiencyn, ei fod ef ond odid yn gwybod mwy am y mater na neb arall. Clywodd â'i glustiau ei hun yr iaith anweddus, ond yr oedd mewn penbleth ynglŷn â'r ffordd orau i ymlwybro. Pe bai'r Sasiwn yn pasio penderfyniad cryf yn condemnio pawb o'r ddeutu, gallai hynny beri fwy o niwed nag o les. Yn ffodus iddynt hwy, gallent droi at un oedd mewn cydymdeimlad llwyr â'r penderfyniad, sef y Cadfridog Owen Thomas. Adnabu John Williams, Frigadwyr, hefyd, a addawodd, pe clywsent unrhyw swyddog yn tyngu, ac yn dirmygu Cymru, a phopeth cenedlaethol, na ddigwyddai hynny'r eildro. Rhaid cofio, meddai, fod lluoedd y wlad yn erbyn y Cymry, a dylent ddiolch fod cynifer o Gymry yn y fyddin mor bleidiol i burdeb a moes. Awgrymodd y dylai'r Sasiwn anfon y penderfyniad i Brif Gadfridog Adran y Gorllewin, a phob Brigadydd yng Nghymru.[5]

Angen i gynilo

Derbyniodd galwad y Llywodraeth i ymarfer cynildeb gefnogaeth lwyr. Mynegodd y cynghorau eglwysig eu pryder ynglŷn ag afradlonedd y wlad i foddio blys personol, a'i hesgeulustod o'r anogaethau o du'r Llywodraeth i fod yn ddarbodus ynghylch enillion ei deiliaid.

Yn Awst 1917, derbyniodd Cymdeithasfa'r De a gyfarfu yn Llanwenarth genadwri oddi wrth Henaduriaeth Gorllewin Morgannwg ynglŷn â'r posiblrwydd, oherwydd yr alwad i gynilo bwydydd ac anawsterau teithio i ohirio'r Sasiwn a oedd i'w chynnal yn Llanymddyfri. Cydnabu Cynddylan Jones fod Prydain yn dioddef oherwydd yr amgylchiadau eithriadol, ond ni ddylid 'shuntio'r' Efengyl er mwyn cerbyd rhyfel. Cerbyd yr Emaniwel oedd â'r hawl gyntaf ar y 'main line':

> Na fydded i ni adael ein meddyliau i redeg yn rhy faterol a daearol, ond bydded i ni gadw mewn cyd-gordiad â'r Brenin Iesu. Bydded i ni gyhwfan baner y Brenin Sior, ond baner yr Efengyl yn gyntaf, ac i arwain. Y mae gennyf i rhyw deimlad y bydd y cyfarfod yn un ardderchog (h.y. yn Llanymddyfri). Bydded i ni gadw'r Efengyl yn agos at y werin.[6]

Credai Peter Hughes Griffiths yntau, hefyd, fod egwyddor

ddyfnach yn y fantol na chynnal Cymdeithasfa. Ni ddylid, ar unrhyw gyfrif, 'shuntio' pethau'r Efengyl. Yr oedd Archesgob Caer-gaint yn awyddus fod pawb yn gweithio yn y meysydd ar y Sul. Y cwestiwn mae'n rhaid ei ofyn yw a fyddai'n hawdd eu cael oddi yno? Aeth crefyddwyr i anwesu syniadau'r byd, i ofalu am reidiau'r corff yn unig. Dyna oedd wrth wraidd dymuniad yr Archesgob, ond ni ddylai'r Gymdeithasfa efelychu'r Eglwys Sefydledig oedd bob amser yn cefnogi rhyfel. Cefnogodd y Rhyfel yn Afghanistan gan ddadlau y byddai hynny'n agor y ffordd i'r Efengyl. Coginio bwyd Duw uwchben tân uffern ydoedd hynny. Apeliodd at Gristionogion i ddal yn dynn wrth yr ymarferiadau cre-fyddol, ac yn ei dyb ef, camsynied dybryd oedd arfer rhai gweinidogion yn rhoddi tri neu bedwar diwrnod i gyflawni gwasanaeth cenedlaethol. Beth, mewn gwirionedd, oedd yn fwy o wasanaeth na gwasanaethu Teyrnas Iesu Grist?[7]

Gresynwyd bod y proses o gynilo wedi dechrau yn gynnar yn y Rhyfel.[8] Yr oedd yn ofid i olygydd *Y Tyst* fod pob cynhadledd a drefnwyd yn 1914 — o Awst ymlaen — wedi ei gohirio, gan gynnwys y Gynhadledd Fawr yn Llanym-ddyfri i lansio Undeb Cenedlaethol Eglwysi Cymru. Dylid ymarfer pwyll yn y mater hwn, gan fod achos Duw i fynd yn ei flaen, er gwaethaf y Rhyfel. Trachefn, yn Hydref 1918, pan oedd y Rhyfel yn tynnu i'w derfyn, mynegodd yr aelodau yng nghyfarfodydd hanner blynyddol y Gymanfa Bresbyteraidd, yng Nghaer, eu siom fod y Llywodraeth yn gofyn i'r eglwysi gwtogi cyfarfodydd crefyddol er mwyn cynilo glo. Ond nid oedd unrhyw argoel fod y bragdai, y tafarndai, a'r chwaraedai yn ymarfer cynildeb.

Barbareiddiwch Cenedl

Nid arddangoswyd gronyn o gynildeb wrth ddisgrifio erchyllterau'r Almaen. Cydnabu *Yr Haul* fod tuedd i or-bardduo'r gelyn ym mhob rhyfel,[9] ond yn wyneb y ffeithiau di-droi'n-ôl, ni allai'r papurau a'r cylchgronau enwadol lai na dadlennu, heb flewyn ar dafod, yr erchyllterau a oedd tu hwnt i bob coel, ac, yn ôl *Y Tyst*, yn groes i bob rheol a gydnabyddid hyd yn oed mewn rhyfel. Yr oedd ymddygiad yr Almaenwyr yng ngwlad Belg yn waeth na phaganaidd.

Llosgwyd tai'r trigolion diniwed; picellwyd hen bobl a phlant; ysbeiliwyd hwy o'u heiddo, ac fe'u gyrrwyd ar ffo i grwydro'r wlad fel anifeiliaid. Saethent y trigolion am yr unig reswm eu bod yn syllu drwy'r ffenestri ar yr Almaenwyr yn mynd heibio, a llusgent ferched a gwragedd i warth gwaeth na marwolaeth. Dyma'r bobl a oedd yn ymffrostio yn eu huwch-ddiwylliant, a'i gwareiddiad soffistigedig, — y canibaliaid anwar.[10]

Tywalltodd *Seren Cymru* ei lid ar ben y Kaiser. Meddai'r golygydd, 'erys ei greulonderau ar gof a chadw yn enghraifft hagr o ysbryd dial ar y gwan wedi tyfu'n wyllt'. Wrth ddinistrio rhai o adeiladau mwyaf gwych dinas Antwerp a'u gwneuthur yn gydwastad â'r llawr, a pheri niwed i'r Eglwys Gadeiriol, un o adeiladau godidocaf y byd, profodd y Kaiser nad oedd unman yn rhy gysegredig iddo ei sarnu, ac nid oedd ganddo ronyn o barch i gynnyrch perffeithiaf athrylith mewn celf. Am greulondeb yr Almaen yng ngwlad Belg, gellid ei gymharu â chreulonderau dieflig y Canol Oesoedd, â gwarchae a chwymp Jerwsalem. Ond deuai dydd barn a thâl drud am y difrod a achosodd y Kaiser.[11]

Pan suddwyd y *Lusitania,* mynegwyd dicter tuag at y dulliau dieflig a fabwysiadodd y gelyn. Bu'n euog o 'farbareiddiwch erchyll', 'taflodd o'r neilltu bob ffrwyn', 'ymwerthodd i bob dichell satanaidd' gan ymloddesta ar fudrwaith nas arddelid hyd yn oed gan ganibaliaid. Ni fodlonodd y gelyn ar fwtsiera hen bobl a phlant, treisio merched a'u lladd, sarnu a difa hen adeiladau gorchestol, taflu cytundebau i'r wadd a'r ystlumod, ond suddodd longau'n ddirybudd — llongau na throseddodd unrhyw gyfraith ryfel — gan hyrddio i'w bedd dyfrllyd gannoedd o bobl ddiniwed, llawer ohonynt yn wragedd a phlant. Yng ngeiriau *Y Tyst:*

> Ni bu trychineb mwy ellyllaidd a chreulon yn hanes unrhyw ryfel . . . Ac i wneud ei haerllugrwydd penchwiban yn ganmil gwaeth, beiddia ddadleu ei bod hi'n ddiniwed am ei bod wedi rhybuddio pawb mai dyna a wnai. Mae llofruddiaeth yn gyfeithlon os ymostynga'r llofrudd i anfon 'post card' ymlaen llaw at ei ysglyfaeth i'w hysbysu o'i fwriad . . .[12]

Yn wyneb y fath ymddygiad a oedd yn gwbl groes i egwyddorion dynoliaeth, yn peryglu gwareiddiad, a'r grefydd Gristionogol, galwodd Cymanfa Annibynwyr Sir Gaerfyrddin ym Medi 1915, ar y gwledydd i ddod allan fel un gŵr i ryfela yn erbyn gelyn didrugaredd. Ni chyfeiriwyd at un wlad yn benodol, ond sicrhawyd rhai o aelodau'r Gymanfa petai'r Almaen yn ennill y dydd y golygai hynny lesteirio'r addewid am ddyfodiad Teyrnas Crist.

Achosodd y penderfyniad gryn siarad a dadlau. Gohiriwyd anerchiad y cadeirydd, er mwyn i aelodau'r Gymanfa gael cyfle i drafod 'Perthynas Cristionogaeth a'r Rhyfel Presennol'. Agorwyd y drafodaeth gan E. Keri Evans, a swm a sylwedd yr holl ymdrafod oedd y dylai pob dyn weithredu'n unol â'i gydwybod ei hun.[13]

Amlygwyd y gydwybod honno, fel y gellid disgwyl, mewn gwahanol ffyrdd. Trwy ddwylo un o'r cenhedloedd creulonaf daeth croes i'n bywydau, ond, yn ôl un o weinidogion y Methodistiaid Wesleaidd a fu'n annerch ar 'Galwad i Ddioddef' yng nghyrddau'r Dalaith Gyntaf yn Lerpwl, ym Mai 1915, yr oedd yn fwy anrhydeddus i'r teithiwr fynd lawr gyda'r *Lusitania,* na gorfod mynd adref fel y gwnaeth capten y llong a'i suddodd.[14]

Yn *Y Brython,* dadleuodd y golygydd y byddai'n brawf ar ddynoliaeth a Christionogaeth pawb, pe bai'r holl fyd yn mynd allan i hela'r Kaiser, a'i redeg i'r ddaear.[15]Derbyniodd y wasg grefyddol *Adroddiad Bryce* (h.ŷ. Is-Iarll Bryce, llywydd y comisiwn a apwyntiwyd i roi adroddiad am weithredoedd creulon yr Almaen) yn ddigwestiwn, yn 1915. Yn wyneb tystiolaeth llys diragfarn a'i aelodau'n adnabyddus drwy'r byd fel dynion pwyllog, o farn aeddfed, sicrhawyd *Y Tyst* nad oedd unrhyw amheuaeth fod milwyr yr Almaen mewn gwaed oer wedi llofruddio nifer mawr o bobl gyffredin, wedi lladd yn ddiarbed bersonau diniwed, wedi llofruddio babanod, a bod prif swyddogion byddin yr Almaen wedi gorchymyn i'w catrodau ladd a llosgi, difetha a lladrata i greu braw ac arswyd yng nghalonnau'r bobl. Ni chyhoeddwyd y stori gyfan yn y papurau dyddiol am ei bod mor erchyll, ac nid oedd yn syn, yn wyneb y ffeithiau am erchyllterau'r Kaiser a'i griw, fod llawer yn holi'n ddwys, 'Pa hyd, Arglwydd, nad ydwyt yn barnu, ac yn dial gwaed y diniwaid hyn?'[16]

Enynnodd *Adroddiad Bryce* ysbryd dial, ond yr oedd cydwybod yn gwarafun i rai ymddwyn yn ddialgar. Ym Medi 1916, darllenwyd papur yn Nghyfundeb Gorllewin Caerfyrddin ar 'Y Pwysigrwydd o beidio â meithrin ysbryd milwrol wrth geisio gorchfygu'r gelyn'. Dylai Prydain ymddwyn yn anrhydeddus hyd yn oed yn y Rhyfel, er mwyn ei henw da. Ym Mehefin 1917, yn Sasiwn Caergybi, cynigiodd Syr Henry Lewis, Bangor, gŵr a oedd yn hynod bleidiol i'r Rhyfel benderfyniad na ddylid dial am gyrchoedd awyr yr Almaen a greodd ddinistr a galanas mewn gwlad a thref, gan ladd y diniwed. Galwai'r gweithredoedd hynny am gondemniad pob gwlad wareiddiedig, ond ni ddylai Prydain dalu'r pwyth yn ôl drwy fabwysiadu dulliau tebyg i'r Almaen. Byddai hynny'n gwbl groes i ddysgeidiaeth yr Efengyl. Hyderai y gallai'r Llywodraeth wrthsefyll unrhyw gais am gosb ddialgar, ac ymddwyn tuag at y gelyn yn unol â rheolau cydnabyddedig rhyfel anrhydeddus.[17]

Yng Nghymdeithasfa'r De, ym Merthyr, yn Ngorffennaf 1917, cyflwynwyd penderfyniad oedd yn bleidiol i'r darpariaethau milwrol i amddiffyn Prydain, ond yn condemnio adran o'r boblogaeth yn ei hawydd i dalu'r pwyth yn ôl i'r Almaenwyr am y cyrchoedd awyr ar drefydd Lloegr. Yr oedd hynny'n gwadu ysbryd crefydd.

Tua'r un adeg, fel y nodwyd yn y bennod gyntaf, pasiodd Cyngor Tref Aberystwyth, benderfyniad yn argymell lladd cynifer o Almaenwyr â phosibl er mwyn talu'n ôl am eu hymosodiadau o'r awyr. Gwrthwynebwyd y penderfyniad gan weinidogion y dref a Chyngor yr Eglwysi Rhyddion nad oedd, yn eu tyb hwy, ddim amgen na datganiad yn crochlefain am ddial er mwyn dial. Gresynodd llawer o Gristionogion y dref fod y Cyngor wedi caniatáu i'r fath benderfyniad gael ei drafod a'i gymeradwyo, a bod yr iaith a ddefnyddiwyd ynddo mor sarhaus o grefydd.

Diogelu'r Sul

Fel yr awgrymwyd eisoes, rhoddodd yr enwadau yng Nghymru sylw arbennig i dri phwnc dros gyfnod y Rhyfel, sef cadwraeth y Sul, dirwest, a Mesur Gorfodaeth Filwrol, Ionawr 1916.

Ym misoedd cyntaf y Rhyfel, yr oedd yn achos pryder fod arferion yng Nghymru yn prysur erydu'r Sul. Mewn cyfarfod dan nawdd Undeb Cenedlaethol Eglwysi Efengylaidd Cymru, yn Nhachwedd 1914, mynegwyd gofid fod y papurau dyddiol yn cyhoeddi newyddion y Rhyfel ar y Sul er mwyn elw personol. Gwanheid nerth moesol y genedl drwy borthi ei theimladau cynhyrfus ar ddydd a bennwyd iddi orffwys, ac am fod y weinyddiaeth wedi darparu cyfleusterau i hysbysu'r bobl o bob newydd o bwys drwy'r Swyddfa Post nid oedd galw am bapur Sul. Apeliwyd at yr eglwysi i atal eu cefnogaeth i'r papurau hyn, i ddylanwadu ar eraill, hefyd, a rhybuddio pawb o'r perygl y byddent yn faich parhaol pan ddeuai'r Rhyfel i ben.

Daeth papurau dimai Caerdydd ac Abertawe dan lach rhai o gynghorau eglwysig y De. Manteisiodd perchenogion y *Western Mail* a'r *South Wales Daily News* ar yr argyfwng i wneuthur elw. Yr oedd hyd yn oed *The Times* wedi disgyn i'r camwedd, a gwyddys fod perchenogion y *Daily Mail* yn awchu ers blynyddoedd am y cyfle i ymddangos ar y Sul. Disgrifiodd Cymanfa Annibynwyr Morgannwg yr arfer fel 'drwg llechwraidd', yn creu 'difrod'. Y gobaith oedd y gellid ei atal ymysg aelodau'r eglwysi, a dylent hwy ymarfer eu dylanwad i rwystro prynu, gwerthu, a lledaenu'r papurau Sul. Eu tuedd oedd torri ar dawelwch Dydd yr Arglwydd, a'i anghysegru'n fwyfwy. O ran hynny, nid oedd eu hangen o gwbl, oherwydd yr hyn a geid ynddynt oedd 'potes eildwym' a 'lol disynnwyr' o argraffiadau'r Sadwrn. Peidied crefyddwyr â'u prynu, a dyna ddiwedd arnynt.[18]

Aeth gweithio ar y tir, ar awr o argyfwng, yn esgus dros dorri'r Sul. Ar ddechrau 1917, apeliodd y Prifweinidog, David Lloyd George, ar i bawb, yn enwedig amaethwyr, i ddefnyddio bob llain o dir er mwyn sicrhau ymborth i'r wlad. Derbyniodd Cyfarfod Misol Môn y neges a'r apêl yn llawen gan ddatgan na fyddai Môn yn ail i neb i godi mwy o fwyd,ond anghymeradwyai ddatganiadau'r Llywodraeth yn galw am weithio ar y Sul.

Cafwyd anogaeth i weithio ar y Sul gan Archesgob Caergaint, hefyd. Prysurodd y Cyfarfod Misol i ddatgan nad oedd anghymeradwyaeth yr aelodau'n seiliedig ar sentiment a pharch i hen draddodiadau, a hynny'n unig, eithr, yn hytrach, fe'i seiliwyd ar argyhoeddiad dwfn goreugwyr eu hardaloedd. Ni ddylai neb ymyrryd â chysegredigrwydd y Sul, 'ac os bydd raid', meddai'r aelodau, 'gwell gennym ddioddef llawer o wasgfa, a phlygu gerbron ein Duw yn dawel, na gweld ei ddydd Ef yn peidio â bod yn ddydd o "orffwys" i ddyn ac anifail'.

Galwyd sylw, hefyd, at y defnydd anystyriol ac annuwiol a wnaed o gynnyrch tir Cymru i borthi blys diotwyr a meddwon. Ar y naill law, galwodd y Llywodraeth am gynilo ar reidiau bywyd, ond, ar y llaw arall, caniataodd i'r bragwyr gael swm enfawr o rawn y wlad. Yr oedd hynny, meddid, mor anghyfreithlon â rhoi bara'r plant i'r cŵn.

Gan fod y Prifweinidog wedi'i fagu mewn awyrgylch crefyddol, Cymraeg, gwyddai trwy brofiad am ddyheadau iachaf a chryfaf ei genedl, ac o'r herwydd gallai'r Cyfarfod Misol ddynesu ato'n hyderus ynglŷn â'r ddau fater. Gofynnwyd i John Williams, Brynsiencyn, drosglwyddo'r penderfyniad i'r Prifweinidog.[19]

Yr oedd yn achos syndod i un o ohebyddion *Y Goleuad* fod cwmni rheilffordd y Cambrian yn cael llonydd heb na chais oddi wrth Gyfarfod Misol nac ardal i wrthwynebu trafnidiaeth ar y Sul. Aeth y Rhyfel, meddai, yn esgus dros gyflawni pob anfadwaith.[20]

Aeth y gri i godi tatws i bennau rhai o wŷr Maldwyn. Yn ei 'Nodion o Faldwyn' yn *Y Goleuad* yr oedd yn ddirgelwch i'r gohebydd sut yn y byd y gallai dynion fyw cyn codi tatws. Ond, ychwanegodd, ni fwriadai pobl Dduw yn y sir honno dalu sylw i anogaeth Archesgob Caer-gaint i drin y tir ar y Sul. 'Un peth ydi plannu tatws, peth arall yw cael bendith Duw ar waith eich dwylaw,' meddai ef.[21] Yn wir, amheuid a enillid pytaten yn fwy wrth 'robio' Duw o'i Sul, a thrwy ychwanegu ychydig oriau at lafur y gellid ei gyflawni ar ddyddiau'r wythnos.

Gwrthwynebwyd trin y tir ar y Sul, ond yr oedd unfrydedd ynglŷn â dyletswydd pob dyn, os oedd yn bosibl, i roi pob gewyn ar waith i godi ymborth, er mwyn osgoi newyn. Ymffrostiodd y gohebydd o Faldwyn nad yr amaethwr, mwyach a oedd yr unig un yn codi bwydydd, gan fod pawb ymron â'i ddarn tir yn plannu tatws neu foron. O ganfod y fath brysurdeb, 'Mae Rhagluniaeth yn gwenu arnom y dyddiau hyn, a phawb a phopeth ar lawn waith.' Canfu'r gweithgarwch gwenynol hwn yn Ne Cymru, hefyd. Yr oedd gwedd pobl a dreuliodd bob awr hamdden i bwrpas mor ddefnyddiol yn iechyd i ysbryd dyn. 'Hir y caffo'r wlad flas ar gynhyrchu', oedd ei ddeisyfiad.[22]

Apeliodd y Gymanfa Gyffredinol yn 1917 ar i bawb gefnogi ymgyrch y tir yn wyneb penderfyniad y gelyn i ddarostwng Prydain. Nid y milwr yn unig oedd yn brwydro, ac nid ar faes y gwaed yn unig yr enillid y fuddugoliaeth. Yr oedd yr aradr yn llaw'r amaethwr mor hanfodol i achos Prydain â'r dryll yn llaw'r milwr, a llafur y gweithwyr oedd yn aredig a hau mor angenrheidiol ag aberth y bechgyn yn ffosydd Ffrainc. Gwaeddai gwaed y bechgyn ar i bawb wneud ei ran, ac apeliwyd at weinidogion a blaenoriaid i arwain yn y mater, er mwyn sicrhau llwyddiant i gais y wladwriaeth.[23]

Er taered yr apeliadau i godi bwyd a thrin y tir, ni ddylid, ar unrhyw gyfrif, amharu ar orffwys ac addoliad y Sul. Crewyd cyffro ym Maldwyn pan adroddwyd am ddyddynnwr a feiddiodd fynd â llond cert o domen dail ar hyd strydoedd y Drenewydd.[24] Bernid mai 'mympwy pobl ffwdanllyd yn meddwl fod rhuthro a chwysu yr un peth â gweithio'n galed', oedd yr awydd i weithio ar y Sul. Pa lesâd i ddyn os enillai efe yr holl dir, a cholli ei enaid ei hun?[25]

Yng Nghymdeithasfa Caer, yn 1917, mynegwyd y farn mai'r bobl oedd yn hanner segura ac yn mynychu'r cae pêl droed yn ystod yr wythnos a oedd, hefyd, ar y Sul, yn brysur â'u rhawiau. Gwnaeth y Duw mawr ei drefniadau, ac ni allai neb wella arnynt. Rhoddodd y seithfed dydd i ddyn ac anifail orffwys. Sicrhawyd y Prifweinidog o deyrngarwch aelodau'r Gymdeithasfa, a'u parch tuag ato, ond er eu bod yn gwbl effro i ddifrifoldeb y sefyllfa a wynebai'r wlad, ac yn addaw gwneud popeth yn eu gallu i hybu trefniadau'r Llywodraeth ynglŷn â chodi bwyd, ni allent gymrodeddu ynglŷn â'r Sul.[26] Tueddai'r anogaethau hynny i weithio ar y Sul danseilio ymddiriedaeth yn y goruwchnaturiol, anwybyddu hanes a thraddodiad cenedl, a'r hyn a wnaethent oedd datgan fod gofynion bywyd ysbrydol i'w rhoi o'r neilltu er mwyn y gofynion tymhorol.[27]

Yr oedd awdurdodau Eglwys Loegr yn chwannog i argymell eu praidd i weithio ar y Sul mewn gerddi a rhandiroedd, yn enwedig yn amser hau a medi. Hawliai'r argyfwng, yn ôl Deon Bangor, fesurau eithafol. Ond dadleuai Ymneilltuaeth nad lle'r Eglwys ydoedd annog neb i ymyrryd â chysegredigrwydd y Sul. Fe wneid hynny heb gynhorthwy'r Eglwys. Gan mai'r Sul oedd y prif allu yn ffurfiant carictor cenedlaethol Cymru, ni ddylid, ar unrhyw gyfrif ei halogi.[28]

Pe bai Cymru'n anwybyddu hawliau dwyfol y pedwerydd gorchymyn ni allai ddisgwyl fendith y Goruchaf Dduw ar ei hymdrechion masnachol, milwrol, a gwladol. Aeth ambell un cyn belled â darogan barn ar bawb a ddefnyddiai eu rhawiau ar y Sul, ac oherwydd anufudd-dod i orchymyn Duw, yr oedd angel Duw yn ymbaratoi i daro'r ddaear a holl gnwd y maes â melltith a malltod, gyda'r canlyniad na chodid un bytaten iach o'r ddaear, ni chesglid un ysgub o wenith, nac unrhyw fath arall o rawn, gan eu bod oll wedi eu tynghedu i fethu. Deuai dwyreinwynt deifiol Duw i'w lladd.

Llawenychodd un gŵr nad oedd modd trin y tir ar 'ail Sul y rhaw', yn Ebrill, 1917, gan fod y ddaear yn drwch gan eira — arwydd sicr mai eiddo'r Arglwydd y ddaear, a dyletswydd pob dyn oedd ufuddhau i'w orchmynion.[29]

Yr unig ŵr a gafodd drwydded i weithio ar y Sul oedd David Lloyd George. Pan draddododd ei araith fel Canghellor y Trysorlys, b'nawn Sul, 28 Chwefror, 1915, ym Mangor, carai golygydd Y *Tyst* petai wedi'i thraddodi ar y Sadwrn neu'r Llun, ond cydnabu fod yr amgylchiadau'n eithriadol, ac yn wyneb prysurdeb y Canghellor byddai'n anrasol ac anfoesgar i'w feio. Anghymeradwyodd Cyfarfod Chwarter Bedyddwyr Arfon 'ychwanegu gwaith bydol at ddydd yr Arglwydd', ond yr oedd amgylchiadau pan ellid caniatáu gweithio ar y Sul, yn enwedig mewn dyddiau o argyfwng, a thynged y wlad yn y fantol.[30]

Cyn penderfynu dod i annerch i Fangor ar y 'Rhyfel Sanctaidd', cyfarfu David Lloyd George â Dr. Alexander Whyte, o Gaeredin — un o wŷr amlycaf crefydd yr Alban. Dywedodd am ei fwriad i annerch ym Mangor ar y Sul, ond ofnai na fyddai ei etholwyr yn rhy barod i roi clust iddo. Atebodd Dr. Alexander Whyte, 'Os na fyddant am eich cael, dowch i'r Alban, ac fe drefnwn y cyfarfodydd gorau a gawsoch erioed ar b'nawn Sul'. Ond yr oedd David Lloyd George yn awyddus i dreio Cymru'n gyntaf. Cafodd wybod gan Dr. Alexander Whyte fod y Catecism Byr yn caniatáu gweithgaredd elusennol ac unrhyw waith angenrheidiol ar y Sul, a phe dywedai rhywun nad oedd y gwaith a gyflawnid ganddo y p'nawn hwnnw'n anghenraid, yr oedd y person hwnnw'n hollol anwybodus ynglŷn ag angen dirfawr y wlad. Pan oedd ef yn annerch ym Mangor, yr oedd Cymry yn ffosydd Ffrainc yn wynebu magnel a marwolaeth, ac yn uwch na sŵn clychau eglwysi gellid clywed sŵn morthwylio'r efail ar draws Ewrop. Gan ei fod yn sylweddoli fod hynny'n digwydd ar y Sul yn ogystal â'r gweddill o ddyddiau'r wythnos, ni allai droi'n rhagrithiwr a dweud, 'Achubaf fy enaid drwy beidio siarad am y pethau hyn ar y Suliau'.[31]

Afraid dweud, ni ddaeth unrhyw benderfyniad o du'r cyrff crefyddol yn gwarafun lladd milwyr ar y Sul.

Y fasnach ddiod

Cyfaddefodd David Lloyd George fod diodydd meddwol yn peri mwy o alanas ym Mhrydain na suddlongau'r Almaen, ac er bod y Llywodraeth wedi dwyn mesurau i gwtogi oriau yfed yn y lleoedd canolog i ymdrech y Rhyfel, galwodd y cyfundebau o bob enwad am fesurau cryfach i gwrdd â phroblem oedd yn ddamnedigaeth i'r lluoedd arfog, a dinasyddion Prydain fel ei gilydd. Taer erfyniwyd ar aelodau'r eglwysi i ddangos esiampl dda, ac ni allent fod yn onest yn eu gweddïau a'u heiriolaeth ar ran y milwyr a aberthai eu bywydau dros eu gwlad, heb godi llais yn erbyn arferiad oedd yn andwyol i foesau'r oes, cysur personol, lles cymdeithas, ac ansawdd bywyd y deyrnas. Dylai'r aelodau, felly, ddangos esiampl, drwy ymwadu â blys yn enwedig o gofio fod blodau'r genedl yn gwaedu ar gyfandir Ewrop dros gartref, rhyddid, a chyfiawnder.[32]

Anogwyd aelodau'r eglwysi, hefyd, i berswadio pawb i beidio â chynnig diodydd meddwol i'r bechgyn a ymrestrodd mor galonnog â'r fyddin. Byddai hynny'n eu hanghymwyso i gyflawni eu dyletswyddau.[33] Condemniwyd yn hallt waith yr awdurdodau yn anfon 'rum' i'r milwyr ar y maes. Fe'i rhoddid yn y te i bawb yn ddiwahân, diotwyr a llwyrymwrthodwyr. Awgrymwyd, yn ôl cyfrif y Cynghrair Dirwestol Cenedlaethol yn 1914, bod chwarter miliwn o lwyrymwrthodwyr wedi ymuno â'r fyddin, a chroesawyd y bwriad i drefnu catrawd o ddirwestwyr, gan y byddai hynny'n gam pwysig i sobreiddio'r deyrnas yn ogystal â dyrchafu moes y lluoedd arfog.[34] Ni wireddwyd y dymuniad hwnnw i gael byddin o ddirwestwyr.

Yr oedd gwerthfawrogiad cyffredinol o esiampl y Brenin Siôr a benderfynodd ymwrthod â'r ddiod gadarn dros gyfnod y Rhyfel. Rhoddodd i'r wlad 'arweiniad nobl, ysbrydoledig', a derbyniodd eirda'r holl gyfundebau enwadol am 'ddylanwad pellgyrhaeddol ei weithred'.[35] Diolchwyd yr un mor wresog i'r Arglwydd Kitchener am ei anogaethau cyson i'r milwyr i ymwrthod â diodydd ac afradlonedd o bob math. Llawenhawyd bod Ffrainc wedi gwahardd gwirod gwermod, a Rwsia wedi gwahardd 'vodka' i'w lluoedd arfog.

Er bod y Llywodraeth wedi sefydlu Bwrdd i reoli'r fasnach ddiod (Gorffennaf 1915) cytunai'r cyfundebau fod ei fesurau'n annigonol. Gresyn, meddent, nad oedd gan y Llywodraeth y gwroldeb moesol i roi atalfa ar y defnydd o rawn i wneuthur diodydd meddwol. Yn 1915, ceisiwyd gan y Llywodraeth ddwyn mesurau i gwtogi effeithiau echrydus y fasnach ddiod, ond, yn ddiweddarach, yn 1917, a chyn hynny, hyd yn oed, galwyd am waharddiad dros gyfnod y Rhyfel ac am chwe mis ar ôl hynny. Byddai'r mesur yn fanteisiol i gyllid y wlad ac yn hwb i'w nerth moesol a milwrol. Pan gyfarfu Cymdeithas Undodaidd Deheudir Cymru yn Awst 1917, penderfynwyd llongyfarch amaethwyr canolbarth Ceredigion am iddynt gynhaeafu'r gwair heb roi diodydd meddwol i'w gweithwyr. Apeliwyd hefyd, at bawb a oedd yn bwriadu cynnal arwerthiant i beidio â darparu diodydd. Byddai hynny'n sicrhau cymdeithas lanach a phurach.

Cyhuddwyd y Llywodraeth o simsanu ynglŷn â'r fasnach ddiod, a pharhau i ddefnyddio defnyddiau bara i gynhyrchu'r hyn nid oedd fara. Yng ngoleuni hwyrfrydigrwydd y Llywodraeth i fabwysiadu mesurau cadarnach, dylai'r eglwysi godi cynnwrf gan fod penderfyniadau'n annigonol. Gallai'r Llywodraeth, pe mynnai, atal y fasnach ag un gorchymyn, ond nid oedd ganddi'r gwroldeb i wneuthur hynny. Byddai un ymdrech fawr i ddileu'r fasnach yn debygol o ennill ffafr Duw, a dwyn y Rhyfel i derfyn boddhaol.

Yn Ebrill 1917, lansiwyd ymgyrch yn enw Cyngor Eglwysi Rhyddion Cymru yn galw ar bawb i atal gwastraff y ddiod yng Nghymru, a chynorthwyo i ysgafnhau 'caledi plant tlodion y wlad'.[36] Yr unig ffordd i'w sicrhau oedd atal gwneuthuriad a gwerthiant diodydd meddwol yng Nghymru, tra parhai'r Rhyfel, ac am chwe mis ar ôl hynny. Cynhaliwyd yr ymgyrch, nid yn gymaint yn enw dirwest a chrefydd, ond i sicrhau buddugoliaeth yn y Rhyfel. Yr oedd, hefyd, yn baratoad ar gyfer anfon dirprwyaeth gref at y Prifweinidog.

Derbyniwyd dwy ddirprwyaeth, ym Mai 1917, y naill o blaid gwaharddiad llwyr dros gyfnod y Rhyfel, a'r llall yn cefnogi prynu'r fasnach ddiod gan y Llywodraeth. Nid oedd y ddwy ddirprwyaeth yn wrthwyneb i'w gilydd, gan fod pawb ymron yn bleidiol i waharddiad llwyr, a llawer o'r gwaharddwyr o blaid prynu gan y wladwriaeth. O blith yr enwau a gefnogodd ymgyrch yr Eglwysi Rhyddion yr oedd y Cyrnol Gaplan John Williams, a W. Beddoe Rees, y cadeirydd; ac o blaid pryniant, y Prifathro Thomas Rees a John Hinds AS.

Yn ôl yr adroddiad yn y *Chester Chronicle*, hysbyswyd y Prifweinidog fod 2,700 o benderfyniadau oddi wrth yr eglwysi o blaid llwyrymatal, wyth penderfyniad oddi wrth gynghorau Sir yng Nghymru, pump-ar-hugain oddi wrth gynghorau bwrdeistrefol, a chyfanswm o un cant pumdeg-a-saith rhwng cyfrinfeydd y glowyr, y Cymdeithasau dirwest, ac undebau'r gweithwyr dur a'r rheilffyrdd. Yn anffodus, yr oedd dau o'r cynrychiolwyr llafur a drefnwyd i annerch yn absennol. Gresyn hynny, meddai'r Prifweinidog, oherwydd byddai eu tystiolaeth yn allweddol. Pan hysbyswyd fod y ddau wedi anfon teligramau atebodd y Prifweinidog na allai ef yn hawdd groesholi teligram. Ei anhawster pennaf oedd gwybod i sicrwydd a fyddai meibion llafur — dibynnai'r Llywodraeth yn llwyr arnynt am arfau, llongau etc. — yn barod i dderbyn rhagor o gyfyngiadau. Petai'n gorfod dewis, rhwng bara a chwrw, dewisai fara. Ond ni wyddai i sicrwydd beth a fyddai ymateb y milwyr pan ddychwelent o faes y gad. Synhwyrai y byddai'r mwyafrif yn erbyn gwaharddiad. Po fwyaf y cyfyngiad, mwyaf yr adwaith yn ei erbyn.

Yr oedd y Prifweinidog ei hun o blaid i'r llywodraeth brynu'r diwydiant, a'r argraff a adawodd ar y dirprwyaethau oedd bod gostyngiad yng ngwneuthuriad a gwerthiant diodydd meddwol yn ddigonol.

Rhoddodd John Owen, Caer, adroddiad am ymweliad y ddwy ddirprwyaeth â David Lloyd George yn *Y Goleuad*. Dywedodd ef, yn wyneb yr amheuon ynglŷn â chywirdeb yr adroddiad yn y *Chester Chronicle*, ei fod yn gywir a diduedd. Argraff gwbl anffafriol a dderbyniodd ef am y gweithrediadau. Pan hysbyswyd David Lloyd George am nifer y penderfyniadau o blaid llwyrymwrthod, atebodd, yn ddiamynedd braidd, nad oedd gwerth ynddynt. Carai ef gael barn y dynion a oedd yn gyfrifol am gynhyrchu glo ac arfau. Ond yr oedd glowyr a gweithwyr eraill wedi penderfynu o blaid llwyrymwrthod. Meddai John Owen,

> Ymddengys i mi fod y Prifweinidog wedi anghofio fod corff ein heglwysi yn cael ei wneud i fyny o'r dosbarth gweithiol, a bod llawn cymaint o werth, a dweud y lleiaf, yn eu barn hwy ar gwestiwn y fasnach feddwol ag a berthyn i farn y dosbarth neilltuol hwnnw o weithwyr a dybiant fod gwirodydd yn angenrheidiol iddynt

Amheuai'r Prifweinidog ei bod yn bosibl i gwtogi rhagor ar y fasnach ddiod tra parhao'r Rhyfel, a'r unig ffordd i'w rheoli i'r dyfodol oedd i'r wladwriaeth ei phrynu. Ni fanylodd ymhellach ar yr awgrym, ac yn ôl John Owen, ni thaflodd unrhyw oleuni ar y cwestiwn sylfaenol, sef pa werth oedd i apeliadau'r Llywodraeth am gynildeb mewn bwydydd ac arian pan adewid i'r fasnach feddwol wastraffu'r cyfan? Mae'n wir mai'r Prifweinidog oedd yr arweinydd diogelaf yn erbyn gormes yr Almaen, ond er iddo gydnabod, ar un adeg fod y ddiod yn elyn gwaeth na'r Almaen, methodd ei orchfygu. Profodd hynny 'fod rhywbeth wedi ei ymddiosg o'i nerth'.[37]

Anghytunodd John Williams, Brynsiencyn, ag adroddiad John Owen, Caer, yn *Y Goleuad*. Nid oedd y Prifweinidog yn ddiamynedd fel yr awgrymodd John Owen. Yr hyn a

ddywedodd David Lloyd George nad oedd angen ei ar-
gyhoeddi ef ynglŷn â barn yr eglwysi. Gwyddai o'r gorau fod
yr eglwysi'n bleidiol i waharddiad, a phe cymerid pleidlais
y bobl, byddent hwythau, hefyd, yn bleidiol iddo. 'Beth yn
well allasai ei wneud i osgoi rhagor o sôn am farn yr eglwysi
na datgan yn glir ar y cychwyn nad oedd angen ei argyhoeddi
ef o hynny?', gofynnod John Williams. Yr oedd ei gyhuddo
o ddiffyg amynedd yn annheg. Byddai'n naturiol iddo fod
yn awyddus i gael barn y gweithwyr, yn enwedig gweithwyr
De Cymru, ac er mwyn cael eu barn, teimlai'n flin nad oedd
rhai o arweinwyr llafur Cymru'n bresennol. Beth oedd yn
fwy naturiol na hynny, gofynnodd John Williams.

Petai'r gweithwyr yn y pyllau glo a'r ffatrïoedd arfau o blaid
gwaharddiad credai John Williams y deuai mesur ar unwaith.
Derbyniodd y gweithwyr Ddeddf Gorfodaeth, ac amheuai
a fyddent yn debygol o wrthryfela yn erbyn mesur i wahardd
y ddiod gadarn. Ac ni chredodd am un eiliad y gellid disgwyl
argyhoeddi'r Prifweinidog mewn rhyw awr o amser. Y cwbl
a ddisgwyliodd ar law'r Prifweinidog oedd bod yr hyn a
ddywedwyd wrtho am Gymru wedi cael lle yn ei feddwl.
Amdano ef ei hun, teimlodd fod enaid Cymru yn dymuno
cael gwaharddiad dros gyfnod y Rhyfel ac am chwe mis ar
ôl hynny, a phetai rhywun yn tynnu allan o Gymru bawb oedd
yn bleidiol i waharddiad, byddai'r genedl, wedyn, yn gorff
heb enaid.

Ofnai John Williams na sylweddolodd Gymru faint ei dyled
i'r Prifweinidog am yr hyn a wnaeth i lyffetheirio'r fasnach,
a'i weithgarwch tu ôl i'r llenni. Yr oedd yn ffaeledig, ond ni
allai fradychu egwyddor. 'Mae dyheadau a delfrydau Cymru
yn gwbl hysbys iddo, a mwy na hynny, y maent yn rhan ohono,
nis gall ac ni fyn ymddihatru oddi wrthynt . . . Gwyliwn feio
na beirniadu yn rhy fuan.'[38]

Cefnogodd Syr Henry Lewis lwyrymwrthod, ond ni ddaeth
yr amser priodol i'w ymarfer, gan fod angen llawer o ddysgu
deiliaid y deyrnas i gefnogi mesur mor chwyldroadol. Afraid
dweud na chyrhaeddwyd y nod hwnnw.[39]

Consgripsiwn

Amlygodd y cyfundebau crefyddol deimladau cryf ynglŷn

â dirwest. Mynegwyd teimladau yr un mor gryf ynglŷn â'r Mesur Gorfodaeth.

Daroganodd 'Wenffrwd' yn y *Dinesydd Cymreig*, er gwaethaf ofnau rhai pobl, na ddeuai'r Mesur Gorfodaeth fyth i Brydain gan fod gorfodaeth mor groes i anian y Prydeiniwr.[40] Ond, ym mis Tachwedd 1914, mynnai Ellis Griffith, A.S. fod gwirfoddolrwydd, hyd yn oed, y pryd hynny, ar ei brawf, a phetai'n methu, byddai rhaid troi at orfodaeth filwrol. Ym Mehefin 1915, wrth annerch yng Nghaernarfon, pleidiodd achos gorfodaeth, gan ddadlau fod aberthu rhyddid dros dro yn llawer gwell na cholli rhyddid am byth.[41]

Cyfeiriwyd eisoes at ymagwedd Beriah Gwynfe Evans. Argyhoeddwyd ef nad oedd un rhan o'r Ymerodraeth yn fwy penderfynol i frwydro i'r pen na Chymru, ac nid anfonwyd mwy o filwyr gan unrhyw genedl arall i ymladd ar faes y gad. Am y rhesymau hynny, rhesymau cwbl ymarferol — gwrthwynebai'r Mesur. Ond seiliwyd ei wrthwynebiad, hefyd, ar yr egwyddor na ellid bwrw allan Beelzebub militariaeth Prwsia trwy Feelzebub militariaeth Prydain. Yn enw egwyddor gwirfoddolrwydd rhoes gweinidogion heibio, dros dro, ddysgeidiaeth y tadau, a'r egwyddorion a bregethwyd ganddynt, gan ymroi i annog bechgyn eu heglwysi i ymrestru, a throi'r bladur yn fidog. Dyma'r egwyddor, hefyd, a fu'n symbyliad i famau Cymru ddangos eu parodrwydd i aberthu eu bechgyn.

Yr oedd yn achos llawenydd i'r wasg grefyddol, a'r cyfundebau fod cynifer o fechgyn ifainc wedi ymrestru yn ystod misoedd cyntaf y Rhyfel. Profodd hynny fod gwirfoddolrwydd yn llwyddo. Onid oedd un dyn a ymunodd o'i wirfodd, ac o argyhoeddiad, yn allu cryfach i wynebu'r gelyn na llawer o rai a orfodwyd?[42]

Argyhoeddwyd *Y Gwyliedydd Newydd* mai unig amcan y beirniadu cyson ar Arglwydd Kitchener — eilun y wasg grefyddol — gan wasg Arglwydd Northcliffe oedd sicrhau gorfodaeth. Yng ngolwg *The Times* a'r *Daily Mail* yr oedd y trefniadau milwrol yn annigonol ac aneffeithiol. Enllibiwyd yng ngwasg Northcliffe rai o'r gwŷr mwyaf galluog a gwladgarol; bychanwyd gorchestion y llynges a'r fyddin, cuddiwyd y gwir, gwyrdrowyd ffeithiau er mwyn caethiwo'r werin yn hualau gorfodaeth. Anogaeth *Y Gwyliedydd Newydd* oedd i bawb o garedigion rhyddid fod yn egnïol ac effro i wrthwynebu cynllwynion pleidwyr consgripsiwn.[43]

Tystiodd golygydd *Y Tyst* iddo ef fod o ddechrau'r Rhyfel yn gyson ei ymagwedd tuag at orfodaeth filwrol, yn wahanol iawn i'r rheini, a gweinidogion Ymneilltuol yn eu mysg, a fu'n galw am foddion i orfodi'r 'labystiaid ieuainc' i ymuno'n lluoedd,

> Credwn fod y cri am orfodaeth a'r modd gwaradwyddus y mae Northcliffe a'i giwed ddigydwybod wedi ei ddefnyddio i ddibenion plaid a pholisi bartïol, gan rwygo a pharlysu'r wlad o ben bwy gilydd, yn un hollol ragrithiol a thwyllodrus, ac yn tanseilio egwyddoroion sylfaenol bywyd a chyfansoddiad Prydain. Nid yw ond ymgais feiddgar i Brwsianeiddio Prydain.[44]

Yr oedd miloedd ym Mhrydain a fyddai'n barod i fynd ı r crocbren, er mwyn peidio â Phrwsianeiddio Prydain. Pam, felly, holodd y golygydd, na fyddai pob eglwys, enwad, cyngor eglwysig, a'r cymdeithasau Rhyddfrydol yn codi eu llef? Pan ddeuai Mesur Gorfodaeth yn ddeddf, byddai'n anodd ei disodli, a gwae'r eglwysi pe sefydlid y gwersyll milwrol a'r barics yn rhan o fywyd bechgyn Cymru. Dylid ei wrthwynebu am ei fod yn groes i ryddid, cynnydd, a chrefydd.[45]

Ofnai E. Morgan Humphreys yn *Y Goleuad* pe dôi gorfodaeth yn ffaith y byddai hynny'n dwyn i mewn i ddeddfwriaeth y wlad elfen newydd a pheryglus. Yn ymarferol, ni allai Prydain gynnal byddin fawr ar yr un raddfa â byddinoedd y cyfandir. Yr oedd nerth cenhedloedd y cyfandir yn eu byddinoedd, a nerth Prydain yn ei llynges a'i diwydiannau. Byddai cynnal byddin fawr yn ychwanegol at feddiannu'r môr yn faich ychwanegol, fel yr addefodd y Prifweinidog ei hun ym Mai 1915.[46]

Yn foesol, un o'r pethau cyntaf i'w danseilio yn y Rhyfel oedd egwyddor rhyddid personol a gwleidyddol. Ni fu rhyddid personol a gwleidyddol erioed yn is nag yn Rhyfel 1914, ac ymosodid ar bethau a enillwyd trwy lafur, ymdrech, ac aberth. Daeth gorfodaeth filwrol i'r wlad, nid am ei fod yn angenrhaid, ond am fod rhywrai'n meddwl y byddai gorfodaeth yn gyfle da i ennill yr hyn yr oeddynt yn awyddus i'w gael ers blynyddoedd.[47]

Ni wadodd D. Miall Edwards hawl y wladwriaeth i orfodi ei deiliaid i'w hamddiffyn fel pris am ei hamddiffyn hithau trostynt hwy. Ond ni ddylid mabwysiadu'r cam hwnnw oni fyddo pob mesur arall wedi methu. Nid oedd unrhyw amheuaeth fod gorfodaeth yn gwrthdaro'n erbyn holl anianawd Prydain fel gwladwriaeth ddemocrataidd, yn anghydnaws 'ag athrylith a hunan-barch personol'. Pa faint gwell a fyddai Prydain petai'n gorchfygu militariaeth Prwsia — os ei gorchfygu, hefyd, — ac ar yr un pryd yn gorseddu militariaeth ar ei thir ei hun, ac yn gwerthu'i genedigaeth-fraint?[48]

Yr oedd D. Miall Edwards yn derbyn gair arweinyddion y Llywodraeth megis Mr. Asquith a Mr. Balfour mai dros gyfnod y Rhyfel yn unig y bwriedid ymarfer gorfodaeth, ond ni allai lai na chydymdeimlo â'r gwŷr hynny a edrychai ar y Mesur Gorfodaeth fel y cam cyntaf tuag at wasanaeth milwrol ar ôl y Rhyfel.[49]

Daeth Mesur Gorfodaeth yn ddeddf yn Ionawr 1916 (gorfodwyd pob dyn dibriod rhwng 18 a 41 i ymrestru). Gan fod y ddeddf wedi dod i rym, maentumiodd H.M. Hughes, golygydd *Y Tyst*, mai gwallgofrwydd dinistriol fyddai rhwygo a rhannu'r deyrnas wrth barhau i arddangos gwrthwynebiad i'r ddeddf. Pe gwneid hynny, golygai werthu'r wlad i'r Almaen. Ond, ar yr un pryd, mynegodd ei wrthwynebiad cryf i egwyddor gorfodaeth filwrol.[50]

Cytunodd y wasg grefyddol yn unfryd fod gorfodaeth yn atgas, ond er mwyn heddwch ac undeb y wlad, dylid rhoi heibio, dros dro, ddymuniadau personol. Amheuid amcanion rhai o'r gwŷr a gefnogodd y mesur ond gan fod y mwyafrif o bobl y wlad o'i blaid, dylid ymostwng iddynt.[51]

Prif elynion Prydain, yn ôl D. Miall Edwards, oedd y rheini o'i mewn a daflodd dros y bwrdd yr egwyddorion a fu dros y canrifoedd yn gynhaliaeth iddi, ac a'i gwnaeth yn werth ymladd drosti. 'Roedd deddf gorfodaeth yn atgas yn ei olwg, ond petai'n gyfrwng i fyrhau tymor y Rhyfel deuai rhyw gymaint o fêl o sgerbwd hyll y bwystfil.[52]

Mynegodd E. Ungoed Thomas, golygydd *Seren Gomer*, deimladau briw,

Fel llong yn ymadael â'i hangorfa, oblegid cynddaredd y storm, ac ni ŵyr neb beth fydd ei thynged ar y traethau neu y creigiau, felly Prydain heddiw dan ddylanwad y dymestl wleidyddol a milwrol. Beth fydd Prydain ymhen deng mlynedd sydd anodd ei benderfynu? Os milwrolwyr a gwleidyddwyr hunangeisiol neu bendefigion materol fydd ei llywiawdwyr, bydd perygl am y llong a'i theithwyr — trigolion Prydain.[53]

Yr oedd yn amlwg fod dirywiad moesol yn ymledu drwy'r deyrnas pan fynnodd y wladwriaeth yr hawl i orfodi ei dinasyddion ifainc i glwyfo a lladd. Ymffrost a gogoniant Prydain oedd ei chred mewn rhyddid personol i bob dinesydd, ond gyda gorfodaeth filwrol torrwyd dolen yng nghadwyn hanes ei rhyddid. Ymfalchïodd yn safiad Syr John Simon, gŵr na allai, yn enw cydwybod bur, weithredu'n groes i anian Cristionogaeth, cyfansoddiad Prydain, ac ysbryd Ymneilltuaeth.

Siomwyd J. Gwili Jenkins ar ôl darllen araith huawdl David Lloyd George o blaid gorfodaeth (Mai 6, 1916) yng Nghonwy, gan iddo fwrw o'r neilltu ddadleuon y Rhyddfrydwyr â chwifiad llaw a brawddeg neu ddwy o huodledd. Yn ddiau, ef oedd mab enwocaf y genedl, ond pylodd ei weledigaeth a fu gynt mor llachar. Casbeth pob Rhyddfrydwr oedd y syniad am orfodaeth. A anghofiodd fod hawliau Prydain wedi'u pwrcasu gan y dynion yr oedd ef yn etifedd iddynt, — dynion a ofnai Dduw yn fwy na senedd, a barchai gydwybod fel llais y Goruchaf Dduw? A anghofiodd y gwron o Gricieth hanes gogoneddus John Penri, Vavasor Powell, Morgan Llwyd, a John Myles?[54]

Yn y Mesur Gorfodaeth caniatawyd rhyddhad i'r rheini a wrthwynebai'r Rhyfel ar dir cydwybod, er mai anfynych iawn y derbyniai'r gwrthwynebydd ryddhad diamod. Anghymeradwyodd Cymanfa Annibynwyr Sir Gaernarfon y creulondeb a ddangoswyd tuag atynt, ond ni ddymunai'r Gymanfa, a gynhaliwyd ym Mehefin 1916, ddatgan barn ar safbwynt y gwrthwynebydd. Gwrthdystiodd Cymanfa Annibynwyr Meirion, Mehefin 1916, yn y modd cadarnaf yn erbyn y dull trahaus ac anghyfiawn a fabwysiadodd y tribiwnlysoedd a'r llysoedd milwrol wrth drin gwrthwynebwyr cydwybodol, ond, ar yr un pryd, condemniodd y neb pwy bynnag a honnai fod ganddo wrthwynebiad cydwybodol i wasanaeth milwrol er mwyn osgoi'i ddyletswydd.

Trwy bleidlais y cadeirydd, pasiwyd penderfyniad gan Gymanfa Annibynwyr Maldwyn, Mehefin 1916, yn protestio'n erbyn y driniaeth a dderbyniai gwrthwynebwyr cydwybodol. Sylwodd 'Chwarae Teg' yn Y Tyst fod cynhadledd y Gymanfa wedi'i chynnal ar yr un adeg â phan gododd W. Llewelyn Williams achos Ithel Davies yn y senedd. Carcharwyd Ithel Davies, o Fallwyd, am wrthod ufuddhau i orchymynion milwrol ar sail cydwybod. Cafodd ei gam-drin yng ngwersyll milwrol yr Wyddgrug, a Whittington, ger Croesoswallt. Gwrthwynebwyd y penderfyniad yn hawlio triniaeth well i'r gwrthwynebwyr gan ddau o weinidogion y cyfundeb, sef Griffith Griffiths, y Drenewydd, a Samuel Roberts, Llanbryn-mair. Yr oedd eu gwrthwynebiad yn achos syndod i 'Chwarae Teg', ac er na chafodd Ithel Davies ei enwi, yr oedd ganddo le i gredu mai'r driniaeth a dderbyniodd ef ar law'r awdur-dodau milwrol a ysgogodd y penderfyniad yn y lle cyntaf.[55]

Dylid parchu gwrthwynebydd gonest, meddai Samuel Roberts, ond nid ef oedd yr unig un yn berchen cydwybod. Beth am y miloedd a aberthodd, ac a aberthai eu bywydau ar faes y gad? Onid oeddynt hwythau'n deilwng o sylw'r Gymanfa? A fentrai'r aelodau a oedd yn bresennol yn y gynhadledd ddweud eu bod hwy wedi ymwerthu gorff ac enaid i wasanaeth y diafol. Ai'r safbwynt Cristionogol oedd hwnnw a ymfodlonai ar ddim ond edrych ar rwysg yr Anghrist pennaf a welwyd erioed heb fod dyn yn symud llaw na dyrchafu llef i'w wrthwynebu?[56] Prysurodd 'Chwarae Teg' i'w sicrhau ar dudalennau Y Tyst nad penderfyniad oedd i gymeradwyo ymagwedd y gwrthwynebwyr cydwybodol, nac i anghymeradwyo'r milwyr ar faes y gad, eithr yn hytrach, penderfyniad i wrthdystio yn erbyn y driniaeth a dderbyn-iodd y gwrthwynebwyr cydwybodol.[57]

Dyma'r safbwynt a fabwysiadwyd gan Gymanfa Dinbych a Fflint (Mehefin 1916), sef galw sylw'r Llywodraeth tuag at y ffeithiau annymunol am y modd y camdriniwyd y gwrthwynebwyr cydwybodol yng ngharcharau milwrol y wlad, ond ni ddymunai leisio barn ynglŷn â chwestiwn gwrthwynebiad. Er bod y Gymanfa'n amharod i leisio barn, anghytunai â'r dadleuon a gynigiwyd gan y gwrthwynebwyr mewn aml achos.

Gan fod y pwnc mor ddadleuol, yr oedd llawer, meddai golygydd *Y Llan,* o'r farn y dylid ei osgoi'n llwyr. Ni allai ef wneuthur hynny gan fod amryw o ddarllenwyr wedi ceisio arweiniad ganddo ynglŷn â mater a oedd, yn amlwg, yn peri trafferth. Credai ef y dylai pob dyn wneud ei orau dros ei wlad er mwyn rhoi terfyn ar y Rhyfel. Dyletswydd pob dyn, felly, oedd ymrestru, ac ymladd, ond gan fod y ddeddf yn gorchymyn y Tribiwnlysoedd i gydnabod a pharchu cydwybod, dylai'r Cristion barchu cydwybod onest. Ychwanegodd nad oedd ganddo ronyn o gydymdeimlad â'r llwfriaid a lechai dan gochl cydwybod. Cyn cael eu galw i'r fyddin nid oeddynt yn ymwybodol fod ganddynt gydwybod. Dyna, meddai golygydd *Y Llan,* y llwfrdra gwaethaf.[58]

Ceisiodd John Thickens ganiatâd y Sasiwn a gyfarfu ym Maesteg, Mawrth 1916, i gynnig penderfyniad yn gresynu fod y tribiwnlysoedd yn gorfodi gwrthwynebwyr cydwybodol i ymgymryd â gwasanaeth milwrol. Gwrthodwyd ei gais am fod y mater, yng ngolwg y Sasiwn, yn rhy ddadleuol. Symbylodd hyn olygydd y *Welsh Gazette* i holi'r cwestiwn, a oedd y Rhyfel wedi gorfodi'r Eglwys i ymwrthod â'i hargyhoeddiadau? Yr oedd yr Eglwys a ddeuai o hyd i'w thafod yn unig ar yr adegau hynny pan ystyrid pynciau megis arian, ac yn ddywedwst ynglŷn â mater cydwybod eisoes wedi colli'r dydd am ei bod wedi methu rhoi gerbron y byd ddysgeidiaeth ei Meistr.[59]

Ym Mai 1916, yn y Gymanfa Gyffredinol, ym Mae Colwyn, buwyd yn ymdrin â thriniaeth anghyfiawn gwrthwynebwyr cydwybodol, a chafwyd penderfyniad,

> . . . i wneud yr oll a allwn ymhlaid y Llywodraeth er dwyn y Rhyfel i derfyn buan a boddhaol, ein bod yr un pryd, yn glynu wrth ein hargyhoeddiadau gyda golwg ar heddwch a gwir hawliau cydwybod.

Awgrymodd H. Harris Hughes nad oedd Henaduriaeth Llundain yn fodlon ar y penderfyniad hwnnw, gan fod cenadwri wedi dod oddi yno i Gymdeithasfa'r Gogledd, ym Mehefin 1916, ynglŷn â gwrthwynebiad i'r Rhyfel. Yr oedd penderfyniad y Gymdeithasfa'n gryfach o lawer, a chydnabyddwyd y dylid parchu argyhoeddiadau'r gwrthwynebwyr:

111

Nid yw y driniaeth a gânt, mewn llawer amgylchiad, yn deilwng o'r wladwriaeth, nac yn gydweddol â darpariaeth neilltuol y Mesur Rhyfel ar eu cyfer.

Flwyddyn yn ddiweddarach, tua chanol 1917, bu dechrau siarad am heddwch trwy gymod. Yn Ebrill y flwyddyn honno, yn *Y Goleuad* ysgrifennodd 'Pax Nobiscum' i'r perwyl fod y don o orffwylledd a ddaeth dros y wlad yn dechrau cilio, o leiaf yng Nghymru, a'i bod wedi ymbwyllo digon i wrando ar resymau o blaid heddwch, heb orfod ymladd i'r pen, er mwyn cael y pleser a'r mwynhad o roi 'cosb llosgawl i'r Almaen a'i gwneuthur yn droedfainc i'n traed'.[60]

Yng Nghymdeithasfa'r Gogledd, ym Mehefin 1917, paratowyd penderfyniad i'w gyflwyno i'r Sasiwn yng Nghaergybi gan Thomas Charles Williams, J. Puleston Jones, a Syr Henry Lewis, ar fater cyflafareddiad. Pwysleisiodd Thomas Charles Williams nad penderfyniad mohono i alw am derfyn ar y Rhyfel, eithr yn hytrach ddatganiad yn cyflwyno barn y Gymdeithasfa ynglŷn â'r egwyddorion hynny a oedd mewn perygl. Ni chredai ef y goresgynnid Prydain, ond ofnai fod yr ysbryd milwrol ar gynnydd ac yn ddiarwybod iddynt, yn meddiannu'r wlad. Wrth gyflwyno'r penderfyniad esboniodd nad oedd J. Puleston Jones yn cytuno â'r gosodiad cyntaf,

Ein bod fel Cymdeithasfa, tra yn argyhoeddedig fod y Deyrnas yn y rhyfel presennol yn ymladd ym mhlaid rhyddid a chyfiawnder, ac nas gallo derfynu hyd nes y byddo y pethau hyn wedi eu sicrhau, yn gwneud datganiad o'n ffydd ddiysgog a chynyddol yn egwyddorion heddwch, ac yn ymrwymo yn ôl ein gallu i bleidio yn egnïol bob ymdrech i ffurfio Bwrdd Cyflafareddiad fo a hawl ganddo i ystyried, ac, os yn bosibl, i benderfynu pob anghydwelediad rhagllaw rhwng teyrnasoedd.

Yr oedd y penderfyniad a basiwyd yng Nghynhadledd Flynyddol Bedyddwyr Gorllewin Cymru ym Mehefin 1917 yn gadarnach. Ar ran yr is-bwyllgor, cyflwynodd Morgan Jones, Hendy-gwyn-ar-daf benderfyniad i'r cynhadledd yn gresynu at barhad y Rhyfel, ac yn annog y Llywodraeth i geisio heddwch trwy gyflafareddiad. Yr oedd yn hen bryd lleisio barn, yn glir a chadarn, yn ôl eilydd y penderfyniad, John Williams, Aberteifi. Os oedd rhywun yn gwrthwynebu, dylai'r person hwnnw, meddai John Lewis, Llanelli, fynd i ymladd. Ac awgrymodd James Nicholas, Llundain, y dylai'r Llywodraeth wneud yn hysbys unrhyw gynigiadau o du'r Almaen ynglŷn â heddwch. Yn dilyn dadl boeth, pasiwyd y penderfyniad o blaid heddwch trwy gyflafareddiad.

Trwy ddylanwad J. Puleston Jones, pasiwyd penderfyniad yng Nghymdeithasfa Awst 1917, yng Nghaernarfon, yn llawenhau yn y mudiad o blaid heddwch, ac yn annog y Llywodraeth i fanteisio ar bob cyfleustra i gario ymlaen y drafodaeth er sicrhau heddwch.

O ddechrau 1917 ymlaen, yr oedd cynnydd sylweddol yn nifer y penderfyniadau o blaid sicrhau heddwch, yn groes i ddymuniad y Prifweinidog, D. Lloyd George. Wrth annerch Cyngor yr Eglwysi Rhyddion yn Llundain, ym Mawrth 1918, dywedodd mai swyddogaeth yr eglwysi oedd cefnogi'r ymgyrch yn erbyn y gelyn hyd nes sylweddoli'r delfrydau uchel yr anelwyd atynt ar ddechrau'r Rhyfel. Pe bai rhywun yn gallu dangos iddo'r ffordd i gael heddwch heb i hynny fradychu'r achos sanctaidd y buwyd yn ymladd er ei fwyn, byddai'n fwy na pharod i roi clust iddo'n llawen a diolchgar. Ond yr oedd siarad am heddwch, yn tanseilio ysbryd y bobl, ac apeliodd at yr Eglwysi Rhyddion i ymarfer eu dylanwad fel y gallai'r wlad orffen y gwaith mwyaf 'a ymddiriedwyd iddi erioed gan Ragluniaeth.[61]

[1] *Y Tyst,* Mai 10, 1916, t. 9
[2] ibid. Ionawr 10, 1917, t. 6
[3] ibid. Chwefror 21, 1917, t. 6
[4] ibid. Ebrill 4, 1917, t. 10
[5] *Y Goleuad,* Ebrill 21, 1916, t. 6
[6] ibid. Ebrill 20, 1917, t. 13
[7] ibid. t. 13
[8] *Y Tyst,* Awst 19, 1914, t. 8
[9] 'Y Mis', Hydref 14, 1914, t. 291
[10] 'Nodion', Medi 2, 1914, t. 4
[11] 'Yr Wythnos', Hydref 16, 1914, t. 9
[12] gol. 'Nodion', *Y Tyst,* Mai 12, 1915, t. 8
[13] ibid. Mehefin 9, 1915, t. 7
[14] *Y Brython,* Mai 20, 1915, t. 5
[15] ibid. 'Trwy'r Drych', Mai 13, 1915, t. 1
[16] 'Y Rhyfel Trem ar y Sefyllfa', *Y Tyst,* Mai 19, 1915, t. 6
[17] *Y Goleuad,* Mehefin 29, 1917, t. 3
[18] *Y Tyst,* Gorffennaf 7, 1915, t. 6

19 *Y Goleuad,* Mawrth 30, 1917, t. 14
20 ibid. t. 11
21 ibid. Ebrill 6, 1917, t. 11
22 ibid. Mai 4, 1917, t. 11
23 ibid. Chwefror 23, 1917, t. 10
24 ibid. Ebrill 6, 1917, t. 12
25 ibid. Mawrth 9, 1917, t. 5
26 ibid. Ebrill 20, 1917, t. 6
27 ibid. Ebrill 27, 1917, t. 14
28 'Nodion', *Y Tyst,* Ebrill 4, 1917, t. 6
29 'Llais y Wlad', *Y Goleuad,,* Ebrill 13, 1917, t. 6
30 *Llythyr Cymanfa Bedyddwyr Arfon,* Hydref 1916-17, t. 12
31 *Through Terror to Triumph,* t. 75
32 *Y Tyst,* Mehefin 9, 1915, t. 7
33 ibid. Hydref 21, 1914, t. 6
34 *Llythyr Cymanfa Bedyddwyr Arfon,* 1914, t. 9
35 *Llythyr Cymanfa Bedyddwyr Mynwy,* 1915, t. 27
36 gw. *Y Goleuad,* Ebrill 6, 1917, t. 15
37 ibid. 'Y Ddwy Ddirprwyaeth', Mai 18, 1917, t. 5
38 ibid. 'Y Ddirprwyaeth', Mai 25, 1917, t. 5
39 ibid. t. 5
40 Tachwedd 18, 1914, t. 2
41 *Y Brython,* Mehefin 17, 1915, t. 2
42 'O Gell Y Golygydd', *Yr Eurgrawn,* Hydref 1914, t. 397
43 'Nodiadau Wythnosol', Medi 21, 1915, t. 1
44 'Nodion', Hydref 6, 1915, t. 8
45 *Y Tyst,* Ionawr 5, 1916, t. 8
46 'Gorfodaeth', *Y Goleuad,* Ionawr 7, 1916, t. 4
47 ibid. 'Cost y Rhyfel', Ebrill 7, 1916, t. 8
48 'Oddiar y Tŵr', *Y Dysgedydd,* Ionawr 1916, t. 33
49 ibid. Chwefror 1916, t. 90
50 Nodion', Ionawr 19, 1916, t. 6
51 'Nodiadau Wythnosol', Ionawr 21, 1916, t. 3
52 *Y Dysgedydd,* Chwefror 1916, t. 90
53 'Trem ar Fyd ac Eglwys', Mawrth 1916, tt. 106-7
54 'Y Bil o'r Diwedd', *Seren Cymru,* Mai 12, 1916, t. 8
55 'Gohebiaethau', Awst 30, 1916, t. 7
56 Y Tyst, Medi 20, 1916, t. 9
57 ibid. Tachwedd 1, 1916, t. 12
58 Mawrth 10, 1916, t. 1
59 Ebrill 13, 1916, t. 4
60 'Ai Byth?', Ebrill 6, 1916, t. 9
61 gw. *Llais Llafur,* Mawrth 16, 1918, t. 3

Y gwir yn erbyn y byd

Daeth 'Beth y dylid ei ddarllen?' yn gwestiwn pwysicach nag arfer, yn ôl *Y Deyrnas*, gan fod y wasg, yng ngolwg y misolyn, oll dan bawen yr awdurdodau milwrol, ond, hyd yn oed, o dan yr amgylchiadau hynny yr oedd yn bosibl bod, fwy neu lai, yn onest a geirwir. Un o beryglon pennaf y dydd oedd anonestrwydd y rhan fwyaf o'r wasg ddyddiol ac wythnosol oedd yn llygru a gwenwyno bywyd Ewrop ac yn peryglu bodolaeth gwareiddiad. Ond yr oedd gweddill a adawyd, a gadwodd eu gwisgoedd yn gymharol lân, ac yn eu plith y *Manchester Guardian*, y *Nation*, y *Labour Leader*, yr *Herald*, y *Challenge*, *Commonsense*, *Venturer*, yr *International Journal of Ethics*, a'r *Cambridge Magazine*. Diau, meddai *Y Deyrnas*, fod rhai eraill, ond am y mwyafrif, dylid eu darllen ac amau pob gair, neu, eu darllen fel Hebraeg — tuag yn ôl! Yr oedd y wasg 'grefyddol' bron i gyd mor rhyfelgar â *John Bull*. Yn wir, gofynnodd gŵr adnabyddus, 'I beth mae dyn yn darllen *John Bull* pan mae'r *British Weekly* o fewn cyrraedd?' Ategwyd y farn honno gan D.R. Daniel, a fu'n flaenllaw ym mywyd gwleidyddol Cymru ym mlynyddoedd olaf y 19 ganrif. Yr oedd y *Christian World* a'r *British Weekly*, yn enwedig, yn ei dyb ef yn 'gyfoglyd'.[1]

Yr oedd yn achos i ymofidio o'i blegid, yn ôl golygydd *Seren Gomer*, fod y rhan fwyaf o'r hyn a gyhoeddwyd yn ymwneud â'r Rhyfel yn gwbl annheilwng o wlad Gristionogol, ac ychwanegid at ei ofid wrth ganfod gweinidogion yr Efengyl yn benthyca'u doniau i ennyn cynddaredd yn eu cyd-ddynion tuag at y gwrthwynebydd.

Gellid rhannu cynnyrch y Rhyfel yn dri dosbarth. Unig amcan y dosbarth cyntaf oedd pardduo'r gelyn a'i alw wrth bob enw drwg, ond clwyfo'r gorau ynddynt hwy a wnâi hynny, nid niweidio'r gelyn. Rhaid cydnabod fod y wlad wedi llwyddo i gwtogi ar werthu diodydd meddwol mewn llawer

115

lle, a da hynny, ond tybed nad oedd y llysnafedd a'r parddu a deflid at y gelyn yn gwneud mwy o ddrwg na'r ddiod fedd-wol? Onid oedd meddwi'r meddwl â chasineb yn fwy trosedd na diffrwytho'r corff ag alcohol? Enghraifft o'r sothach a deflid allan i wenwyno'r meddwl oedd y llinellau a ganlyn 'ar ddull barddoniaeth' a ymddangosodd yn *Y Brython,*

> Llofrudd hedd fynnai wledda — ar ddinistr
>   Ro'i dynion i'r lladdfa;
> O'r llafur oll e fawrha
> Domen ei Aceldama.

J.O. Williams (Pedrog), gweinidog i Iesu Grist, a'i canodd i'r Emprwr, meddai D. Wyre Lewis, ond taflodd y wasg Seisnig bethau gwaeth hyd yn oed na'r englyn, e.e. penillion Mr. Harold Begbie:

> Prussian Vulture
> Scream of Culture
> To the wounded you have killed.
> To the maiden
> Heavy laden
> With the lust your butchers swilled.

Nid oedd llygedyn o farddoniaeth yn y llinellau hyn, yn ôl D. Wyre Lewis, a'u hunig effaith oedd chwerwi ysbryd ac ennyn cynddaredd. Dylai Eglwys Crist gondemnio'r cyfan oll.

Yr ail ddosbarth o lenyddiaeth rhyfel oedd hwnnw a bwysleisiai'r athrawiaeth faterol a phaganaidd mai grym a nerth arfau yn unig oedd i orchfygu. Credai ambell un yng ngwerth moesol rhyfel, fod cyfnod o heddwch yn gwanychu cenedl. Ni chafodd y syniadau hynny y llaw uchaf ym Mhrydain, trwy drugaredd.

Ceisiodd y trydydd math ar lenyddiaeth egluro perthynas yr Eglwys â'r Rhyfel. Yr oedd delfrydau Prydain yn bur a gonest, yn ôl y llenyddiaeth honno, a dylid eu hamddiffyn i'r pen. Un o'r awduron mwyaf dylanwadol oedd William Temple. Mewn byd a baganeiddiwyd, ceisiodd ddatrys y cwestiwn, beth oedd dylestwydd y Cristion? Nid oedd unrhyw amheuaeth ynglŷn ag ysbryd paganaidd gwareiddiad, a thristwch a blinder oedd canfod aelodau o Gorff Crist yn darnio'i gilydd, yn gwaedu ei gorff Ef, fel y gwaedodd unwaith ar Galfaria. Ond cyfeillion Crist oedd, bellach, yn trywanu'i gorff; Pedr yn pwyo'r hoelion dur, ac Ioan yn trywanu'i ystlys. Serch hynny, mynnai William Temple fod achos Prydain yn gwbl gyfiawn, ac nid oedd llwybr arall yn agored iddi ar wahân i ryfela.[2] Mynegwyd y 'llwybr arall' gan rai o'r papurau Cymraeg.

Yr unig newyddiaduron a ddaliodd at eu tystiolaeth dros heddwch, yn ôl George M.Ll. Davies, oedd *Y Dinesydd Cymreig* yn y Gogledd, y *Merthyr Pioneer* a'r *Darian* yn y De. Am y rhan fwyaf o bapurau eu hunig ystyriaeth oedd eu diogelwch eu hunain, ac ychydig ohonynt a ystyriai gyhoeddi unrhyw newyddion a olygai golli tanysgrifwyr neu hysbysebion.[3]

Gwrthwynebodd y *Pioneer* y Rhyfel am ei fod yn arwain i ddioddefaint a dinistr y dosbarth gweithiol. Ar yr un pryd, cydnabu fod gormes y Tsâr a'r Kaiser yn annioddefol, ac o safbwynt democratiaeth nid oedd fawr o wahaniaeth rhyngddynt. Ond gan fod Prydain wedi ymwrthod â niwtraliaeth, dylai carwyr rhyddid a heddwch fod ar eu gwyliadwriaeth rhag y perygl i'r delfrydau gorau gael eu boddi gan lifeiriant militariaeth. Yr oedd diawliaid trachwant, morynion balchder, a chynffonwyr anrhydedd yn dawnsio dawns uffern, a meistr y ddawns oedd y Kaiser. Ef a roddodd y fatsien yn y tân, ond casglwyd y tanwydd gan holl alluoedd Ewrop. Nid y gweithwyr oedd yn gyfrifol am y Rhyfel, ac nid oedd cweryl rhwng gweithwyr Ewrop a'i gilydd.[4]

Beirniadodd Keir Hardie y ddiplomyddiaeth gudd a oedd heddiw'n gwneud cytundebau, ac yfory yn eu sarnu. Dyna'r ddiplomyddiaeth a oedd yn gyfrifol am y Rhyfel: yr oedd yn gythreulig, yn amddifad o bob anrhydedd a chydwybod.[5] Hwy, y diplomyddion, a'r gwneuthurwyr arfau a drefnodd y Rhyfel.[6] Tros y blynyddoedd, bu arweinwyr gwleidyddol Ewrop, a'r wasg jingoistaidd yn datgan mai'r ffordd sicraf i ddiogelu heddwch oedd paratoi at ryfel, a bod yn gryf arfog. Ond gan fod y Rhyfel wedi torri allan, troes ddatganiadau'r proffwydi yn rhai cwbl ffals.[7]

Parodd penderfyniad y Blaid Lafur i dderbyn gwahoddiad y Llywodraeth i ymuno yn yr ymgyrch recriwtio'n loes calon i Keir Hardie. Disgwylid i'r Blaid Lafur, hefyd, ddatgan fod y Rhyfel yn Rhyfel Cyfiawn, ac esbonio pam yr aeth Prydain i ryfela. Ar ôl bod yn rhyfela am fis dywedid wrth drwch y boblogaeth paham yr aeth i Ryfel. Oni ddylid fod wedi dweud hynny cyn i Brydain ddechrau ymladd? Cynghorodd Keir Hardie Gyngor Cenedlaethol y Blaid Lafur Annibynnol i berswadio'i aelodau i ymwrthod â threfnu cyfarfodydd a dosbarthu llenyddiaeth i gefnogi'r Rhyfel. Gallai hynny rwygo'r Blaid Lafur, ond wynebai Keir Hardie hynny'n llawen cyn derbyn cyfrifoldeb am y truth imperialaidd, jingoistaidd, milwrol a daenid o'r llwyfannau recriwtio.[8]

Ni ddylai neb, haerodd Keir Hardie, ei ystyried ef fel un o bleidwyr yr Almaen neu Rwsia. Yr oedd yn bleidiol i Brydain, yn caru'i wlad a'i phobl, a bodlonai amddiffyn hawliau a rhyddid ei wlad pe byddent hwy mewn perygl. Ond, yn ei dyb ef, nid oedd buddiannau Prydain mewn perygl. Y wasg jingoistaidd a borthodd y syniad hwnnw.[9]

Fel y disgwylid, beirniadodd y *Pioneer* yn hallt y grefydd swyddogol a fendithiai'r Rhyfel, gan ddadlau mai Agnostigiaid, a'r Sosialwyr di-Dduw, fel y'u gelwid, ac nid Cristionogion oedd yn ymwrthod â'r lladdfa waedlyd.[10] Swyddogaeth yr Eglwys, yn ôl Keir Hardie, oedd gweithio dros a gweddïo am heddwch, a gweini ar anghenion y truenus a'r tlawd. Gwawdiodd y dyddiau swyddogol o ymostyngiad a gweddïo a drefnid ym mhob gwlad fel ei gilydd, a'r datganiadau hynny a fyddai'n ddieithriad yn honni fod y Rhyfel wedi cael ei orfodi arnynt. Dyna'r safbwynt naturiol i'r gwladgarwr a'r cenedlatholwr, ond o'r braidd, meddai Keir Hardie, ei fod yn addas i'r Cristion. Ar ôl ymron i ddwyfil o flynyddoedd onid oedd yn drist meddwl fod y Sosialwyr di-Dduw yn nes i'r Deyrnas na phroffeswyr crefydd? Dyna warth yr Eglwys.[11]

Ategwyd y farn uchod yn y golofn 'O Big y Lleifiad', yn *Y Brython*. Petai modd cael gwared â'r ymerodron a chad-fridogion sychedig am waed a chweryl, y gwŷr busnes a sychedai am arian, a'r adran dwyllodrus o'r wasg a sychedai am gylchrediad a golud, gwaredid y wlad o ryfel, oherwydd hwy oedd yn chwythu'r tân. Tristwch o'r mwyaf oedd gweld Cristionogion yn cefnogi'r 'cyffro cythreulig' a enynnwyd gan y Rhyfel. Er bod y colofnydd yn feirniadol o'r rheini yr oedd yn dda ganddynt ryfel, ar yr un pryd, credai nad oedd unrhyw

118

ffordd arall yn agored i Brydain, ar wahân i'r ffordd a fabwysiadodd.[12]

Yr oedd yn naturiol fod Prydeinwyr yn dymuno gweld buddugoliaeth y cynghreiriaid, ond ni ddylid ar unrhyw gyfrif, yn ôl John Huw Williams, golygydd *Y Dinesydd Cymreig*, ddod â Duw i mewn i'r ymdrech. Yn Awst 1914, yn ei nodiadau golygyddol, dywedodd fod Prydain wedi'i galw i arwain y byd i lwybrau cyfiawnder a heddwch, i droi'r cledd-yfau'n bladuriau, a'r llongau rhyfel yn demlau cariad. [13] Yr oedd ef ei hun yn bleidiol i'r Rhyfel am ei fod yn ar-gyhoeddedig y byddai'n rhoi terfyn ar bob rhyfel, ond ni ddylid uniaethu achos cyfiawn Prydain â theyrngarwch i Dduw.[14]

Onid oedd yn chwerthinllyd fel y defnyddiwyd Duw i swcro achos pob gwlad? Mynnai Ymerawdwr yr Almaen fod wyneb Duw'n disgleirio arno ef, ond yn ôl Ymerawdwr Awstria a Brenin Lloegr troes Duw ei wyneb atynt hwy. Duw bach iawn, meddai 'Wenffrwd', un o golofnwyr galluocaf *Y Dinesydd Cymreig*, oedd y Duw hwnnw y gellid ei ddefnyddio yn ôl mympwy personol. Duw'r heddwch a thangnefedd yw'r Duw a ddatguddiwyd yng Nghrist Iesu, a'r rhai a wêl ei wyneb Ef yw'r pur o galon, a'r tangnefeddwyr.[15]

'Bendithia, ni a atolygwn i Ti, ein Brenin, ei Lynges, a'i Fyddin, ynghyd â byddinoedd yr holl rai sydd yn ymladd o blaid anrhydedd a chyfiawnder, a darostwng dan ein traed bob gelyn a gwrthwynebydd'. Dyna, yn ôl 'Wenffrwd', Litani Cymru, a'r erfyniad am fendith Duw i ladd pob Almaenwr o fewn cyrraedd. Mae'n achos diolch, ychwanegodd, nad oedd Duw'n ateb y weddi honno.[16]

Amheuai'r golygydd, hefyd, ddilysrwydd rhai o'r gweddïau a offrymid i erfyn am heddwch. Oni wyddai Duw'n burion fod ynghudd yng nghalonnau'r mwyafrif llethol, allan o olwg y byd, ddymuniad am weld pob Almaenwr ar waelod Môr y Gogledd? Ffugio byw'r Efengyl a wneid gan y mwyafrif o Gristionogion, ac yn ôl rhai o'r papurau crefyddol — y *British Weekly* yn neilltuol — dylai'r adnod, 'Os dy elyn a newyna, portha ef', gael ei newid i 'Os dy elyn . . . llindaga ef'.[17]

Syfrdanwyd 'Wenffrwd' gan ddatganiadau arweinwyr y byd crefyddol. Wrth annerch cyfarfod i groesawu gweinidog yn

Lerpwl, dywedodd Syr Edward Russell na ddylai gweinidogion ymddiheuro am eu bod yn weision Duw rhyfeloedd, ac nid oedd angen i'r Eglwys ymswilio ynglŷn â chyhoeddi'r rhesymau dilys paham yr aeth Prydain i ryfel, na bodloni ar ddatgan teimladau diddrwg, diniwed am y gelynion, gan fod y frwydr yn enw achos Duw, yn erbyn ei elynion Ef.

Ymladdai Prydain, meddai Dr. John Clifford, dros gyfiawnder Crist, a swyddogaeth Cristionogion oedd ymuno yn y frwydr. Ymfalchïodd yn nifer y Cristionogion cywir yn y ffrynt. Aethant yno nid â chwip gorfodaeth ar eu cefnau ond fel dynion rhydd yn barod i offrymu eu rhyddid i'w Brenin, eu gwlad, dynolryw, a'u Duw.

'Yr ydym yn tewi', meddai 'Wenffrwd', 'yn wyneb y fath syniadau'. Tawai petai modd cysoni'r datganiadau uchod â geiriau'r Iesu, ond sut yn y byd y gallai'r ddeuddyn sefyll yng ngŵydd y Bregeth ar y Mynydd a Chalfaria, a pharhau i goleddu'r syniadau a daenwyd ganddynt mor eofn? Yr oedd yn ddirgelwch i 'Wenffrwd' sut y gallai unrhyw efrydydd o'r Beibl ddadlau dros Dduw Rhyfel. Dywedodd Syr Edward Russell na ddylai gweinidogion fod yn amharod i gyhoeddi'r rhesymau dros fynd i ryfel, ond pwy, mewn gwirionedd, holodd 'Wenffrwd', a allai, neu a feiddiai oleuo'r wlad ynglŷn â'r *gwir* resymau? Petai rhywun yn eu datgelu, a ganiateid rhyddid iddo wneuthur hynny heb gael ei gondemnio? Sut y gwyddai Syr Edward Russell fod yr achos yn achos Duw, a phwy a roddodd iddo ef yr hawl i bender-fynu pwy oedd gelynion Duw?[18]

Daeth *Y Drych*, hefyd, o dan lach 'Wenffrwd'. Onid oedd crefydd Cymru, holodd y papur hwnnw, wedi dysgu ei phobl fod amddiffyn yn ddyletswydd grefyddol? Pe gwelai rhywun blentyn yn syrthio i'r afon oni ddylid ei achub oddi yno? Pe gwelid oen yn safn y llew, oni fyddai'n gyfreithlon i ladd y llew? A phe gwelid merch yn nwylo treisiwr oni fyddai'n ddyletswydd ei hachub, hyd yn oed â gwn? Pan oedd gwlad a gwareiddiad mewn perygl oherwydd ymddygiad pen dihiryn yr oes, onid y cam naturiol oedd ymosod arno? A wnaeth crefydd Cymru garfan o bobl yn 'ynfydion'? Dylai'r wisg filwrol fod mor gymeradwy â'r wisg bregethwrol, ac yn sicr yn fwy cymeradwy na gwisg y pregethwr na saif yn erbyn y gelyn.

Ni allai 'Wenffrwd' ddygymod â diffyg chwaeth *Y Drych* a fynnai alw'r Cymry a oedd yn coleddu barn wahanol i eiddo'r papur, yn 'ynfydion'. Nid oedd angen goleuo'r Cymry ynglŷn â'r gwahaniaeth rhwng 'rhyfela i amddiffyn' a 'rhyfela i ymosod'. Gwyddent y gwahaniaeth, ond gwyddent, hefyd, mai rhyfela a lladd a gyflawnid gan y naill ddull a'r llall. Y gwahaniaeth rhwng pobl grefyddol Cymru gan gyfeirio'n arbennig at y gweinidogion a wrthwynebai'r Rhyfel a'r Drych-iaid oedd bod y Cymry yn edrych ar ryfela o safbwynt Cristionogaeth, nid fel y dinesydd crefyddol, ymerodrol. Drachtiodd *Y Drych* ei wybodaeth o wlad Groeg a addysgodd ei phobl fod amddiffyn yn ddyletswydd grefyddol, ond Crist oedd athro y Cymry. Seiliodd y naill wareiddiad ei athroniaeth ar hunan-les, a'r llall ar gariad, hunanymwadiad a hunanaberth.

Dylid, ar bob cyfrif, estyn cynhorthwy i'r ferch a dreisiwyd, ond yn unol â'r egwyddor Gristionogol, ceisio achub y treisiwr a ddylid, nid ei saethu. Rhaid i ryw wlad godi'r Groes, oherwydd ni ellid lladd ysbryd rhyfel drwy ysbryd rhyfel. Cariad yn unig a allai orchfygu gelyniaeth, ac anogodd 'Wenffrwd' weision Crist i gadw at eu lifrai priod a oedd yn harddach na'r un wisg filwrol.[19]

Yn Rhagfyr 1914, yr oedd yr awyrgylch filwrol eisoes wedi dwysáu a throi'n glefyd heintus, yn ôl golygydd *Y Dinesydd Cymreig*. Gresynodd fod milwriaeth yn rhan anorfod o chwarae'r plant, a'u huchelgais oedd ymgyrraedd at arwriaeth maes y gwaed. Nid oedd hynny i'w ryfeddu ato, gan fod pulpud a llwyfan yn huawdl yn cyhoeddi militariaeth. Tybed, a fyddai'r Eglwys mor huawdl ei thystiolaeth ar ôl y Rhyfel, o blaid heddwch?[20] Mynegodd 'Wenffrwd' a 'Brutus' eu tristwch fod pleidwyr heddwch dros nos wedi mynd yn ymgyrchwyr o blaid y Rhyfel, ond edmygwyd safiad digymrodedd Keir Hardie a Ramsay Macdonald a esgymun-wyd o'r Blaid Lafur.[21] Beirniadodd y golygydd yntau drach-want y meistri a'u ffug-deyrngarwch yn rhoi eu gweision i'r fyddin, ac yn eu lle yn cyflogi merched ar gyflog dipyn llai. Daroganodd ar ddiwedd 1915 y byddai Prydain maes o law yn dwyn eneidiau'r bobl oddi arnynt drwy orfodaeth filwrol, ond yr oedd ysbryd y gyfundrefn eisoes yn bod, ac ambell Pharao o feistr wedi troi ymaith ei weision dan glogyn cynildeb.[22]

Trwy gydol y Rhyfel bu tystiolaeth golygydd *Y Dinesydd Cymreig* yn gyson ryddfrydig a chadarn, yn fynegiant o farn gwbl annibynnol. Wrth annerch yng Nghaernarfon yn Chwefror 1917, pwysleisiodd David Lloyd George bwysigrwydd cael holl ddeiliaid yr ymerodraeth i roi eu gwasanaeth i'r wlad er mwyn prysuro'r fuddugoliaeth. Ond ni sylweddolodd, meddai'r golygydd, na allai pawb rwyfo yn ei gwch ef. Nid gwrthwynebu Rhyfel 1914 yn unig a wnaethant, ond gwrthwynebu pob rhyfel. Fe'u hystyrid yn wallgofiaid ac annoethion. Nid oedd hynny'n wir gan mai dynion oeddynt wedi pwyso a mesur y sefyllfa'n ofalus, wedi meddwl yn ddwys a gweddïo am arweiniad. Sut y gallai gŵr mor annibynnol a rhyddfrydig ei ysbryd â David Lloyd George ddisgwyl i ddynion mor annibynnol eu barn ag yntau blygu i'r hyn a ystyrid ganddynt hwy y Baal mwyaf gwrthun y gellid ei addoli? Yr oeddynt, mae'n wir, yn y lleiafrif llethol, ond mewn gwlad rydd dylent gael eu parchu. Nid oedd gorfodi dyn i blygu'n groes i'w argyhoeddiadau ddim amgen na Baal-addoliad, a dilyn ôl traed y Prwsiaid dieflig a gwaedlyd. Yn enw Duw, felly, yn enw cyfiawnder, cydwybod, a rhyddid dylid caniatáu i'r gwŷr hynny na allent ar sail argyhoeddiad, helpu'r ymgyrch rhyfel, heb ddamnio'u heneidiau, aros yn y mannau lle'r oeddynt.[23]

Er bod *Y Dinesydd Cymreig* yn feirniadol o'r sefydliad crefyddol am feiddio hunaniaethu achos Prydain ac achos Duw, gallai'r Eglwys, pe dymunai roi arweiniad i Brydain ar derfyn y Rhyfel i alltudio rhyfel am byth. Yr oedd rhai'n barod i ddarogan cwymp Cristionogaeth, am ei bod wedi methu mor druenus. Amheuai'r golygydd fod hynny'n wir. Nid oedd neb wedi ceisio'i byw o ddifrif. Yn *Y Dinesydd Cymreig*, yn rhifyn Nadolig 1915, ysgrifennodd na ddylid rhoi'r bai ar y Seren am fod y nos mor dywyll yn Ewrop. Canlyniad yr ymddieithrio oddi wrth ei llewyrch oedd y tywyllwch, ond yr oedd yn argyhoeddedig fod y fuddugoliaeth derfynol yn eiddo Crist, a thyfai blodau ei gariad Ef pan fyddai blodau dialedd yn eu bedd.

Tystiolaeth *Y Darian*

Yn Ne Cymru, trawyd y nodyn heddychol yn *Y Darian* gan J. Tywi Jones, y golygydd. Nid amheuai fod llawer o arweinwyr crefyddol a oedd yn cefnogi'r Rhyfel yn gwneud hynny'n onest a chydwybodol. Ond llechai rhyw ddrwg anfad yn rhywle pan ystyrid mai'r gwledydd a ddechreuodd y Rhyfel oedd y gwledydd Cristionogol. A chaniatáu fod safle foesol a chymdeithasol Prydain Fawr yn rhagori ar eiddo'r Almaen a rhai o'r gwledydd eraill o safbwynt diogelwch a rhyddid, dylai pawb fod yn barotach i gydnabod y gallent hwythau, hefyd, fod mor gydwybodol o ran eu hamcanion â Phrydain. 'Ai mewn breuddwyd yr ydym?' holodd J. Tywi Jones.[24]

Argyhoeddwyd golygydd *Y Dinesydd Cymreig* y byddai'r Rhyfel yn foddion i roi terfyn ar ryfel, ond amheuai J. Tywi Jones fod hynny'n wir. Os llethu Ymerawdr yr Almaen yn unig a wneid, a'i gael i'r llwch, ni fyddai hynny'n derfyn ar ryfel, oherwydd cyfodai gwledydd eraill yn eu tro i'w darostwng. Byddai'r ysbryd milwrol yn parhau i fod yn rym, a chymaint o alw ag erioed am ddarpariaethau rhyfel i lethu'r boblogaeth. Ar y gorau, plentyn y tywyllwch oedd rhyfel; gweithredoedd y tywyllwch oedd yn arwain iddo, ac nid ar ddydd yr ymdaro y dechreuodd ar ei ymdaith ddifaol. Ymlusgodd am flynyddoedd ar hyd llwybrau eiddigedd, uchelgais, hunan-gais, a dicter, ac yn ddiarwybod i'r gwledydd meddiennir hwy gan y drygau hynny. Rhaid wrth y tywyllwch, hefyd, i gario rhyfel ymlaen. Cuddir llawer gwir, lledaenir llawer anwir, ac â gwladgarwch yn noddfa i fyrdd o gythreuliaid na chynhyrchodd Annwn erioed mo'u tebyg.[25]

Methodd yr eglwysi'n ddybryd â dod i delerau â'r gwirionedd chwyldroadol fod y Testament Newydd yn cynnig ffordd ragorach, ac arfau nad oeddynt gnawdol. Yr oedd cymryd y cledd, pleidio'r cledd, credu yn y cledd, a gogoneddu'r cledd yn wadiad pendant o egwyddorion Teyrnas Dduw. Pa bryd y rhoddir heibio'r hen ffiloreg a ddefnyddiwyd ganwaith i gyfiawnhau tywallt gwaed, sef y rheidrwydd i ddefnyddio cleddyfau'r ddaear er mwyn agor y ffordd i gleddyf yr Ysbryd? Gallent agor y ffordd i fasnach, ond yr oedd yn amheus a allent agor a pharatoi'r ffordd i heddwch parhaol, a chymod gwirioneddol. Collfarnodd y duedd i wneud gorchmynion Iesu'n ddiddim mewn argyfwng. Onid oedd y gorchymyn i garu gelynion yn anogaeth i Gristionogion ei ddilyn ar bob amgylchiad? Beth pe deuai'r Almaenwyr i ymosod ar ddeiliaid y wlad? Daeth gelynion cynddrwg onid gwaeth yn erbyn disgyblion Iesu, ond fe'u gwasgarwyd. 'Gorchfygasant y byd', meddai J. Tywi Jones.[26]

Nid oedd methiant yr eglwysi i roi arweiniad ar adeg o ryfel yn syndod gan iddi fethu llefaru'n groyw mewn cyfnodau cyn y Rhyfel. Ni phallodd ffydd J. Tywi Jones yn Nheyrnas Dduw, ac er gwaethaf ei feirniadaeth o arweinwyr yr Eglwys, parhaodd i gydnabod dilysrwydd yr Eglwys fel offeryn y Deyrnas, ac ni synnai petai'r Deyrnas yn dryllio rhwymau caethiwed yr Eglwys, a'i gorfodi i fynd i'r afael â'r galluoedd hynny yr oedd hi'n rhy barod i gymrodeddu â hwy.[27]

Rhan o gaethiwed yr Eglwys oedd y gred y gallai rhyfel fod yn Gristionogol. Cabledd oedd yr honiad fod aberth ar faes y gwaed yn gyfwerth ag aberth y Groes. Os oedd hynny'n wir beth oedd pwrpas yr Ymgnawdoliad? Gallai J. Tywi Jones ddioddef gwrando ar wleidyddion yn cefnogi'r Rhyfel o safbwynt gwladgarwch, ond nid oedd ganddo ronyn o gydymdeimlad â phregethwyr yr Efengyl a geisiai dadogi gogoniant Iesu ar y milwr.[28]

Cythruddwyd ef gan ymagwedd golygydd y *British Weekly*, Syr W. Robertson Nicoll, pan awgrymodd y dylid sefydlu Urdd y Bluen Wen i warthruddo'r gwŷr hynny oedd yn amharod i ymuno â'r fyddin. Aristocrat oedd golygydd y *British Weekly* yn darparu papur wythnosol yn dehongli Cristionogaeth ar hyd llinellau aristocrataidd, ac ni allai J. Tywi Jones anghofio'r amgylchiad pan ysgrifennodd Syr W. Robertson Nicoll mor effeithiol ar fuddugoliaeth Crist dros bechod, ond ar y tudalen agosaf at yr erthygl honno anogai'r wlad i ryfela yn erbyn y Bŵr yn fwy egnïol nag erioed o'r blaen. Y rhwystr pennaf i lwydd Teyrnas Dduw oedd bod rhai fel Syr W. Robertson Nicoll yn ei dehongli mewn dull mor anghristionogol. A phan oedd Prydain mor barod i olrhain un o achosion y Rhyfel i ryw athronydd neu'i gilydd o'r Almaen, oni ddylai edrych yn nes adref a dal sylw ar ddehongliad gau Syr W. Robertson Nicoll a'i dylwyth o Efengyl y Deyrnas? Rhoddodd golygydd y *British Weekly* y cledd yn llaw Iesu — cledd a'i llafn yn waed.

Yn Llyfr y Datguddiad, disgrifir y Bwystfil a'r gau-broffwyd. Ymgorfforiad o'r drwg ac ysbryd rhyfel oedd y bwystfil. Lle bynnag y canfyddid ysbryd rhyfel, boed ar feysydd gwaed Ewrop neu yn y pentref mwyaf distadl yng Nghymru, yno'r oedd y bwystfil. Y gau-broffwyd oedd yr hwn a wasanaethai'r bwystfil, gan roi i'w weithrediadau arwedd grefyddol, a phriodoli iddo hawl ac awdurdod i deyrnasu nad oedd yn eiddo iddo. Ac onid oedd y duedd i ddefnyddio capeli, eglwysi, a phulpudau i wasanaethu rhyfel yn ddrych o'r 'ffieidd-dra anghyfaneddol', a welodd y proffwyd Daniel? Dywed J. Tywi Jones,

> Cadwed Syr W. R. Nicoll ei bluen wen, a gwisged hi gyda'i deitl, ac eled ef a phregethwyr a gweinidogion, offeiriaid ac eraill at y Senedd i fynnu deddf wedi ei gwneuthur i orfodi pawb dros hanner cant oed i ymuno â'r fyddin i amddiffyn eu gwlad. Y llyfrgwn pennaf heddiw yw'r rheini sy'n gwthio pawb arall i ymuno tra nad ymunant eu hunain.[29]

Er na allai gredu fod yr Efengyl yn cyfreithloni rhyfel dan unrhyw amgylchiad, ymgroesodd J. Tywi Jones rhag annog unrhyw fachgen i beidio ag ymrestru. Ond ni allai chwaith annog neb i ymrestru gan y byddai hynny'n wadiad o'r Efengyl a gyhoeddodd dros y blynyddoedd. Ar un adeg, bu'n bleidiol i ryfel, ond wrth fyfyrio ar eiriau'r Iesu, a darllen hanes yr Eglwys Fore yn ystod Rhyfel y Bŵr, fe'i hargyhoedd-wyd — ac ni phallodd yr argyhoeddiad — na ellid cysoni Cristionogaeth a rhyfel.

Un o effeithiau mwyaf enbydus y Rhyfel oedd rhaib annuwiol yr ellyllon hynny a dderbyniai elw o'r Rhyfel ar draul y tlotaf yn y wlad. Mewn blwyddyn — rhwng 1914 ac 1915 — cododd elw Spillers a Bakers, melinwyr enwog Caerdydd, o 89,000 i 836,000 o bunnoedd, ar draul bara'r bobl. Disgrifid gyda huodledd duwiol, ar adegau, ddiogelwch ynys Prydain, fel yr oedd y môr yn ei hamgylchynu, a'r llynges yn fur o'i chylch. Ond mewn dyddiau pan oedd gwaed gorau'r genedl yn llifo i amddiffyn y wlad ar dir a môr, daeth yn fwyfwy amlwg mai nythle dreigiau oedd y wlad yr ymffrostid gymaint yn ei chrefydd a'i bywyd gwâr. Dyrchafodd pris y dorth ac angenrheidiau eraill bywyd eu llef tua'r nef yn erbyn y fath gamwri a ganiateid mewn gwlad Efengyl a honnai fod yn fwy gwâr a Christionogol na'r Almaen. Amheuai J. Tywi Jones a allai llynges er ei chryfed neu fyddin er mor niferus ei milwyr ddiogelu gwlad os oedd rhai o'i mewn yn mynnu sugno gwaed y tlawd. Ai er mwyn hynny y syrthiodd y bechgyn yn eu miloedd?[30]

E. Morgan Humphreys

Ni phroffesodd E. Morgan Humphreys golygydd *Y Goleuad* o fis Gorffennaf 1914 tan Rhagfyr 1918 fod yn heddychwr. Tystiodd ef ei hun ei fod mor amhoblogaidd yng ngolwg y pasiffistiaid ag ydoedd i'r sefydliad crefyddol. Serch hynny, ymatebodd yn gadarnhaol i'r tueddiadau hynny yng Nghymru, a thu hwnt i'w ffiniau a oedd yn ei dyb ef, yn peryglu'r bywyd gwâr a seiliwyd ar egwyddorion Cristionogol. Rhoes, hefyd, fynegiant croyw i'r ofnau a'r pryderon a fynegwyd yn *Y Darian* a'r *Dinesydd Cymreig*.

Safai'r Arglwydd Northcliffe dros bopeth a ystyrid gan E. Morgan Humphreys yn beryglus a dinistriol mewn gwleid-yddiaeth, ac yng ngolwg y rhan fwyaf o Ryddfrydwyr, cynrychiolai *The Times,* y *Daily Mail,* a'r *Evening News* filitariaeth jingoistaidd o'r math gwaethaf.[31]

Ymarswydodd, fel y gwnaeth *Y Darian* a'r *Dinesydd Cymreig*, oherwydd cynnydd ysbryd militariaeth dros gyfnod y Rhyfel, a'r argoelion am ei barhad ar derfyn yr ymladd. Yn ôl Prif-weinidog Awstralia, y ddelfryd oedd bod pob ffermwr a'i ddryll ynghrog wrth gyrn yr aradr, — nid i saethu brain. Mewn rhai cylchoedd, yn nechrau 1918, galwyd am orfodaeth filwrol ar bawb rhwng 16 a 60 mlwydd oed. Bwriad eraill oedd sefydlu, ar ôl y Rhyfel, gyfundrefn o ddisgyblaeth yn yr ysgolion, a fyddai, yn ôl E. Morgan Humphreys, yn rhwym o arwain at yr hyn a ddigwyddodd yn yr Almaen, sef y wlad-wriaeth yn mowldio piniwn y plant. Rhagwelodd y gwŷr o duedd filitaraidd wlad wedi'i threfnu ar linellau haearnaidd, yn paratoi ar gyfer y rhyfel nesaf. I bob golwg, yr oedd syniadau Prwsia wedi meddiannu'r wlad, a llwyddo lle methodd ei harfau.[32].

Ynfydrwydd oedd sôn am yr Almaenwr fel anghenfil, creadur gwahanol i bawb arall, a dylid ymgroesi rhag y waedd i 'fathru'r gelyn dan draed'. Nid oedd militarwyr yr Almaen yn wahanol i filitarwyr gwledydd ac oesoedd eraill; o ran eu hanian ymdebygent i'w gilydd. Yr hyn a ddigwyddodd yn yr Almaen oedd iddynt gael yr oruchafiaeth gan berswadio'r werin bobl eu bod yn anorchfygol. Ni ddylid ar unrhyw gyfrif swcro'r ysbryd milwrol ym Mhrydain, ac un ffordd i'w rwystro rhag meddiannu dynion oedd paratoi ar gyfer heddwch, gwaith anos a phwysicach na pharatoi, hyd yn oed, gogyfer â rhyfel. Golygai baratoi ar gyfer heddwch ffurfio barn oleuedig, a gwrthweithio'r syniadau ynfyd a gwenwynig a ledaenid am ddial diamcan. Nid er mwyn unrhyw fantais fasnachol i wŷr y golud mawr y bu farw dynion gorau'r wlad ar feysydd y gad, ac ni ddylid aberthu bywyd un milwr er mwyn porthi chwant pobl gysurus a diogel eu byd i waeddi'n groch am ddial.[33].

Yn Nhachwedd 1918, yr oedd y wlad, meddai E. Morgan Humphreys, ar drothwy byd newydd, ond ymofidiodd oherwydd fod yr hen ysbryd a'r hen ddallineb yn parhau. Er mwyn gosod i lawr seiliau cadarn i heddwch, yr oedd angen dynion amgenach na phenaethiaid a diplomyddion.[34]

Er gwaethaf y waedd am ddial ar yr Almaen mewn rhai cylchoedd, credai E. Morgan Humphreys fod casineb a gorthrwm wedi cael eu cyfle, a synhwyrai fod gwareiddiad yn sylweddoli hynny bellach. Yn Ionawr 1918, gwelodd arwyddion o droi at ddelfrydau glanach a phurach. Ym mlaen y gad yn arwain o blaid y delfrydau uwch yr oedd Stephen Hobhouse, y Crynwr, a ddedfrydwyd i ddwy flynedd o lafur caled fel gwrthwynebydd cydwybodol am wrthod ymgymryd ag unrhyw waith ynglŷn â'r ymdrech rhyfel. Dywedodd W. Llewelyn Williams nad oedd ef yn ei swydd fel cofiadur wedi dedfrydu'r drwgweithredwr gwaethaf i ddwy flynedd o lafur caled. Yr hyn a wnaeth Stephen Hobhouse oedd dilyn esiampl John Penri. 'A ydym mewn gwirionedd yn byw yn yr ugeinfed ganrif o oed Crist?', gofynnodd W. Llewelyn

127

Williams. 'A yw dynion sy'n proffesu bod yn Gristionogion wedi colli pob ymwybod o gywilydd gan ganiatáu i'r pethau hyn ddigwydd . . . Cyhyd ag y bo gennyf dafod yn fy ngenau, a phin yn fy llaw . . . protestiaf ymhob rhyw fodd yn erbyn yr anfadwaith a gyflawnir yn ein mysg'. Meddai E. Morgan Humphreys yntau am Stephen Hobhouse a'i debyg:

> Hwy a etifeddant y ddaear yn hwyr neu hwyrach. Y mae'n wir eu bod dan farn condemniad y 'Daily Mail, ond prin y buaswn yn disgwyl i'r 'Daily Mail' eu deall . . . Suddo mewn dinystr y mae seren goch ryfel a thrais a chasineb, ac yn y dwyrain tawel draw, cyfyd seren ddydd, seren cariad a thangnefedd a gobaith y cenhedloedd.[35]

Daeth annibyniaeth barn E. Morgan Humphreys i'r amlwg yn ei berthynas fel golygydd *Y Goleuad* ag aelodau'r pwyllgor. Ym misoedd cynnar y Rhyfel cyhoeddodd ysgrif yn *Y Goleuad* o duedd heddychol gan un o weinidogion y Cyfundeb. Protestiodd John Williams, Brynsiencyn, aelod o'r pwyllgor, yn erbyn agor y drws i'r syniadau a goleddwyd gan awdur yr erthygl honno. Cododd dadl, hefyd, rhwng J. Puleston Jones ac 'Oxonian'— gŵr adnabyddus yn y Cyfundeb, yn ôl adroddiad E. Morgan Humphreys yn *Y Goleuad*, — ond gofyn-nodd Pwyllgor Anghenion Ysbrydol y Milwyr (Cymdeithasfa'r Gogledd) i'r golygydd ymwrthod â chyhoeddi ysgrifau tebyg i ysgrifau J. Puleston Jones a ystyrid yn niweidiol i achos Prydain. O barch i farn y pwyllgor terfynodd y golygydd y ddadl.

Fel y dwysáodd y sefyllfa rhyfel, aeth beirniadaeth E. Morgan Humphreys o David Lloyd George yn fwy agored a di-dderbyn-wyneb. Gwrthwynebodd y Mesur Gorfodaeth Milwrol ar dudalennau *Y Goleuad*. Diolchwyd iddo gan nifer o weinidogion y Cyfundeb am ei safiad, ond derbyniodd lythyr oddi wrth John Williams yn protestio'n egnïol — ef oedd cadeirydd pwyllgor *Y Goleuad* ar y pryd—ac oddi wrth gyfaill yn ei hysbysu fod ei sylwadau wedi ennyn anfodlon-rwydd y pencadlys yn Downing Street. Ar wahân i un aelod o'r pwyllgor, anghytunai'r aelodau â'r golygydd. Ni fynnai E. Morgan Humphreys dynnu'n groes iddynt, a gallai ddeall natur eu teimladau brwd tuag at David Lloyd George, ond credai, hefyd, fod egwyddorion pwysig yn y fantol na ddylid bod yn dawel ynglŷn â hwy, a gwyddai nad oedd barn y pwyllgor yn cynrychioli barn y Cyfundeb. Ei unig amcan fel golygydd oedd diogelu rhyddfrydigrwydd y papur, a sicrhau tegwch i amryw o safbwyntiau.

Pan gyhoeddwyd erthygl ar Mr. Asquith yn Hydref 1917, mynnai John Williams mai ei hunig amcan oedd diraddio David Lloyd George. Ni ddisgwyliai i'r *Goleuad* foli'r Prif-weinidog, ond, ni ddaeth yr amser i gynnig barn bendant ar ei waith, yn enwedig mewn papur enwadol nad oedd gwleidyddiaeth yn brif fater iddo. Gwyddai o'r gorau fod lliaws o'i gydwladwyr yng Nghymru yn dilorni'r Prifweinidog, ac yn dra awyddus i weld Mr. Asquith yn ei ddisodli. Pe gwelai John Williams unrhyw ddyn, gan gynnwys y Prifweinidog ei hun, yn 'troi oddi ar y ffordd dda', ni ddymunai ymlynu wrtho, ond ni welai unrhyw reswm dros frathu David Lloyd George. Carai John Williams petai wedi gweithredu'n wahanol ar ambell adeg, ond yr oedd ganddo ymddiriedaeth lwyr ynddo fel y gŵr a wyddai orau ba lwybr i'w ddilyn. Cafodd achos fwy nag unwaith i wrthdystio yn erbyn tôn *Y Goleuad* ynglŷn â'r Prifweinidog, ac ystyriai'r erthygl ganmoliaethus ar Mr. Asquith, 'the unkindest cut of all'.

Swm a sylwedd yr anghytundeb oedd anfodlonrwydd E. Morgan Humphreys i gefnogi'r Llywodraeth a'r Prifweinidog, yn ddigwestiwn, fel y dymunai'r pwyllgor. Safodd yntau dros ryddid y wasg, a gresynodd fod polisi papur enwadol yn cael ei benderfynu gan bwyllgor yng ngoleuni'r ystyriaeth o fod naill ai 'o blaid' neu 'yn erbyn' David Lloyd George, hyd yn oed cyn iddo fod yn Brifweinidog.

Yn Rhagfyr 1918, terfynwyd gwasanaeth E. Morgan Humphreys fel golygydd *Y Goleuad*.[36]

[1]*Y Deyrnas*, Rhagfyr 1916, t. 3
[2]'Nodiadau ar Lyfrau', *Seren Gomer*, Ionawr 1915, tt. 55-6
[3]*Pererindod Heddwch* (Dinbych, 1943), t. 31
[4]*Merthyr Pioneer*, Awst 8, 1914, t. 4
[5]ibid. 'My Weekly Budget', Awst 15, 1914, t. 1
[6]ibid. gol. Medi 5, 1914, t. 4
[7]ibid. Awst 22, 1914, t. 4
[8]ibid. 'My Weekly Budget', Medi 5, 1914, t. 1
[9]ibid. Awst 22, 1914, t. 1
[10]ibid. gol. Awst 22, 1914, t. 4

[11]ibid. 'My Weekly Budget', Awst 22, 1914, t. 1
[12]Awst 6, 1914, t. 7
[13]'Prydain yn y Pair', *Y Dinesydd Cymreig*, Awst 19, 1914, t. 4
[14]ibid. 'Rhyfel yn erbyn Rhyfela', Awst 26, 1914, t. 4
[15]ibid. 'Y Ford Rydd', Awst 12, 1914, t. 3
[16]ibid. Ionawr 13, 1915, t. 2
[17]ibid. R.J., 'Y Rhyfel a'r Gwirionedd', Medi 23, 1914, t. 6
[18]ibid. 'Y Ford Rydd', Hydref 13, 1915, t. 7
[19]ibid. Medi 8, 1915, t. 6
[20]ibid. Rhagfyr 30, 1914, t. 2
[21]Brutus, 'Ym Myd Llafur', *Y Dinesydd Cymreig*, Rhagfyr 30, 1914, t. 7
[22]ibid. Hydref 13, 1915, t. 4
[23]ibid. Chwefror 7, 1917, t. 4
[24]*Y Darian*, Medi 3, 1914, t. 3
[25]ibid. Tachwedd 14, 1918, t. 4
[26]ibid. Medi 10, 1914, t. 4
[27]ibid. Gorffennaf 15, 1915, t. 4
[28]ibid. Hydref 1, 1914, t. 4
[29]ibid. Medi 17, 1914, t. 4
[30]ibid. Ebrill 29, 1915, t. 4
[31]'Wrth Fyn'd Heibio', *Y Goleuad*, Mawrth 15, 1918, t. 4
[32]ibid. Gorffennaf 19, 1918, t. 4
[33]ibid. Hydref 11, 1918, t. 4
[34]ibid. Tachwedd 1, 1918, t. 4
[35]ibid. Ionawr 18, 1918, t. 4
[36]ibid. Rhagfyr 27, 1918, t. 4

Byddin y Brenin

Gresynodd H. Cernyw Williams fod yr Eglwys mor rhanedig ar bwnc y Rhyfel. Byddai'n hyfryd petai modd clywed un sain heb anghytgord o gwbl. Ni ddymunai feirniadu'r gwŷr hynny a oedd, ar sail gwladgarwch, yn bleidiol i ddwyn arfau, gan y credent hwy'n onest mai trwy ryfel y gorchfygid rhyfel, ond dylent, hefyd, barchu'r personau hynny a oedd yn gwrthwynebu'r Rhyfel, er mai ychydig oeddynt o ran nifer, ac yn cael eu gorfodi i rwyfo yn erbyn y llif.[1] Un o'r cyfryw, a'r dewraf ond odid oedd Thomas Rees, prifathro Coleg Bala-Bangor.

Yn ei lythyr i'r *Tyst* ym Medi 1914[2] — fe'i cyhoeddwyd, hefyd, yn *Y Brython* gyda rhai ychwanegiadau — ni ddylid, meddai, gredu'r holl chwedlau a daenwyd am farbareiddiwch yr Almaenwyr. Yr oedd yn amlwg fod adran o'r wasg yn ennyn dig ac ysbryd malais yng nghalonnau a meddyliau'r Cymry, ac ni ddylid beio cenedl gyfan am fod rhai dihirod o'i mewn yn ymddwyn yn greulon. Pan wawriai'r dydd i ddatgelu'r cyfan, y pryd hynny deuai'n amlwg na fyddai un genedl mewn ffordd i ddannod i genedl arall ei hymddygiad creulon.

Ni ddylid taflu cochl crefydd dros y Rhyfel. Ceisiodd rhai ddadlau mai 'rhyfel sanctaidd' o blaid cenhedloedd bychain oedd y Rhyfel. O ba le, holodd Thomas Rees, y cododd y sêl sydyn dros eu hawliau hwy? Treisiodd yr Almaen wlad fach Belg, a chyflawnodd yr un drosedd yn erbyn Luxemburg — gwlad lai ei maint na gwlad Belg — ond er iddi geisio help gan Brydain, ni wrandawyd arni hi. Nid oedd ganddi hi fyddin i'w harneisio o blaid Lloegr a Ffrainc. Dyweded Lloegr yn onest, felly, mai ei hamcan yn y Rhyfel oedd diogelu ei safle, ei masnach a'i dylanwad yn y byd, ac o'r braidd fod hynny'n cyfreithloni galw ar Eglwys Crist i droi'n arf recriwtio i berswadio pobl i ryfela.

Hyderai Thomas Rees na châi Cristionogion eu harwain

gan lais y lliaws a dylanwad gwleidyddion. Nid oedd lle i ryfel yn nhrefn yr Efengyl, ac yr oedd gan Gymru draddodiad heddwch a gysylltid â Samuel Roberts, Gwilym Hiraethog, a Henry Richard, — traddodiad i'w fawrhau a glynu wrtho. Enynnodd ddatganiad Thomas Rees wrthwynebiad chwyrn. Ond odid nad dyma'r ymateb mwyaf chwerw a rodd-wyd i unrhyw ddatganiad o blaid heddwch trwy gydol y Rhyfel. Onid oedd cydwybod yr holl wlad yn dangos yn eglur fod achos Prydain yn gyfiawn? Wrth ddadlau na fyddai un genedl mewn ffordd i ddannod i genedl arall ei hymddygiad creulon ar derfyn y Rhyfel, onid oedd Thomas Rees yn mynegi ei ddiffyg ffydd ym milwyr Cymru a Phrydain? Yr oedd yn amlwg fod eglwysi Cymru yn gweddïo'n daer am fuddugoliaeth, a dewisai un o weinidogion Merthyr bwyso ar weddïau'r saint yn fwy nag ar eiriau prifathro. Un o amcanion pennaf yr Almaen oedd diorseddu Crist. Teyrnas Crist, felly, oedd yn y fantol, ac o'r braidd fod angen ymddiheuro dros ei hamddiffyn hi.[3]

Ceisiai Thomas Rees rwygo yn lle cyfannu. Yr oedd tôn ei lythyr yn bradychu cydymdeimlad â'r Almaen. Os oedd taflu cochl crefydd dros y Rhyfel yn gamwedd, onid oedd, holodd 'Lleygwr', gyhoeddi heddwch fel mantell i guddio llwfrdra gwladgarol yn fwy trosedd? Beth oedd o'i le fod Prydain yn ymladd am ei masnach? Onid masnach oedd cynhaliaeth y prifathro a'i fyfyrwyr? Amheuai 'Lleygwr' a ellid cymharu Henry Richard, Gwilym Hiraethog a Samuel Roberts â David Lloyd George — ni feddent hwy na darfelydd na beiddgarwch y gŵr o Gricieth.[4]

Syrffedodd Fred Jones (Rhymni) ar ddatganiadau Thomas Rees yn mynegi'r lle tyner a oedd ganddo i'r Almaen. Dylid rhoi pob cefnogaeth i'r gwŷr ieuainc a aeth o'u gwirfodd i wynebu'r tân, a gwae'r neb pwy bynnag a feiddiai yngan gair i lesteirio'r gwangalon rhag ateb yr alwad i'r gad. Gwareder pawb rhag gorfod wynebu sefyllfa pan fyddai'r plant yn gofyn i'w tadau ymhen blynyddoedd beth a wnaethant yn y Rhyfel? Meddylier mewn difrif am Thomas Rees yn gorfod ateb ei fod ef yn aelod yng nghapel Pen-dref, Bangor ac o'r herwydd, ni allai amddiffyn ei wlad. A ellid meddwl am gywilydd mwy?

Dihunodd yr Eglwys i'w chyfrifoldeb mewn materion cymdeithasol, ychwanegodd Fred Jones. Cyhoeddodd ryfel yn erbyn y bacilws a lechai mewn tai a strydoedd culion, ac yn y Rhyfel cafodd gyfle i ladd y bacilws arall, sef yr Almaen. Ymatalied y prifathro rhag cyhoeddi ei heresïau, a pheidied ag atgyfodi'r meirw ym mhersonau Henry Richard, Gwilym Hiraethog a Samuel Roberts, gan na allant hwy eu hamddiffyn eu hunain.[5]

Cyhuddodd *Y Llan* Thomas Rees o geisio gwneud enw iddo'i hun. Cynrychiolai'r elfen mewn Ymneilltuaeth a oedd yn feddal a gwrthnysig. Cwynid yn gyffredinol fod y Cymry'n araf i ymrestru, ac un rheswm dros eu harafwch oedd mai plant y cwrdd gweddi a'r seiat oeddynt, yn amharod i gymysgu â charthion y trefi yn y fyddin. Pan sefydlwyd Byddin y Tiriogaethwyr yng Nghymru, cododd ton o wrthwynebiad o du'r capeli, taranwyd yn ei herbyn mewn cynhadledd a chymanfa, ac oherwydd eu 'dall-bleidiaeth', achoswyd niwed mawr i'r alwad i ymrestru. Yr oedd Thomas Rees yn un o gynheiliaid y traddodiad hwnnw. Ai dyna'r adeg i ddefnyddio'r wasg i daflu dŵr oer ar achos cyfiawn Prydain, ac yn enw rhith o grefydd lindagu'r mudiad gwladgarol a wahoddai ieuenctid Cymru i'w rengoedd? Sarhaodd Thomas Rees ei wlad enedigol, a'i gorffennol gwych, a gwyngalchodd y genedl a gyflawnodd hyd yn oed yn nechrau'r Rhyfel erchyllterau o'r math gwaethaf,

> Esiampl wael a ddyry Rees i'w gydwladwyr, ac yn enwedig i'r myfyrwyr sydd dan ei ofal, drwy ddatgan y fath syniadau erchyll, y rhai ydynt yn ymylu ar deyrnfradwriaeth. Gresyn fod Cymro o'i safle ef wedi anghofio ei hun i'r fath raddau, a hyderwn y bydd mor foneddigaidd â thynnu ei eiriau yn ôl.[6]

Mynnai'r *Western Mail* na fyddai ensyniadau Thomas Rees yn haeddu'r mymryn lleiaf o sylw onibai y digwyddai ef fod yn un o arweinwyr Ymneilltuaeth, a phrifathro mewn coleg diwinyddol. Dylai Cyngor Eglwysi Rhyddion Cymru ei alw i gyfrif, ac onid oedd arweinwyr Ymneilltuaeth yn barod i ddiarddel ei ddatganiadau cyhoeddus byddai'r mudiad cenedlaethol, gwladgarol yng Nghymru a ysbrydolwyd gan Mr. Asquith a David Lloyd George yn dioddef. Gan mai gwlad Ymneilltuol oedd Cymru, yn naturiol, disgwylid i

133

Ymneilltuwyr fod ar flaen y gad i gyfrannu'r nifer mwyaf o fechgyn i'r Corfflu Cymreig, ac i'r amcan hwnnw, dylai arweinwyr Ymneilltuaeth weithredu'n agored i wrthweithio datganiadau peryglus Thomas Rees.[7]

Atebodd Thomas Rees y cyhuddiadau yn ei erbyn.[8] Ei amcan, meddai, oedd apelio am eirwiredd a gonestrwydd barn, a rhybuddio'r eglwysi o'r perygl i'r awdurdodau eu troi'n ganolfannau recriwtio. Gwyddai fod llawer o grefydd-wyr yn argyhoeddedig na ddylai'r Cristion ymladd am fod hynny'n gwbl groes i'r Efengyl, a phe gwesgid arnynt hwy, a'u heglwysi i gefnogi'r ymgyrch o blaid y Rhyfel treisid eu cydwybod. Sylweddolai fod gwleidyddiaeth wedi'i seilio ar egwyddorion cwbl wahanol i'r eiddo ef fel Cristion a heddychwr, a chyhyd ag y barnai'r mwyafrif fod yr egwy-ddorion o du'r Llywodraeth yn rhai dilys, gellid dadlau fod hàwl ganddi, dyletswydd, yn wir, i fynd i ryfel mewn amgylchiadau arbennig. Ond y cwestiwn sylfaenol, yn ôl Thomas Rees, oedd hwn,— a oedd yr amgylchiadau yn 1914 yn cyfreithloni rhyfela? Gwyddai tri aelod o'r Llywodraeth Ryddfrydol am yr amgylchiadau hynny, ac am nad oedd yr Arglwydd Morley, John Burns, a C.P. Trevelyan wedi'u hargyhoeddi fod rhesymau digonol dros fynd i ryfel, dewisodd y tri ymddiswyddo.

Gan fod y Rhyfel wedi torri allan, sylweddolai Thomas Rees y rheidrwydd o du'r Llywodraeth i ymladd i'r pen. Ond gwrthwynebodd ystrywiau'r Llywodraeth i wneud yr Eglwys yn llawforwyn iddi, a thadogi'r egwyddorion a oedd yn ei rheoli ar yr Eglwys. Dyma'r pwyslais llywodraethol yn nhystiolaeth Thomas Rees. Fe'i gwnaed yn gwbl glir yn y geiriau a ganlyn,

> rhaid i'r eglwys, ac yn arbennig Ymneilltuwyr ddal eu safle a'u hargyhoeddiad Cristionogol beth bynnag fyddo, yn glir a chroew gerbron y byd, a chyferbyn â'r byd, ac os oes gwrthdrawiad rhwng gofynion byd, gwlad a llywodraeth ag egwyddorion a gofynion Crist, ni ddylai fod un petruster mai Crist sydd i'w ddilyn.[9]

Aeth y gwleidyddion a'r wasg, ychwanegodd, i ryfel heb ymgynghori â'r Eglwys, ond galwant yn daer arni yn yr argyfwng i gefnogi eu hachos. Yn wir, anogodd y *Western Mail* yr enwadau Ymneilltuol i gosbi pawb oedd yn amharod i gydymffurfio â barn y papur hwnnw am gyfiawnder achos Prydain.[10]

Pwysleisiodd Thomas Rees na olygai ei safbwynt ei fod yn bleidiol i'r Almaen. Cyn belled ag y gallai ef ddeall, polisïau'r wlad honno oedd bennaf cyfrifol am y Rhyfel. Ni cheisiodd eu gwyngalchu. Cyhuddwyd ef, hefyd, o daflu dŵr oer ar grwsâd Prydain, a phriodoli iddi gymhelliad annheilwng, sef ei bod yn ymladd er mwyn diogelu ei masnach. Yn hynny o beth, yr hyn a wnaeth oedd adleisio barn Winston Churchill a amddiffynnodd y Rhyfel o safbwynt masnach Prydain. Yng ngoleuni'r safbwynt hwnnw nid oedd angen sôn am 'ryfel sanctaidd'. Dyna ymadrodd y Kaiser, a gadawed iddo ef ei ddefnyddio! Ni fwriadodd, chwaith, fel y mynnodd y *Western Mail* daflu anfri ar filwyr Prydain.[11]

Ni chafodd Thomas Rees neb i'w amddiffyn ar dudalennau'r papur hwnnw. Yn ôl un o'r gohebyddion, dylid ei gyfarch fel Herr Rees,

> Said Herr Professor von Rees
> I've a plan my repute to increase
> A nice little sermon
> To back up the German
> And the wheels of the enemy grease.[12]

Anfonodd 'Aberdarian' air i'r papur i'w hysbysu na allai ef weld ei ffordd yn glir i gyfrannu i gyllid Coleg Bala-Bangor, oherwydd ymagwedd y prifathro tuag at y Rhyfel.[13] Beirniadodd William Thomas, Llanboidy, benderfyniad pwyllgor y Coleg a oedd yn achos pryder i bob gwladgarwr. Ni fynnai'r pwyllgor, ar unrhyw gyfrif, gwtogi ar ryddid y myfyrwyr i weithredu'n ôl eu cydwybod, ond, ar yr un pryd, teimlai nad oedd yn weddus i fechgyn a'u bryd ar y weinidogaeth Gristionogol ymuno â'r Lluoedd Arfog. Oni sylweddolodd y pwyllgor, gofynnodd William Thomas, mai'r unig ffordd i gael heddwch oedd codi byddin gref i orchfygu'r Almaen, carwyr rhyfel? Yn yr argyfwng a oddiweddodd Gymru, gallai'r myfyrwyr brofi eu bod yn deilwng o'u galwedigaeth drwy ymwrthod ag ufuddhau i ddymuniad y pwyllgor. Trwy weithredu yn y ffordd honno, rhoddai'r myfyrwyr ei diwinyddiaeth ar waith mewn dull ymarferol i amddiffyn yr hyn a oedd gyfiawn, i orchfygu anfoesoldeb digywilydd, ac ymddygiad annynol yr Almaenwyr. Dylai'r myfyrwyr ufuddhau i eiriau'r proffwyd i droi'r erydr yn gleddyfau a'r crymanau'n waywffyn. Dyweded y gwan, 'yr wyf yn gryf'.[14] Prin fod yr ysgrythur wedi ei dyfynnu'n gywir!

Ar ôl i un-ar-ddeg o fyfyrwyr Bala-Bangor ymddangos gerbron Llys Apêl Bangor fel gwrthwynebwyr cydwybodol, yn Chwefror 1916, mynegodd maer tref Bangor ei ofid fod cynifer wedi ymddangos yn y Tribiwnlys. Yng ngholofnau'r papurau Cymraeg daeth 'cydwybod' o dan yr ordd. Cydwybod, yn ôl un llythyrwr yn *Y Cloriannydd,* oedd yr hyn a ystyrid esmwythaf i groen nen boced y sawl a'i meddiannodd, fel cydwybod 'india rwber Wil Wirion'[15] Yr oedd beirniadaeth 'Las Onnen' o wŷr y colegau a'u bryd ar y weinidogaeth, ond na allent ymuno â'r Fyddin na gweini ar y clwyfedigion, yn fwy deifiol. Ni oddefai cydwybod iddynt godi bys hyd yn oed pe gwelent eu mamau'n cael eu llofruddio a'u chwiorydd yn cael eu treisio. 'Honiad esgymun', meddai 'Las Onnen', 'ac nid oedd y sawl a feiddiai ddatgan y fath ffoledd yn ffit i unman ond y gwallgofdy'. Yr oedd ymddygiad o'r fath yn ddigon i droi dyn yn anffyddiwr, a gallai, hyd yn oed, gŵn neu gathod bregethu rhagorach crefydd nag a gaed gan y myfyrwyr, oherwydd yr oeddynt hwy'n barod i amddiffyn eu tylwyth. Ymlawenhaodd am fod rhai o'r myfyrwyr wedi ymrestru. Byddai hynny'n gymhwyster iddynt i'r dyfodol, ond am y gwrthwynebydd cydwybodol, nid haeddai ef gael ei alw'n ddyn. Nid oedd, meddai 'Las Onnen', 'namyn cidwrn dideimlad, direswm, a di-egwyddor'.[16]

Yn ôl *Yr Haul* dylid gwarthnodi'r gwrthwynebydd â nod Cain, a chroesawyd y sôn am fwriad y Llywodraeth i anfon y dynionach hyn i Ffrainc i godi a thrwsio'r cloddiau weiren bigog, ac adeiladu pontydd. Pe digwyddai hynny, certhid o'r wlad lwythi o ffug a thwyll.[17]

Yn *Y Darian,* mynnai 'Tegerin' fod pob dyn sobr yn sylweddoli y dylid gwneud pob peth posibl i atal y barbariaid dysgedig a oedd yn mathru dan draed y miloedd di-amddiffyn. Gresyn na feddiennid Thomas Rees â mwy o synnwyr i sylweddoli mai angen mawr Prydain oedd mwy o filwyr, a mwy o gydymdeimlad o du ei deiliaid. Yr hyn oedd

wrth wraidd ymddygiad Thomas Rees oedd awydd i ym-
ddangos yn ddoethach na'r gweddill o blant dynion.[18]

Er gwaethaf yr elyniaeth iddo, cafodd Thomas Rees, hefyd,
ei gefnogwyr. Amheuthun cael gŵr yng Nghymru i ddatgan
yn nydd argyfwng syniadau Cristionogol. Synhwyrodd D.R.
Daniel, ers rhai blynyddoedd, nad oedd Cristionogaeth yn
y gwledydd a honnai fod yn Gristionogol, yn ddim mwy na
haenen denau, ond yn ystod misoedd cyntaf y Rhyfel ysgub-
wyd ymaith, hyd yn oed, yr olion lleiaf o Gristionogaeth.
Traflyncwyd gweinidogion o bob enwad gan y peiriant
milwrol, meddiannwyd yr holl bleidiau gwleidyddol gan firws
rhyfel, ac i bawb a fagwyd yng Nghymru ar y foeseg
Gristionogol, yr oedd yn amser trist a digalon.[19]

Cyn darllen datganiad Thomas Rees, teimlai J.R. Jones,
Parc, Caernarfon, fel gŵr unig, diymgeledd. Gofynnodd ai
ef oedd yr unig un i ddeall anogaeth Iesu i garu gelynion?
Yr oedd pawb yn erbyn y Rhyfel, ond credai pawb fod
gorfodaeth arnynt i ryfela. Meddai J.R. Jones, 'Teimlwn fel
un newydd ddod yn ddirwestwr, ac eto yn sydyn . . . wele'r
dirwestwyr eraill i gyd wedi meddwi. Pa synnwyr oedd i mi
fod yn sobr a phawb arall wedi meddwi?' Bu safiad Thomas
Rees yn foddion i rymuso'i argyhoeddiad na allai unrhyw
ryfel fod yn gyfiawn.[20]

Croesawodd H. Cernyw Williams ddatganiad Thomas Rees.
Yr oedd yn bwysig i grefyddwyr gadw'u pennau, a pheidio
â chael eu llygad-dynnu gan yr ysbryd milwrol yr oeddynt
hwy mor barod i'w gondemnio yn eu gelynion.[21] Condemn-
iodd 'Ein Gohebydd Arbennig', yn *Y Darian*, philistiaeth ronc
clwb golff Bangor wrth ddiarddel Thomas Rees. Digon prin
fod y weithred honno'n mynd i beri niwed iddo, ac yn sicr,
dewisai fod y tu allan i'r maes golff, o blaid cyfiawnder, na
thu mewn gyda'r paganiaid a'i diarddelodd.[22]

Yn ei ysgrif goffa i Thomas Rees, a gyhoeddwyd yn *Y
Dysgedydd* (Gorffennaf 1926), cyfeiriodd Fred Jones (yr oedd
ef ers rhai blynyddoedd wedi derbyn y safbwynt heddychol)
at Thomas Rees fel 'ymlwybrwr unig'. Mynnodd y gwleid-
yddion ymladd y Rhyfel i'r pen, a'r pryd hynny, yn ôl Fred
Jones, gwleidyddion oeddynt oll. Ond ymladdai Thomas Rees

137

mewn rhyfel arall, gydag arfau gwahanol. 'Ni ollwng y Brenin fi i ryfel neb ond ei ryfel ei hun', oedd ei dystiolaeth ef.

J. Puleston Jones

Un o'r rheini a ymladdodd ym myddin y Brenin oedd J. Puleston Jones. Dywed ei gofiannydd amdano, sef R.W.Jones, iddo fod mewn dadl â rhywun bob Sul yn festri Pen-y-Mount, Pwllheli, neu yn ei lety, neu yn y trên wrth drafaelio o le i le, ac mewn dadl neu gynhadledd, er gwaethaf pob gwrthwynebiad a fyddai ar adegau'n ffiaidd, ni chefnodd ar ffordd dra ragorol cariad mewn gair a gweithred. Ni fynnai i gariad fod yn was yn unig. Yr oedd Prydain Fawr, meddai, mewn cyfarfod o dan nawdd Seiat y Tangnefeddwyr yn nechrau 1918, yn awyddus i gariad fynd i'r gegin i olchi llestri ond nid oedd am ei ollwng i'r parlwr i lywodraethu'r holl dŷ. Caniateid i gariad gyflawni pob rhyw gymwynasau bychain, ond nid oedd i deyrnasu.[23]

Ar dudalennau *Y Goleuad,* fel y cyfeiriwyd eisoes, bu'n dadlau ag 'Oxonian' ynghylch priod swyddogaeth yr Eglwys mewn rhyfel. Argyhoeddwyd 'Oxonian', fod cleddyf Prydain yn 'gleddyf yr Arglwydd', a hyderai na fyddai ymateb Cymru a Phrydain yn debyg i ymateb trigolion Meros 'na ddaethant yn gynhorthwy i'r Arglwydd yn erbyn y cedyrn'. (Barnwyr 5:23). Ymleddid y Rhyfel rhwng lluoedd Crist a lluoedd yr Anghrist, ac ni ddylai Cristionogion Cymru ymddiheuro eu bod yn gweddïo am fuddugoliaeth i arfau Prydain, ac yn gofyn i Dduw waredu gelynion Prydain oddi wrth fagl y diafol. Yr oedd y Rhyfel o blaid y 'ffydd ddiffuant', a dylai'r Eglwys gefnogi'n ddigwestiwn grwsâd y Llywodraeth o blaid egwyddorion Cristionogol.[24]

Bu'r Eglwys dros y canrifoedd, yn ôl J. Puleston Jones, yn hwyrfrydig i gondemnio rhyfel, a phetai wedi ymagweddu'n fwy cadarnhaol yn erbyn rhyfel y pryd hynny, mae'n bosibl y gellid fod wedi osgoi'r gyflafan bresennol. Gan fod y Rhyfel wedi torri allan, swyddogaeth briod yr Eglwys oedd lliniaru ysbryd casineb a ymaflodd mewn naw o bob deg o'r werin, a'r papurau, ar wahân, efallai, i'r *Manchester Guardian.* Yr oedd gan Mr. Asquith, Syr Edward Grey, a David Lloyd George eu rhesymau dros fynd i ryfel, a byddai rhaid iddynt ryw ddydd roi cyfrif amdanynt gerbron brawdle hanes, ond, a siarad yn gyffredinol, y nwyd a gorddai'r rhan fwyaf o ddeiliaid y wlad oedd casineb tuag at yr Almaen.[25]

Ni ddylai'r Eglwys gyflawni dim yn yr argyfwng i beri i'r byd golli hyder ynddi fel cymdeithas oedd uwchlaw cenedl. Disgrifiodd J. Puleston Jones yr Eglwys fel 'sefydliad cydgenhedlig . . . prynedigion o bob llwyth ac iaith, a phobl a chenedl'. Ni ddylai ei huniaethu'i hun â phlaid, gan mai ei phriod waith oedd magu dynion a fyddai'n perthyn i bob plaid wleidyddol, yn eu hysbrydoli i ymarfer yr egwyddorion Cristionogol yn y pleidiau hynny. Ni ddylai gael ei bachu wrth unrhyw gerbyd, ar wahân i gerbyd Teyrnas Dduw.[26]

Yr oedd gan y gweinidog, hefyd, ei briod swydd. Ni allai ef ddiosg ei swydd i ymgymryd â gweithgareddau a oedd yn wadiad o'i alwedigaeth fel cynrychiolydd yr Eglwys. Dadleuodd 'Oxonian' fod y syniad amdano fel 'cynrychiolydd' yr Eglwys yn sawru o uchel-eglwysyddiaeth, neu Babyddiaeth, gan fod pawb yn gynrychiolwyr iddi. Ond eglurodd J. Puleston Jones mai'r hyn a olygai oedd na ddylai gweinidog gael ei glymu na'i gaethiwo gan farn, hyd yn oed, y llywodraeth wladol berffeithiaf. Fel cynrychiolydd yr Eglwys, ni ddylai gael ei lusgo wrth gynffon y wladwriaeth. Ym mhob amgylchiad, dylai ymarfer gweinidogaeth y cymod.[27]

Pan awgrymodd 'Oxonian' y dylai pob gweinidog rybuddio ieuenctid eu heglwysi o'r perygl i'w heneidiau pe baent yn ymwrthod ag ymrestru,[28] nid oedd hynny, yn ôl J. Puleston Jones, ddim amgen na defnyddio'r hyn a elwid gynt yn 'sgriw'r seiat'. Byddai sgriw'r wladwriaeth, ar ffurf consgripsiwn, yn rhagori ar hynny, a dewisai weld Mr. Asquith neu David Lloyd George yn ei fygwth â charchar petai'n gwrthod ufuddhau i fynd i'r fyddin, na bod 'Oxonian', a bwrw fod yntau'n weinidog, yn dweud wrtho mai'r purdan, neu, o bosibl le gwaeth na hwnnw a fyddai'i dynged o anufuddhau i'r alwad i ymrestru.[29]

Maentumiai 'Oxonian' fod tynged Prydain a gwareiddiad yn y fantol. Petai Prydain yn colli'r dydd, golygai hynny ddinistrio, neu, o leiaf ysigo gwareiddiad, ond petai'n ennill y dydd byddai hynny'n sicrhau ei gynnydd.[30] Cydnabu J. Puleston Jones y byddai ysigo'r Almaen yn llai o golled i'r byd na phetai Prydain yn derbyn dyrnod, ond yr oedd ystyriaeth arall, sef y golled i wareiddiad a ddaeth ac a ddaw yn sgîl pob rhyfel. Amheuai a oedd rhyfel yn setlo dim yn derfynol. Pa mor ogoneddus bynnag y bo'r fuddugoliaeth ar faes y gwaed, eiddo'r bwystfil yw'r fuddugoliaeth, ac ni ellir ei orchfygu trwy gael bwystfil arall i'w wrthwynebu. Rhaid wrth rywbeth gwahanol i rym arfau i setlo anghydfod yn derfynol, a phriod waith yr Eglwys, a'r sawl a alwyd i fod yn weinidogion oedd cadw'r 'rhywbeth gwahanol', sef ysbryd cymod yn fyw.[31]

Ategwyd safbwynt a syniadau J. Puleston Jones gan D. Francis Roberts. Bradychid Crist wrth ddefnyddio arfau i hyrwyddo'i Deyrnas, ac ni ddylid uniaethu trefn wladol, er ei godidoced, â Theyrnas Crist. Nid oedd ffyniant Teyrnas Dduw yn dibynnu ar fuddugoliaeth Prydain yn y Rhyfel. Dylai Prydain gondemnio erchyllterau'r Almaen ond, ar yr un pryd, gydnabod ei hannuwioldeb hi ei hun gerbron Duw. Ni ddylai'r Eglwys ollwng dros gof y ddelfryd a osodwyd gan Grist i garu gelynion.[32] Ond, a oedd y ddelfryd honno'n ymarferol, gofynnodd Herbert Morgan, Bryste.

Herbert Morgan

Cytunai'r mwyafrif o Gristionogion fod rhyfel yn anghyson â dysgeidiaeth Crist ac egwyddorion Teyrnas Dduw, ond, mewn byd amherffaith, rhaid cymrodeddu. O drugaredd, ychydig oedd nifer yr apolegwyr mwyaf militaraidd a gredai fod Crist wedi dod i'r byd i anfon cleddyf. Llurgunio'r Efengyl a wnaethent hwy. Argyhoeddwyd Herbert Morgan na ddylai'r Eglwys gyhoeddi angladd y foeseg Gristionogol dros gyfnod y Rhyfel, a phan oedd cyfraith Crist yn gwrthdaro yn erbyn hawliau Prydain, dylid ufuddhau i'r blaenaf.[33]

Cyfeiriodd Herbert Morgan at yr ing meddwl a deimlwyd gan lawer wrth geisio penderfynu ynglŷn â dilysrwydd y foeseg Gristionogol yn nydd yr argyfwng. Yn Hydref 1914, yn dilyn cyfarfodydd Undeb y Bedyddwyr yng Nghwm Rhymni, dywedodd un o golofnwyr *Y Brython* mai un ffaith drawiadol ynglŷn â'r Undeb hwnnw oedd y tyndra a deimlwyd yng nghalonnau'r aelodau rhwng ysbryd Crist a rhyfel,

140

Yn y gweddïau cyhoeddus, y pregethu, yr anerchiadau, a'r ymgom bersonol datgenid gofid dwys oherwydd y digasedd a ffynna a'r difrod a achosir gan y Rhyfel. Ar brydiau, cyfeirid at draha, twyll a chreulondeb Germani, a chynhyrfid pob calon yn fflam mewn eiliad. Un adeg, teimlem mai Prydeinwyr pleidiol, gwlatgar, parod i ryfel oeddem. Y funud nesaf, syllem ar y weledigaeth fawr, a chlywem lais wylofus Ceidwad dyn.[34]

Ac eithrio'r ychydig weinidogion a ysgubwyd ymaith oddi wrth eu hangorion gan ruthriadau ffyrnig misoedd cyntaf y Rhyfel, gallai un o weinidogion iau y Cyfundeb, Llew G. Williams, y Barri, dystio nad oedd nemor weinidog yn y Cyfundeb na theimlodd yn ddigon anesmwyth o weld ysbryd yn teyrnasu ym mywyd y gwledydd a wrthdrawai'n greulon â'r egwyddorion hynny a gyhoeddwyd ganddynt o bulpud. Hawl Cristionogaeth, nid y wladwriaeth, oedd oruchaf.[35]

Sylweddolai Herbert Morgan fod llawer o'r ing meddwl i'w briodoli i deyrngarwch dwbl ar ran Cristionogion: ar y naill law, tystiai'r Efengyl fod rhyfel yn ddieflig a diraddiol, ac ar y llaw arall, mynnai'r wladwriaeth ufudd-dod llwyr i'w gorchmynion. Dylid cofio, hefyd, na ellid sancteiddio rhyfel. Barbareiddiwch oedd y Rhyfel; ac ni ddylai'r Eglwys gael ei thwyllo gan y datganiadau hynny a'i dyrchafai. Dylai ymlynu wrth y weledigaeth a ymddiriedwyd iddi. Dyna'r gwasanaeth pennaf a mwyaf gwladgarol y gallai hi ei roi i'r wladwriaeth. Byddai'r math hwnnw o wasanaeth, yn nhyb rhai, yn frad, ond consyrn pennaf yr Eglwys oedd ennill ffafr a geirda Duw, nid canmoliaeth dynion pŵl eu gwelediad.

Er mwyn bod yn ffyddlonach i'w gweledigaeth, dylai'r Eglwys yn ystod y Rhyfel baratoi'r byd i dderbyn syniad mwy aruchel am wir ystyr heddwch. Golygai hynny fwy na chyflwr o beidio â rhyfela. Seiliwyd bywyd yn ei grynswth ar gystadleuaeth, gelyniaeth, pentyrru arfau, ac ymgyfoethogi. Ni ellid cael heddwch gwir ar y seiliau hynny, ac er mwyn ei sicrhau, byddai rhaid newid, 'ein holl ddull o fyw, trawsnewid ein safonau, a neilltuo am byth y siboleth, 'si vis pacem para bellum'. Rhaid, felly, ddechrau o'r newydd.

Dylai'r Eglwys, hefyd, feithrin syniadau teilyngach am wladgarwch a gwasanaeth i'r byd. Ni chafodd drwydded yn enw gwladgarwch i ymelwa ar draul gwledydd eraill. Cyfeirid yn hunangyfiawn at ysgubo ymaith ysbryd militaraidd yr

Almaen heb sylweddoli fod yr un ysbryd yn ymledu ym Mhrydain. Dadleuai'r jingoistiaid na fyddai'r Rhyfel wedi torri allan petai Prydain wedi meddiannu mwy o arfau, ac, eisoes, yr oeddynt yn sôn am fyddin gref, barhaol er mwyn osgoi rhyfel arall. Dylai'r Eglwys wrthsefyll y propaganda hwn â chledd yr Ysbryd Glân.[36]

Ymaflodd yr ysbryd militaraidd yn y plant yn ogystal â'r rhai hŷn, fel y dangosodd H. Cernyw Williams,

> Chwarae rhyfel mae y plant ar yr heol, soniant am ryfel gyda'i gilydd y dydd, a breuddwydiant am ryfel y nos. Drylliau ac arfau yw eu teganau a chadfridogion maes y gwaed yw eu harwyr. Pan eir i'r cysegr i addoli Duw yr heddwch, odid fawr na fydd arogl rhyfel ar y gwasanaeth . . .[37]

George M. Ll. Davies

Cyfaddefodd Syr Henry Jones fod amgylchiadau mewn bywyd pan orfodid dyn i ddewis yr ailorau. Pan aeth Prydain i ryfel, nid oedd ganddi ddewis arall.[38] Yn wir, aeth moeseg yr ailorau, yn ôl George M.Ll. Davies, yn wrthgyferbyn i foeseg absolwt Iesu, yn lloches i'r Eglwys. Y tristwch oedd bod yr Eglwys yn canlyn y drwm, a disgwyliai'r werin, yn ofer, i'w hoffeiriaid a'u hathronwyr ymestyn bys tuag at y Ffordd oedd mor wahanol i ffyrdd diraddiol a dinistriol y byd. Rhai wythnosau cyn iddo gael ei ladd ar faes y gad mynegodd milwr ifanc (a laddwyd ym Mae Suvla, Awst 1915) ei ofid na fyddai'r Eglwys wedi rhoi sicrach arweiniad yn nydd prawf ac argyfwng Ewrop. Yr oedd yn rhanedig; puteiniodd ei galluoedd yn y maes recriwtio, llychwinodd ei phurdeb drwy werthu'i henaid i'r cynlluniau a ddarparodd dyn ar ei chyfer, yn lle ei bod hi, yr Eglwys, yn arwain dyn ar hyd llwybrau uniawn yr iachawdwriaeth. Dyrchafwyd gwaedd am ddynion ac arfau. Onid oedd, gofynnodd George M.Ll. Davies, yn rhywle rywun i godi llef dros lanhau a phuro bywyd ysbrydol y genedl? Onid oedd llef i alw'r genedl yn ôl i ystyried egwyddor sylfaenol y Ffydd, heb gymrodeddu â'r wasg annuwiol? Onid oedd gan arweinyddion coll ymateb i waedd y milwr o faes y gwaed?

Nid oedd dim yn fwy gwrthun, ychwanegodd George M.Ll. Davies, na'r ymgais i gymrodeddu drwy dderbyn yr Efengyl ar dafod leferydd, ar y naill law, ond, ar y llaw arall, ei gwadu mewn bywyd, ei derbyn gerbron yr allor, ond wrth borth yr Eglwys ymwrthod â hi.

Bu'r Eglwys yn llawdrwm ynglŷn â materion fel torri'r Saboth a phlesergarwch. Apeliodd yn daer ar ei haelodau i edifarhau oherwydd y pechodau hynny, ond bu'n gwbl anedifeiriol ynglŷn â phechodau'r bywyd cenedlaethol.[39]

Cyfeiriodd George M.Ll. Davies at y milwr ifanc a ymofidiai oherwydd diffyg arweiniad yr Eglwys. Nid ef oedd yr unig ŵr ifanc a fynegodd ei bryder ynglŷn â hi. Mewn llythyr a anfonwyd at E.K. Jones, Cefn-mawr, o Ffrainc, dywedodd H.R. Jones o'r Corfflu Meddygol 'mai uchel ŵyl y diafol' oedd blynyddoedd y Rhyfel, a'i fod ef wrth ei fodd yn gweld aelodau o'r Eglwys, a hyd yn oed weinidogion, yn cefnogi'r fath waith uffernol.[40]

Fe'i cafodd Dan Tomos ei hun, hefyd, mewn gwewyr, ac yn anfoddog ynglŷn â diffyg arweiniad yr Eglwys. Ar ôl darllen yr apêl yn *Y Deyrnas* am gynhorthwy ariannol i'r gwrthwynebwyr cydwybodol a'u teuluoedd, ym Medi 1918, ysgrifennodd at E.K. Jones i fynegi ei bryder:

Ymddengys y weithred hon o'm heiddo (cyfrannodd bumpunt i'r gronfa) yn anghyson. Dyma fi yn rhan o'r peiriant sydd yn achosi'r dioddef ac ar yr un pryd yn ceisio lleddfu'r drwg . . . Yn wir, rwyf bron â gwirioni yn methu gwybod beth i wneyd yn aml. Y tywyllwch o'm cwmpas yn dyfnhau o hyd, ac oherwydd hynny y goleu ym Mherson Mab y Dyn yn dod yn fwy eglur a disglaer, a finnau yn methu ei ddilyn — wedi fy llyffetheirio yng nghadwynau y drefn. Byddaf yn dychryn pan ddychmygaf fy mod tuhwnt i obaith. Fy nghri yw, Pa hyd, O Dduw, pa hyd y'm caethiwer?[41]

Clwyfwyd Dan Tomos, capten yn y fyddin, yn Ffrainc, ac ar ôl ei ryddhau gwasanaethodd fel swyddog cofrestru yn Wrecsam, — ef a baratôdd y wŷs yn galw George M.Ll. Davies i'r fyddin. Ar un adeg, bu George M.Ll. Davies yn bennaeth arno yng ngwasanaeth y banc. Yn ei ohebiaeth â John Williams, Brynsiencyn a Tecwyn Evans mynegodd Dan Tomos ei bryderon, a'i wewyr meddwl. Ysgifennodd atynt fel un a ddaliwyd 'mewn cyfyngder' a 'blinder', yn ymbalfalu yn y tywyllwch gan ddyheu am olau dydd. Anobeithiodd am yr

Eglwys. 'Ewch', meddai hi, 'gwasanaethwch Dduw Rhyfel, Duw Ofn a Chreulondeb; cyhoeddwch ar led, canys felly y carodd Duw y byd fel y lladdodd Efe dros ddeng miliwn o bobl?' Wrth syllu ar y galarus, y di-waith, yr unig, y drylliedig o gorff a meddwl, a oedd gan yr Eglwys neges i'r cyfryw rai? Nid oedd y ffaith bod nifer drylliedig y gelynion yn yr un cyflwr yn gysur iddo.

Pan dorrodd y Rhyfel allan aeth ef fel y miloedd eraill, i ymladd dros y gwan, ond argyhoeddwyd ef nad oedd y fath beth â rhyfel cyfiawn, ac ni ddylai undyn byw a oedd yn proffesu Crist gymryd rhan mewn rhyfel na'i gefnogi.

Ymhen deuddydd ar ôl anfon gair at John Williams, derbyniodd ateb i'w lythyr (26.12.17). Yr oedd y ffordd i John Williams yn gwbl glir a golau, fel y dengys y geiriau a ganlyn:

> . . . nid oes modd rhoi gormod o bris am gyfiawnder; beth yw saith miliwn y dydd yn un pen i'r glorian pan y mae cyfiawnder yn y pen arall, a beth yw miloedd o fywydau o ran hynny pan y ceisir dyrchafu cyfiawnder trwy eu haberthu? Fe roed gormod am heddwch lawer gwaith, ond ni ellir byth roi gormod am gyfiawnder.

Ymleddid yn erbyn system, nid gwlad, a honno'n ymgorfforiad o allu materol, a'i phleidwyr yn honni nad oedd dim yn uwch na gwladwriaeth, a'r nod uchaf posibl i gyrchu ato oedd bod y wladwriaeth honno'n cyrraedd 'gorsedd y byd'. Yn enw'r nod hwnnw cyfiawnheid sarnu pob egwyddor foesol. Nid oedd heddwch â chyfundrefn ddi-Dduw a wawdiai'r nef a gwarthruddo'r ddaear yn bosibl. Byddai marw wrth ymladd â'r gallu satanaidd hwn yn farw mor deilwng â marw tad wrth achub ei blentyn o afael dihirod. 'Waeth gen i drafod telerau heddwch â galluoedd y tywyllwch na llywiawdwyr Germani', meddai John Williams.

Ar ôl gwrando D. Tecwyn Evans yn pregethu, synnodd Dan Tomos ei glywed yn datgan ei lawenydd fod dwylo Prydain, o leiaf, yn lân yn yr argyfwng, heb ei fod wedi ystyried y cytundebau cudd rhwng y gwledydd a aeth i ryfel. Ond yr ystyriaeth bwysicaf oedd nid pwy a ddechreuodd y Rhyfel, eithr yn hytrach, beth oedd dyletswydd y Cristion yn yr argyfwng? Yn sicr, nid gwyngalchu un genedl ar draul y llall, neu bardduo'r Almaen er gogoniant i Brydain.

Y Bregeth ar y Mynydd

Yng ngolwg Dan Tomos, yr oedd dysgeidiaeth Iesu ar bwnc rhyfel yn eglur a digymrodedd. Mynnai John Williams, serch hynny, mai'r hyn a wynebai'r Cristion, ar adegau, oedd gorfod dewis nid rhwng da a drwg, ond rhwng drwg llai a drwg mwy. Dyna a wnaeth Prydain. Pan gyfeirid at y Bregeth ar y Mynydd yn y cysylltiadau hynny dylid cofio mai delfryd ydoedd a chyn y gallai'r byd fyw'r Bregeth rhaid yn gyntaf i 'bregeth fawr mynydd y groes' lefeinio'r byd drwyddo draw. Yn ôl John Williams,

> Nid oes a wnelo ei ddysgeidiaeth Ef yn uniongyrchol, ond â pherthynas unigolion â'i gilydd, ac yn arbennig perthynas ei ddisgyblion â'i gilydd. ... Rhaid derbyn y byd fel y mae, yn arbennig yn ein perthynas rhyngwladwriaethol; rhaid i ni wrth gwrs wneud ein gorau i'w wella'n araf, ond wiw gwneud deddfau na chyflawni actau cyhoeddus na bydd yr oes yn aeddfed iddynt, neu gellir gwneud mwy o lawer o niwed nag o les.

Yn groes i farn John Williams, credai Dan Tomos mai 'delfryd' i'w hefelychu, nid i sylwi arni a gweithredu'n groes i'w hegwyddor, oedd y Bregeth ar y Mynydd.[42]

Trwy gydol y Rhyfel, bu'r Bregeth ar y Mynydd yn bwnc dadleuol. Os oedd y Bregeth yn gwahardd taro â dwrn neu gleddyf greadur a dreisiodd anrhydedd merch, 'taflaf ei dysgeidiaeth i'r pedwar gwynt, deued a ddelo', meddai un o'r cyfranwyr i *Yr Ymofynydd.*[43] Yn ôl y golygydd, D. Arthur Thomas, yr oedd Rhyfel 1914 yn gyson â charictor Iesu yn bwrw allan gythreuliaid, ac yn ceryddu pechod drwy nerthoedd moesol daioni. Amlygwyd y nerthoedd moesol hynny gan Brydain mewn rhyfel cyfiawn. Nid oedd awgrym yn nysgeidiaeth Iesu fod pob rhyfel i'w anghymeradwyo gan iddo Ef ei Hun ddweud y byddai'n ddoeth i un fyned allan i ryfel ymgynghori fel y gallai gyfarfod â'r gelyn yn llwydd-iannus. (Luc 14:31). Anogaeth oedd yn y Bregeth i unigolion ymwrthod â gwrthwynebu'r drwg wrth wneuthur drwg eu hunain.[44]

Cytunai J. Gwili Jenkins â'r gosodiad fod rhai, o leiaf, o ymadroddion y Bregeth ar y Mynydd yn cyfeirio at elyniaeth bersonol, a bod llawer ohoni ar ffurf symbolaidd neu ddamhegol. Byddai ceisio dilyn rhai o anogaethau'r Bregeth yn llythrennol, fel yr awgrymodd Tolstoy, yn ynfydrwydd, ac yn arwain i'r math hwnnw o ddeddfoldeb y rhybuddiodd Iesu ei blant i ymwrthod ag ef. Meddylier am lofrudd neu ysbeiliwr yn torri mewn i dŷ, ac yn bygwth gwraig a phlant y penteulu oedd yn credu'n llythrennol yn y geiriau, 'Na wrthwynebwch ddrwg'. Oni chyfrifid y gŵr hwnnw a groesawai'r llofrudd â geiriau megis, 'Lladd nhw i gyd, y wraig a'r plant, a minnau wedyn, oherwydd fe ddywedodd Iesu, 'Na wrthwynebwch ddrwg', yn llwfrddyn di-enaid?'[45]

Gorfodwyd D. Miall Edwards i gydnabod fod holl rediad dysgeidiaeth Crist o ran ei hysbryd yn condemnio rhyfel. Y foeseg a ffynnai rhwng y gwledydd oedd 'curwch eich gilydd', nid 'cerwch eich gilydd', ond mewn byd amherffaith ni allai Prydain fod wedi ymddwyn yn wahanol. Dylid meddwl am y Rhyfel fel cyfle rhagluniaethol i orchfygu rhyfel am byth, a rhoi taw ar yr ysbryd trahaus a feiddiodd dorri ar heddwch y byd er mwyn boddio uchelgais.[46]

Gresynodd D. Miall Edwards nad oedd y Bregeth wedi cyffwrdd, hyd yn oed, ag ymylon gwleidyddiaeth, gan gydnabod fod a wnelo hi â pherthynas y gwledydd â'i gilydd. Ategwyd hynny gan Joseph Jones (Aberhonddu) a David Adams. Yr oedd apêl yr Efengyl yn ei hanfod yn gymdeithasol, meddai Joseph Jones.[47] Ychwanegodd David Adams na ellid ymryddhau o afael ymhlygiadau'r Bregeth ar y Mynydd drwy greu rhaniad rhwng y personol unigol, a'r cymdeithasol. Ni ellid rhannu dyn yn ddeuddarn.

Er ei bod yn ffaith ddiymwad nad oedd yr un wladwriaeth o ran ei hysbryd wedi mabwysiadu egwyddorion Iesu, ni olygai hynny eu bod yn anymarferol. Yn wir, dylai methiant y wladwriaeth i'w mabwysiadu symbylu'r Eglwys i lefeinio'i deiliaid â halen yr egwyddorion hynny, er mwyn gwneud y wladwriaeth o ran ei hysbryd, yn fwy Cristionogol. Gwaetha'r modd, dros y canrifoedd, gwadodd yr Eglwys y Bregeth ar y Mynydd, gan roi ei bendith ar weithgareddau grym y wladwriaeth, a chyfiawnhau rhyfeloedd.

Anobeithiodd David Adams wrth weld newid ymagwedd o du arweinwyr cydnabyddedig yr Eglwys, ac ym mhob oes llwyddodd yr offeiriadaeth i lygru a halogi pob gwirionedd crefyddol. Gellid ei ddiogelu trwy'r lleiafrif ffyddlon i ysbryd a dysgeidiaeth Iesu. Ac yn lle haeru fod egwyddorion y Bregeth yn anymarferol, am ei bod yn anodd i wareiddiad weithredu'n unol â'i gofynion, dylai Cristionogion ailymaflyd yn y dasg foesol a wynebu'n onest y sefyllfa argyfyngus oedd yn ganlyniad ymwrthod ag egwyddorion y Bregeth.

Er gwaethaf y safbwynt a goleddwyd gan David Adams, cydnabu 'iawnder y cwrs a fabwysiadwyd gan y llywodraeth ynglŷn â'r rhyfel, a thra'n gofidio am yr angenrheidrwydd i wneud apêl at y cledd mewn materion rhyngwladwriaethol, yr oedd yn achos o lawenydd fod cynifer o ddynion ieuainc ein heglwysi yn ateb i alwad y Brenin a'r wlad'.[48]

Methodd W.J. Gruffydd ddeall sut y gallai un o weinidogion y Bedyddwyr, D. Powell (Lerpwl), ddadlau dros y Rhyfel, a gwyrdroi'r Bregeth ar y Mynydd i'w bwrpas ei hun, a pharhau i fod yn Gristion. Mae'n sicr ei fod yn aelod defnyddiol o gymdeithas, yn gwneud ei ddyletswydd yng ngoleuni ei gydwybod, yn gymydog cymwynasgar, yn talu ei ddyled, yn onest yn ei ymddygiad at bawb, yn dweud y gwir cystal â'r gorau, ac yn byw bywyd sobr. Er bod yr holl rinweddau hyn yn eiddo iddo, eto, ni ellid, yn ôl W.J. Gruffydd, ei alw'n Gristion Os oedd D. Powell yn Gristion, ac fel Cristion yn cyfiawnhau'r Rhyfel, beth, mewn difrif oedd dadl y gwŷr hynny na honnent fod yn Gristionogion? Llenwid dyn ag ofn a dychryn!

Ond, gwyddai am rywrai yng Nghymru, ie, hyd yn oed yn yr eglwysi, a barhâi i gredu fod dysgeidiaeth Crist yn ddigonol i gyfarwyddo pob dyn. Yr oedd ei natur ef ei hun yn gwrthryfela yn erbyn y Rhyfel, a chymryd bywyd, boed Almaenwr neu Dwrc neu Sais, yn wrthun ganddo. Os oedd ei natur ef ei hun yn milwrio yn erbyn rhyfel, pa faint mwy atgasedd Iesu?

Fe'i sicrhawyd bod miloedd yng Nghymru yn coleddu'r un syniadau ag yntau; credent yn nilysrwydd athrawiaeth y Testament Newydd, heb honni am funud eu bod yn llwyddo i'w dilyn fel y dymunent, ond ni allai 'siwglaeth' D. Powell wyrdroi'r Bregeth ar y Mynydd i olygu ein bod i daro gelyn a gwneud y geiriau 'Gwyn eu byd y tangnefeddwyr' i olygu mai 'melltigedig' oeddynt.

Cyfaddefai W.J. Gruffydd na allai ef, bob amser, garu gelyn, ond ni allai'r Cristion lleiaf ddefnyddio enw Crist i gysegru'r chwantau mwyaf bwystfilaidd a gwaedlyd yr hen Adda a amlygid mewn rhyfel. Dyna, yn ôl W.J. Gruffydd, y pechod yn erbyn yr Ysbryd Glân. Yr unig un a wadai'r gwirionedd hwnnw oedd y diwinydd a'r esboniwr 'llawn campau', y Parchg. D. Powell.[49]

Yr ymateb naturiol i ymagwedd y rheini a ddadleuai na ddylid cyhoeddi angladd y Bregeth ar y Mynydd dros gyfnod y Rhyfel oedd holi, fel y gwnaeth Percy O. Jones (Clynnog) beth pe bai holl deyrnasoedd Cristionogol y byd yn mentro ymddwyn tuag at eu gwrthwynebwyr yn unol ag egwyddorion y Bregeth ar y Mynydd? Pan ddigwyddai hynny, meddai, byddai Cristionogon wedi dod o hyd i'w priod waith, a golygai, hefyd, alltudio rhyfel unwaith ac am byth.[50]

Dangosai parodrwydd Cristionogion i droi'r Bregeth ar y Mynydd o'r neilltu fel rhywbeth cwbl anymarferol, fel y methodd yr Eglwys ddysgu'r saint — nac anghofier, meddai Richard Roberts, ysgrifennydd cyntaf Cymdeithas y Cymod, mai gorchwyl yr Eglwys bob amser oedd cynhyrchu saint, nid dinasyddion — i fentro'r cyfan ar ras Duw, mewn anturiaeth fawr.[51] Ni wyddai'r sawl a dderbyniai'r anturiaeth beth fyddai eu tynged. Byddai eu cyfeillion yn barod i gynnig mil a mwy o resymau dros beidio â mentro, ac yn fynych iawn ymddangosai eu hymddygiad fel rhywbeth cwbl groes i resymeg dynol. Eto i gyd, y cyfryw rai oedd disgyblion Crist.[52]

Onibai amdanynt hwy, y 'gweddill', byddai'r byd, yn ôl Eluned Morgan, a wylodd ddagrau chwerw wrth feddwl am ddylanwad O.M. Edwards ar y werin yn sgîl ei 'weledigaeth ryfedd ac ofnadwy' ynglŷn â'r Rhyfel, yn 'anrhigiadwy'.[53] Ond nid oedd y llwybr a gymerodd y 'gweddill' yn hawdd. Yn ystod y Rhyfel, clywodd E.K. Jones ddiacon yn tystio fod Iesu yn rhy wan i'r cyfwng hwnnw. Cyhoeddodd Iarll Birkenhead yn oraclaidd y byddai rhaid rhoi Crist o'r neilltu dros y Rhyfel. Clywodd am grefyddwyr yn gwawdio'r Efengyl; a gwyddai am bulpudau a gaewyd yn erbyn heddychwyr. Cyfaddefodd E.K. Jones,

Bum mewn digalondid a gofid mawr, ac yn ystyried y priodoldeb o ymneilltuo o'r weinidogaeth . . . Ymhlith fy holl atgofion am y Rhyfel Mawr, y pennaf a'r chwerwaf oedd gwrthodiad yr eglwysi o Grist, yr ymgais i'w wisgo Ef mewn 'khaki', a'i wneuthur yn arweinydd mewn tywallt gwaed dynol'.

Meddiannwyd ef gan ymdeimlad o unigrwydd llethol. A oedd pawb, gofynnodd wedi ynfydu a gwrthgilio? Pan sefydlwyd cangen o Gymdeithas y Cymod yn Wrecsam, ym Mehefin 1915, darfu am yr unigrwydd, cododd yr haul, a sylweddolodd fod mintai gref o weinidogion a lleygwyr yn rhannu'r un weledigaeth, ac ymddiriedwyd iddynt genhadaeth fawr ac anodd dros Grist.[54]

Nid oedd dolen swyddogol rhwng yr heddychwyr hyd nes cyhoeddi *Y Deyrnas*, yn 1916. Yr oedd Wrecsam a Bangor yn ganolfannau i'r mudiad heddwch cyn sefydlu *Y Deyrnas*, ond o ganlyniad i sefydlu'r cylchgrawn, a'r Gynhadledd Heddwch, yn Llandrindod, ym Medi 1917, lledodd gwaith a chenhadaeth y mudiad dros Gymru gyfan.

Yn y 'Datganiad' a ddaeth o'r Gynhadledd, galwyd ar yr Eglwys i godi'i llais heb oedi mwy i dystio mewn gair a gweithred yn erbyn yr ysbryd oedd yn bygwth boddi'r byd Cristionogol mewn dilyw o lidiowgrwydd a llofruddiaeth, cyn i Dduw symud y ganhwyllbren o'i chanol, a galw ar eraill i fod yn dystion iddo. Arwyddion o hynny oedd bod Sosialwyr a milwyr yn dadlau o blaid heddwch tra bo'r Eglwys yn fud.

[1] *Y Deyrnas*, Rhagfyr 1916, t. 7
[2] Medi 30, 1914, t. 2
[3] *Y Tyst*, Hydref 7, 1914, t. 2
[4] ibid. Hydref 21, 1914, t. 12
[5] ibid. Hydref 28, 1914, t. 12
[6] 'Ffug-Sancteiddrwydd', *Y Llan*, Hydref 9, 1914, t. 4
[7] *Western Mail*, Hydref 7, 1914, t. 4
[8] 'Y Rhyfel a'r Eglwysi', *Y Tyst*, Hydref 14, 1914, t. 3
[9] 'Yr Eglwys a'r Wladwriaeth', *Y Dysgedydd*, Gorffennaf 1915, t. 303
[10] gol. 'Principal Rees and the War', *Western Mail*, Hydref 7, 1914, t. 4
[11] ibid. Hydref 19, 1914, t. 3
[12] ibid. 'Wales Day By Day', Hydref 17, 1914, t. 4
[13] ibid. Hydref 12, 1914, t. 4
[14] ibid. Hydref 20, 1914, t. 4
[15] *Y Clorian(n)ydd*, Mawrth 8, 1916, t. 2
[16] ibid. t. 2
[17] gol. 'Y Mis', *Yr Haul*, Ebrill 1916, t. 98
[18] 'O Bant i Bentan', Hydref 22, 1914, t. 6

[19]Llythyr oddi wrth D.R. Daniel i Thomas Rees, dyddiedig 16.10.14, yn Llyfrgell Coleg y Brifysgol, Bangor.

[20]'Nietzsche sy Dduw', *Y Brython*, Hydref 8, 1914, t. 3

[21]ibid. t. 3

[22]'Y Rhyfel a'r Senedd', Tachwedd 26, 1914, t. 2

[23]*John Puleston Jones* (Caernarfon, ail argraffiad 1930), tt. 186-208 passim

[24]'Gweddi ac Arfau Prydain', *Y Goleuad*, Medi 11, 1914, t. 8

[25]ibid. 'Colofn Hawl ac Ateb', Medi 11, 1914, t. 6

[26]'Natur Eglwys', *Ysgrifau Puleston* (Bala 1926), t. 173

[27]'Colofn Hawl ac Ateb', *Y Goleuad*, Medi 18, 1914, t. 6

[28]ibid. 'Gweinidogion a'r Rhyfel', Medi 25, 1914, t. 9

[29]ibid. 'Colofn Hawl ac Ateb', Hydref 23, 1914, t. 5

[30]ibid. 'Gweinidogion a'r Rhyfel', Medi 25, 1914, t. 9

[31]ibid. Hydref 23, 1914, t. 4

[32]ibid. 'Yr Eglwys a'r Rhyfel' Hydref 16, 1914, t. 9

[33]'The Church and the War', *The Welsh Outlook*, Rhagfyr 1914, t. 499

[34]*Y Brython*, Hydref 1, 1914, t. 3

[35]'Hawl Cristnogaeth nid y wladwriaeth yw'r uchaf', *Y Goleuad*, Mawrth 30, 1917, t. 9

[36]op. cit., tt. 500-2

[37]'Rhyfeloedd Prydain yn y Gorffennol', *Seren Gomer*, Mawrth 1915, t. 57

[38]'The Nature of Morality and its bearing on the War', *The Welsh Outlook*, Ionawr 1916, t. 11

[39]ibid. 'Second Bests', Chwefror 1916, tt. 47-50

[40]Casgliad E.K. Jones yn Ll.G.C.

[41]ibid. llythyr dyddiedig, 27. 9. 18

[42]'Hunangofiant', Pennod V

[43]'S', *Yr Ymofynydd*, Medi 1914, t. 196

[44]ibid. gol. Rhagfyr 1914, t. 266

[45]'Na Wrthwynebwch Ddrwg', *Seren Cymru*, Hydref 16, 1914, t. 8

[46]'Cerwch eich gilydd', medd Crist, 'curwch eich gilydd', medd Nietzsche', *Y Brython*, Awst 27, 1914, t. 5

[47]ibid. Tachwedd 12, 1914, t. 6

[48]'Y Wladwriaeth a'r Bregeth ar y Mynydd', *Y Dysgedydd*, Ebrill 1916, tt. 157-61

[49]'Benthyca Crist i Gysegru Rhyfel', *Y Brython*, Hydref 28, 1915, t. 3

[50]'Cristionogaeth a'r Rhyfel', *Y Dinesydd Cymreig*, Chwefror 16, 1916, t. 3

[51]Richard Roberts, *Y Ffydd i'r Oes Newydd*, Cymreigiwyd gan T. Gwynn Jones, (Llundain 1916), t. 11

[52]ibid. tt. 16-17

[53]W.R.P. George (gol.), *Gyfaill Hoff* (Llandysul 1972), t. 206

[54]*Atgofion Am Dri Rhyfel* (Pamffledi Heddychwyr Cymru, Ail Gyfres), tt. 19-24

'Pobl Tu Fas' — Y Wir Eglwys

Yn ôl ei gyfaill Albert Davies, ymunodd David James Jones (Gwenallt) â'r Blaid Lafur Annibynnol cyn ei fod yn ddwy-ar-bymtheg. Pan ddaeth consgripsiwn yn ddeddf, newidiodd holl awyrgylch pentref Yr Allt-wen, cartref David James Jones, a gellid rhannu'r pentref yn ddwy garfan: y naill o blaid consgripsiwn, a'r llall yn ei wrthwynebu. O blith y rheini a wrthwynebai gonsgripsiwn yr oedd cangen Pontardawe o'r Blaid Lafur Annibynnol a sefydlwyd ar ddechrau'r ganrif, aelodau ieuengaf y capeli, a dyrnaid o weinidogion. Yr oedd barn bendant gan Gwenallt fod y Deg Gorchymym a'r Bregeth ar y Mynydd yn ffordd o fyw sylfaenol, a'r gorchmynion 'Na ladd' a 'Câr dy gymydog' yn absolwt.[1]

Pan ymddangosodd gerbron y Tribiwnlys fel gwrthwynebydd cydwybodol, ym Mawrth 1918, seiliodd ei wrthwynebiad i'r Rhyfel, nid fel aelod o'r Eglwys, ond yn enw'r Gymdeithas a oedd yn gwrthwynebu consgripsiwn, y Blaid Lafur Annibynnol, ac egwyddorion y Bregeth ar y Mynydd a anogai i bawb garu eu gelynion. Pan holwyd ef gan y cynrychiolydd milwrol a oedd ef yn caru ei elynion, atebodd ei fod yn eu caru. 'Fe ddylech chi fod yn y nefoedd, nid ar y ddaear', ychwanegodd y cynrychiolydd milwrol.

Yr oedd mudiad Llafur Keir Hardie o ran ei seiliau'n Gristionogol, ac un o themâu cyson y *Labour Leader,* papur Keir Hardie, oedd amharodrwydd yr eglwysi i gondemnio anghyfiawnder cymdeithasol, ac o'r herwydd, buont euog o fradychu egwyddorion y Bregeth ar y Mynydd. Yn wir, yr oedd yr egwyddorion hynny, a'r pwyslais ar gyfiawnder cymdeithasol, a heddwch, yn fwy amlwg yn nhystiolaeth rhai o aelodau'r 'cylch Sosialaidd dethol', — disgrifiad Gwenallt o'r cwmni a gyfarfyddai yn yr 'Ystafell Las', yn nhafarn y Groesffordd, Pontardawe, dan faner y Blaid Lafur Annibynnol.[2]

Un o'r cwmni dethol oedd Thomas Evans, glöwr o Ynys-meudwy, cyfaill Gwenallt. Ym Mawrth 1916, ymddangosodd yn y llys i wynebu'r cyhuddiad fod yn ei feddiant lenyddiaeth yn tanseilio'r ymgyrch ryfel, a disgyblaeth ym myddinoedd ei Fawrhydi. Yn ôl yr erlyniad, pe syrthiai'r pamffledi i ddwylo'r gwan o ewyllys, gallai'r canlyniadau fod yn echrydus. Neu, ynteu, dychmyger yr alanas petai'r gelyn yn llwyddo i roi ei ddwylo arnynt. Os oedd rhywun, ychwanegodd yr erlynydd, yn coleddu'r fath syniadau, er mwyn Duw, dylai ymatal rhag eu taenu ar led hyd nes y cyhoeddid heddwch drachefn.

Tystiodd arolygydd o'r heddlu iddo ddarganfod pentwr o lenyddiaeth fradwrus yng nghartref Thomas Evans, yn cynnwys cannoedd o gopïau o *Friends and Military Service, Shall Britons be Conscripts?, Repeal the Acts,* a *More than 1,000 Conscientious Objectors.* Darllenodd cynrychiolydd y fyddin ar goedd rannau o'r pamffledi a'r llyfrynnau oedd yn peryglu achos Prydain, a'r Lluoedd Arfog, ond dadleuodd Thomas Evans fod rhai o'r llyfrau a adawyd ar ôl yn y cwpwrdd llyfrau'n fwy peryglus na'r llenyddiaeth a gymerwyd o'i gartref. Yr oedd yn y Testament Newydd a adawyd ar y silffoedd, ddatganiadau mwy niweidiol yn erbyn y Rhyfel na dim a ddaeth i ddwylo'r awdurdodau.[3]

Fel yr awgrymwyd, gwrthwynebodd Gwenallt a Thomas Evans y Rhyfel nid fel aelodau o'r Eglwys Gristionogol eithr yn hytrach fel aelodau o'r Blaid Lafur Annibynnol a'r Gymdeithas a wrthwynebai gonsgripsiwn. Haerai Gwenallt mai'r tu allan i'r Eglwys, yn y Blaid Lafur Annibynnol, ac yn rhai o'r cymdeithasau a oedd yn gwrthwynebu'r Rhyfel y gellid canfod y wir Eglwys. Yn ei olwg ef a Thomas Evans siarter y werin Sosialaidd oedd y Bregeth ar y Mynydd, er y byddai'r werin honno'n barod i ymladd i amddiffyn ei hawliau yn erbyn y meistri. Rhyfel y meistri oedd y Rhyfel a dorrodd allan yn 1914, a beirniadwyd yr Eglwys am roi cefnogaeth iddynt, yn enw'r Efengyl. Yn *Ffwrneisiau,* nofel Gwenallt, dywed Ianto Powel mai 'props' y system gyfalafol oedd 'y blydi capeli a'r eglwysi'. Ac onid Sosialydd oedd y Samariad da yn nameg yr Arglwydd Iesu?[4]

Ni fyddai'n hollol gywir pe dywedem mai ymagwedd y

capeli tuag at y Rhyfel a oedd yn gyfrifol fod cynifer o Sosialwyr wedi troi oddi wrth gapel a chrefydd capel, gan fod y proses o ymddieithrio wedi dechrau cyn hynny. Cyfeiriodd D.J. Davies, Ystrad Rhondda, un o wŷr amlycaf y Blaid Lafur Annibynnol, at y papurau crefyddol a dderbyniai'i dad, yn rhoi lle amlwg i Ddiwinyddiaeth newydd R.J. Campbell. Tanseiliai'r ddiwinyddiaeth honno uniongrededd y capeli. Yr hyn a wnaeth y Rhyfel oedd prysuro'r ymddieithrio oddi wrth grefydd.

Yn *Ffwrneisiau*, cynrychiolir y grefydd swyddogol, y grefydd honno yr adweithiodd Gwenallt yn ei herbyn, gan y Parchg. Morris Parri. Cyfiawnhaodd y Parchg. Morris Parri weithio ar y Sul gan fod y Rhyfel yn gyfiawn. Ef oedd cadeirydd y cyfarfodydd recriwtio, ac yn ei bregethau anogai'r bechgyn i ymrestru. Yr oedd yn gas ganddo ddiwinyddion yr Almaen a danseiliodd wirionedd y Beibl drwy eu damcaniaethau ynglŷn â Beirniadaeth Feiblaidd. Bu mor ffôl, ar ei addefiad ei hun, â darllen cyfieithiadau Saesneg o'u gweithiau, ond casglodd hwy'n bentwr, a'u llosgi ym mhen draw gardd ei gartref. Anarchistiaid o Phelagiaid oedd yr heddychwyr. Ni allai unrhyw un a bleidiai'r gred Galfinaidd fod yn heddychwr, am fod Calfin ei hun o blaid rhyfel cyfiawn.

Yn wir, yn ôl y Parchg. Morris Parri, yr oedd popeth crefydd wedi eu gerio i bleidio'r Rhyfel. Onid oedd diwinydd mwyaf Ewrop, sef P.T. Forsyth o'i blaid, a phregethwr mwyaf Cymru, John Williams, Brynsiencyn, yn pregethu ym mhulpudau'r wlad yn lifrai caplan y Fyddin? Presbyteriad oedd y Parchg. Morris Parri, ond yr oedd yn achos i ymfalchïo ynddo nad Presbyteriaid yn unig oedd o blaid y Rhyfel, gan fod Eglwyswyr a Phabyddion hwythau'n unfryd yn ei gefnogi. Ac o blith yr Annibynwyr, gellid enwi diwinydd mwyaf Cymru, sef D. Miall Edwards.

Cynrychiolai'r caplan, hefyd, yn *Plasau'r Brenin*, gan Gwenallt, y grefydd swyddogol. Codai ei destun bob amser o'r Hen Destament, a phregethai bregethau yn cyfiawnhau'r Rhyfel. Pregethau oeddynt am gyfiawnder, barn, erchylltra pechod, a'r ddamnedigaeth a oedd yn dilyn. Duw cad a brwydr, digofaint a dialedd oedd Duw'r caplan, 'Arglwydd Hollalluog y Saeson a Jehofa'r Ymerodraeth Brydeinig'.

Pan ofynnodd Myrddin Tomos, y carcharor, i'r caplan am lyfr neu ddau i'w ddarllen, atebodd yn swta y dylai gofio nad mewn coleg yr oedd, ond yng ngharchar. Tystiodd Myrddin Tomos na chlywodd erioed eiriau mwy angharedig o enau Cristion. Pan ofynnodd ymhellach am lyfr Cymraeg, fe'i hatgoffwyd gan y caplan ei fod yn Lloegr, nid yng Nghymru. Ar ôl bygwth streic newyn, trwy ganiatâd meistr y carchar cafodd Feibl Cymraeg. Daeth y caplan heibio i'w gell, yn ddiweddarach, a dangosodd Myrddin Tomos y Beibl Cymraeg iddo. Mewn ysbryd 'o lawenydd dialgar' dywedodd ei fod yn teimlo'n ddiolchgar fod dynion yn y byd yn fwy caredig na gweision yr Arglwydd. Cynghorodd y caplan ef i ddarllen llawer ar yr Hen Destament, oherwydd bai bechgyn tebyg i Myrddin Tomos oedd darllen gormod ar y Testament Newydd.[5]

Yn wrthgyferbyn i ymddygiad y caplan a'r Parchg. Morris Parri, yn *Ffwrneisiau,* yr oedd ymagwedd y Parchg. Llechryd Morgan, Bethel, capel yr Annibynwyr. Yn y Rhyfel gwelodd ef yn glir ei bwrpas fel gweinidog Duw, sef 'dilyn y goleuni yn y tywyllwch; dilyn y glomen yn y diffeithwch; canlyn Baner yr Oen; addoli Tywysog Tangnefedd'. Ni chytunai aelodau ei gapel â'i syniadau, a chredent hwy y byddai'n ddoethach iddo ymatal, ond ar ôl pasio Deddf Gorfodaeth yn Ionawr 1916 aeth y drwgdeimlad yn waeth o lawer pan ymddangosodd yn y Tribiwnlysoedd i dystio ar ran y gwrthwynebwyr cydwybodol.

Sefydlodd y Parchg. Llechryd Morgan gangen o Gymdeithas y Cymod. Yr oedd Ianto Powel fel Sosialydd yn amharod i ymuno â hi, am mai cymdeithas Gristionogol ydoedd. Gan mai'r Sosialwyr, yn ôl Ianto Powel, a oedd yn erbyn y Rhyfel oni ddylai'r Parchg. Llechryd Morgan ymuno â'r Blaid Sosialaidd? Atebodd y gweinidog fod ganddo barch mawr tuag at y Blaid Llafur am ei bod yn pwysleisio cyfiawnder a brawdoliaeth dyn, ond fe'i siomwyd ynddi ar gyfrif ei hymagwedd tuag at y Rhyfel. Nid oedd honiad Ianto Powel fod y Sosialwyr yn gwrthwynebu'r Rhyfel yn gywir, gan fod Sosialwyr yn y Llywodraeth o'i phlaid. Gellid dweud yr un peth am yr Undebau Llafur, hwythau, hefyd. Dyrnaid bach o'r Blaid Lafur Annibynnol, yn unig, o dan arweiniad Ramsay Macdonald a Philip Snowden a wrthwynebai'r Rhyfel. A dylai Ianto Powel gofio mai ymagwedd gweithwyr Aberdâr i'r Rhyfel a dorrodd galon Keir Hardie.

Er bod gan y Parchg. Llechryd Morgan gydymdeimlad â llawer o ddyheadau'r Blaid Lafur Annibynnol, nid oedd yn aelod ohoni. Seiliwyd ei heddychiaeth ar yr Efengyl, a'r traddodiad Cymraeg. Mudiad Seisnig oedd Sosialaeth, ac ar wahân i John Joseph, yr oedd aelodau'r 'Ystafell Las', yn ôl Gwenallt, yn Seisnig o ran iaith ac ysbryd.

Y Parchg. Llechryd Morgan oedd cadeirydd y gangen leol o Gymdeithas y Cymod, ac ef hefyd, a ofalai fod aelodau'r gangen yn derbyn *Y Deyrnas,* misolyn y Gymdeithas. Nid oedd Cymdeithas y Cymod yn dderbyniol gan nifer o gapeli. Pan drefnwyd i wahodd J. Puleston Jones i annerch cyfarfod cyhoeddus dan nawdd y Gymdeithas, gofynnwyd i weinidog a blaenoriaid capel y Methodistiaid Calfinaidd roi festri'r capel i gynnal y cyfarfod. Ni welsant hwy'n dda gydsynio â'r cais. Petai'r Gymdeithas wedi gofyn am fenthyg y festri er mwyn i John Williams, Brynsiencyn annerch, fe fyddai hynny wedi cael derbyniad gwresog, meddai gweinidog Bethel. Darperid y festri ar gyfer casgliadau'r 'War Loan', ac ymddangosai fod hynny'n bwysicach na Thywysog Tangnefedd. Penderfynodd gweinidog Bethel ofyn i swydd-ogion ei gapel ei hun am fenthyg y festri. Fe'i cafodd am fod y diaconiaid yn rhy lwfr i'w wrthwynebu'n agored.

Nifer bychan a ddaeth i'r cyfarfod o dan nawdd Cymdeithas y Cymod a anerchwyd gan D. Wyre Lewis yn absenoldeb J. Puleston Jones, a phan ddaethant allan o'r cyfarfod yr oedd twr o bobl wedi ymgasglu i'w hwtian, ac i alw pob enw arnynt. Yn ddiweddarach, pan gerddai gweinidog Bethel ar hyd yr heol, fe'i cyferchid ag enwau megis 'conchie, cachgi, coward, a bradwr', ac estynnai'r merched bluen wen iddo. Ond ni fu'r fath ymagwedd na'r ffaith fod ei enw'n bur uchel ar restr pobl beryglus y Swyddfa Gartref yn rhwystr iddo ddilyn ei weledigaeth. Daeth ei gapel yn gyrchfan heddychwyr pob enwad, ac ysbïwyr ar ran y Llywodraeth. Un o'r ymwelwyr â Bethel oedd ditectif y Llywodraeth a gopïodd nodiadau'r bregeth i weld a oedd ynddi unrhyw deyrnfradwriaeth. Ar yr achlysur hwnnw, cododd y Parchg. Llechryd Morgan y Beibl uwch ei ben, a chan edrych ar y ditectif, dywedodd, 'Dyma siarter Teyrnas Tywysog Tangnefedd. Dyma D.O.R.A. Duw . . .' (h.y. Defence of the Realm Act a ddaeth i rym yn Awst 1914).

Wrth ddringo grisiau'r pulpud fe'i hysbyswyd gan y diacon hynaf fod Bethel wedi penderfynu gostwng ei gyflog. Amcan ei gostwng oedd cael gwared arno, ac er mwyn iddo allu ei gynnal ei hun a'i wraig, cafodd swydd fel clerc yn siop y 'Co-op'. Yr oedd mwyafrif o bwyllgor y 'Co-op' yn Sosialwyr, ac addawodd hanner dwsin ohonynt roi chweugain yr wythnos o'u cyflog i gynnal y gweinidog.[6]

Nid oedd unrhyw amheuaeth lle'r oedd cydymdeimlad Gwenallt. Er bod y gwir Gristionogion y tu allan i'r Eglwys, yn y Blaid Lafur Annibynnol, a'r Gymdeithas a wrthwynebai gonsgripsiwn,[7] dangosodd gydymdeimlad â syniadau ac ymagwedd y Parchg. Llechryd Morgan tuag at y Rhyfel. Dewisodd ef dystio i egwyddorion heddwch a chymod yn y gymdeithas a'i diarddelodd. Ni ellir lai na gweld yn ei gymeriad y dygnwch a'r weledigaeth a nodweddai rhai o weinidogion Cwm Tawe, sef W.J. Rees, Yr Alltwen, a Llywelyn Boyer, Dan-y-graig, dau a gefnogodd Gwenallt pan ymddangosodd yn y Tribiwnlys fel gwrthwynebydd cydwybodol. Gellir canfod, hefyd, yng nghymeriad gweinidog Bethel, rai o nodweddion un o'r heddychwyr pybyraf, sef y Parchg. William Rees, Llechryd, gŵr a ysgrifennai'n gyson i *The Pioneer*, a Sosialydd blaengar. Serch hynny, nid oedd y Parchg. Llechryd Morgan yn Sosialydd, er ei fod mewn cydymdeimlad â llawer o'r egwyddorion Sosialaidd.

Gellir cyplysu gyda'r Parchgn. Llechryd Morgan yn *Ffwrneisiau*, W.J. Rees, a Llywelyn Bowyer, dad Gwenallt. Bu ymagwedd rhai pobl yn ardal Yr Allt-wen a Phontardawe pan ymddangosodd Gwenallt gerbron y Tribiwnlys fel gwrthwynebydd cydwybodol, yn sarhaus ac erlitgar, gan ddial ar y tad am ymddygiad y mab. Yn ei gerdd 'Fy Nhad', dywed Gwenallt,

Eu poer, eu parddu a'u picellau mân;
Ti ddeliaist ati er bob cnoc a chlwy.[8]

Yng ngoleuni safiad Gwenallt yn ystod y Rhyfel Byd Cyntaf, a'i ymlyniad wrth y Blaid Lafur Annibynnol diddorol darllen ei sylwadau yn Ebrill, 1945,

> 'Roedd llawer math o wrthwynebwyr cydwybodol yn ystod y rhyfel cyntaf, rhai ar dir Cristnogol, rhai ar dir moesol, a rhai ar dir Sosialaidd. Nid yw'r gwrthwynebwyr Sosialaidd a adwaenwn i yn wrthwynebwyr yn ystod y rhyfel hwn. Y gwrthwynebwyr Cristnogol, yn bennaf, a arhosodd yn heddychwyr.[9]

David Thomas

Ni chafodd David Thomas, Tal-y-sarn, Arfon, unrhyw anhawster i gyfuno Cymreigrwydd, Sosialaeth, a chrefydd. Ar ei gyfaddefiad ef ei hun yr oedd yn aelod o'r Eglwys am mai hi oedd y gymdeithas fwyaf cyfaddas iddo allu lledaenu ei egwyddorion heddychol a Sosialaidd. Dylai'r Eglwys fod yn 'halen y ddaear', a 'goleuni'r byd', ond yn wyneb ei methiant canfu'r wir Eglwys, nid yn y cyfundrefnau a'r enwadau, eithr yn hytrach yn y cymdeithasau anhunangar, megis Cymdeithas y Cymod, y Gymdeithas a oedd yn gwrthwynebu consgripsiwn, a'r Blaid Lafur Annibynnol.[10] Hefyd, cyn i'r Rhyfel dorri allan, ceisiodd, o fewn fframwaith y Blaid Lafur Annibynnol, greu Plaid Sosialaidd a fyddai'n cyfuno gobeithion Llafur a chenedligrwydd Cymreig. Yn rhengoedd y mudiad Llafur, ac yn enwedig yn y Blaid Lafur Annibynnol cyfrifid ei gyfrol *Y Werin A'i Theyrnas* (1909) yn 'feibl bach'.

Er bod ansicrwydd yn ei feddwl ynglŷn ag effeithiolrwydd yr Eglwys gyfundrefnol, credai'n ddiysgog yn nyfodol Crist, a'i gariad fel grym anorchfygol.

Ym Mai 1916, ymddangosodd gerbron Tribiwnlys Gwyr-fai i ddadlau ei achos fel gwrthwynebydd cydwybodol. Yr oedd ar y pryd yn athro cynorthwyol yn ysgol elfennol Tal-y-sarn, ac yn gweithredu fel ysgrifennydd Cyngor Undeb Llafur Caernarfon. Tystiodd gerbron y Tribiwnlys ei fod yn gwrthwynebu setlo cwerylon rhyng-genedlaethol drwy rym, gan ddadlau fod pob rhyfel yn ganlyniad naturiol ac anorfod y frwydr rhwng y galluoedd a oedd am gael pŵer a grym yn eu dwylo'u hunain. Ceisiodd sianelu ei egnïon i hybu cyfeillgarwch rhwng y cenhedloedd, meddai ef. Dyna'r

157

unig lwybr cyson ag ysbryd Cristionogaeth. Gwrthwynebai bopeth oedd yn dinistrio bywyd dynol, gan na wyddai ef am ddim mwy gwerthfawr. Dros y blynyddoedd, ceisiodd, yn ôl ei allu, wasanaethu ei wlad, ond ni allai ei chynorthwyo i gyflawni'r hyn nad oedd, yn ei olwg ef, yn uniawn.

Wrth ateb y cynrychiolydd milwrol yn y Tribiwnlys dywedodd David Thomas ei fod yn dysgu'r plant am ddinasyddiaeth dda, gwladgarwch, a ffyddlondeb i genedl, ond nid oedd a fynno gwladgarwch â'r Rhyfel.[11]

Tystiodd gerbron y Tribiwnlys fel aelod o Gymdeithas y Cymod a'r Gymdeithas a wrthwynebai gonsgripsiwn, ond gwnaeth ei ymagwedd tuag at ryfel yn gwbl glir yn y blynyddoedd cyn i'r Rhyfel dorri allan, yng nghyfarfodydd y Blaid Lafur Annibynnol, ac yn *Y Werin A'i Theyrnas.* Sefydlodd nifer o ganghennau'r Blaid Lafur Annibynnol yn sir Gaernarfon, ac yng nghylch Ffestiniog.

Yn ôl E. Tegla Davies, pan oedd ef yn 'bur sigledig' ynglŷn â'r Rhyfel, fe'i hargyhoeddwyd gan David Thomas na ellid cysoni rhyfel â Christionogaeth. Ymddangosai achos Prydain, yng ngolwg E. Tegla Davies, yn gwbl gyfiawn gan fod cenedl fawr yn mathru cenedl fach. Ymleddid dros wareiddiad a Christionogaeth. Troes David Thomas at weithiau Samuel Roberts a bwrcaswyd gan E. Tegla Davies, i'r tudalennau lle 'roedd Samuel Roberts yn trafod yr esgusodion dros ryfel y Crimea, gan bwysleisio mai'r un esgusodion a roddwyd yn 1914.[12] Bu'r sylw hwnnw'n foddion i gadarhau ffydd E. Tegla Davies yng ngallu ffordd y cymod. Meddai ef, yn ddiweddarach mewn erthygl ar 'S.R. a Rhyfel y Crimea',

> Y gŵr a'i condemniodd fwyaf yng Nghymru oedd S.R; a-dioddefodd ddirmyg a dialedd gwlad gyfan ... Er y cwbl dedfryd hanes yw mai S.R. oedd yn iawn.[13]

T.E. Nicholas

Prin fod neb dyn wedi annerch mwy o gyfarfodydd y Blaid Lafur Annibynnol yng Nghymru na T.E. Nicholas, y gŵr y cyfeiriwyd ato gan ei elynion fel 'dyn da wedi mynd o chwith', a 'dyn atgas a pheryglus'. Prin, hefyd, fod neb wedi bod yn fwy deifiol ei feirniadaeth ar y sefydliad milwrol, crefyddol a gwladol, ac fel y dengys y ddwy enghraifft a ganlyn, ni fu ei lafur dros heddwch yn ofer. Yn Nhribiwnlys Lleol Tregaron, ym Mawrth 1916, dadleuodd Daniel Thomas ei achos fel gwrthwynebydd cydwybodol ac fel aelod o'r Gymdeithas a wrthwynebai gonsgripsiwn. Croniclwyd yr achos yn y *Pioneer:*

Aelod o'r tribiwnlys:	Yn lle y clywsoch chi sôn am y Gymdeithas a oedd yn gwrthwynebu consgripsiwn?
Daniel Thomas:	Yn y papurau.
Aelod o'r tribiwnlys:	Pa bapurau?
Daniel Thomas:	*The Labour Leader*
Aelod o'r tribiwnlys:	Lle gawsoch chi'r papur?

Nid atebodd Daniel Thomas. Dywedodd aelod o'r Tribiwnlys fod y *Labour Leader* yn cael ei werthu yn Llangybi (lle'r oedd T.E. Nicholas yn weinidog).

Holodd drachefn:	Pwy a'ch perswadiodd i ymuno â'r NCF? (h.y. No Conscription Fellowship).
Daniel Thomas:	Nid oedd neb wedi fy mherswadio.
Aelod o'r tribiwnlys:	Pwy a lanwodd eich ffurflen gais?
Daniel Thomas	Pam yr ydych yn gofyn y fath gwestiwn? A oes rhywbeth o le arni?
Aelod o'r tribiwnlys:	Nac oes; ond dwedwch wrthym pwy a'i llanwodd?
Daniel Thomas:	Myfi fy hun.
Aelod o'r tribiwnlys:	Ai'r Parchg. T.E. Nicholas a'i llanwodd? Dwedwch wrthym. Ni chaiff y wybodaeth fynd ddim pellach.
Daniel Thomas:	Myfi fy hun a'i llanwodd.
Aelod o'r tribiwnlys:	A wnaethoch chi dalu am ei llanw?
Daniel Thomas:	Naddo.
Aelod o'r Tribiwnlys:	Pwy sydd yn pregethu fwyaf yn erbyn y Rhyfel yn y cylch?
Daniel Thomas:	Yr ydym bawb i raddau'n pregethu yn ei erbyn.

Yn Nhribiwnlys Llanbedr-pont-Steffan, ym Mawrth 1916, ymddangosodd Josuah Davies i ddadlau ei achos:

Y tribiwnlys:	A ydych yn defnyddio gwn?
Josuah Davies:	Ydwyf, i ddychryn y brain.
Y tribiwnlys:	A ydych yn lladd cwningod?
Josuah Davies:	Ydwyf, i gael bwyd, ac i amddiffyn y cnydau.
Y tribiwnlys:	Oni fyddech yn barod i ladd Almaenwyr?
Josuah Davies:	Na fyddwn. Yr wyf yn bwyta cwningod. Ond nid wyf yn bwyta Almaenwyr. Mae bywyd dynol yn gysegredig.
Y tribiwnlys:	Beth fyddai eich ymateb pe digwyddai i chi gwrdd â llew ar y ffordd?
Josuah Davies:	Ni ddigwyddodd hyn erioed i mi, ac nid yw'n debygol o ddigwydd. Nid oes a fynno hyn ddim â'r achos.
Y tribiwnlys:	Beth fyddai eich ymateb pe bai'r Kaiser yn dod mewn trwy ffenestr eich tŷ i ymosod ar eich chwaer?
Josuah Davies:	Ni fyddwn yn ei ladd.
Y tribiwnlys:	Ai chi eich hun a lanwodd y ffurflen?
Josuah Davies:	Pam yr ydych yn gofyn y fath gwestiwn? A oes rhywbeth o le arni?
Y tribiwnlys:	Dwedwch wrthym pwy a lanwodd y ffurflen.
Josuah Davies:	Cyfaill i mi a'i llanwodd.
Y tribiwnlys:	Pwy yw'r cyfaill? Rhowch ei enw inni.
Josuah Davies:	Nid oes a wnelo'i enw ddim â'r achos.
Y tribiwnlys:	A ydych, felly'n gwrthod rhoi ei enw?
Josuah Davies:	Dwedais wrthych, eisoes, nad yw hynny'n angenrheidiol.
Y tribiwnlys:	Pe byddech yn barod i gyfaddef i chi gael eich camarwain, ac yn penderfynu datgelu enw'r cyfaill a lanwodd y ffurflen, byddem ni'n barod i roi rhyddhad i chi.
Josuah Davies:	Fy syniadau i sydd ar y ffurflen; deallais hi, a daliaf at f'argyhoeddiadau.

160

Eisteddai colofnau Ymneilltuaeth ar y tribiwnalau, yn ôl T.E. Nicholas, a gofynnent gwestiynau a fyddai'n sarhad ar yr anwariaid mwyaf isel. Ystyrient fod saethu cwningen a saethu dyn, y ddeubeth yn debyg o ran natur. Meddai ef, 'Nid wyf fi ŵr gwaedlyd, ond myn Duw! yr oedd llawer i'w ddweud dros y Chwyldro Ffrengig. Pe dywedid wrthyf fi fod yn rhaid i mi ladd fy ngelynion, nid wyf yn sicr na fuaswn yn dechrau yn y wlad hon'.

Yn Ionawr 1915, yng ngholofnau'r *Pioneer,* amddiffynodd T.E. Nicholas ei achos yn erbyn D.J. Davies, Belsize Crescent, Llundain a ymosododd arno yng ngholofnau'r *Tivy-Side.* Ni chafodd T.E. Nicholas gyfle i'w amddiffyn ei hun yn y papur hwnnw, ond fe'i sicrheid y byddai haneswyr y dyfodol, er mwyn cael gwybodaeth ddilys am y 'Rhyfel Anghyfiawn', yn troi at y *Pioneer,* nid at druth D.J. Davies yn y *Tivy-Side.* Yn ddiweddarach, cyhoeddwyd ateb T.E. Nicholas yn llyfryn, yn dwyn y teitl, *Dros eich gwlad.*[14]

Cyhuddwyd D.J. Davies o lunio celwyddau er mwyn camarwain darllenwyr y *Tivy-Side.* Cyfeiriodd D.J. Davies at y 'plant bach heb ddwylaw a chlustiau' yng ngwlad Belg. Gwelodd ef ei hun rai o'r plant hynny yn Llundain, ac arferai nifer o Felgiaid alw heibio iddo i adrodd yr hanes am greulonderau'r Kaiser a'i filwyr. Ond pan ofynnodd T.E. Nicholas iddo am gyfeiriad un o'r plant a oedd heb ddwylo a chlustiau, ni chafodd ateb.

Pa ddrwg a wnaeth gwlad Belg i orfod dioddef yr holl greulonderau, gofynnodd D.J. Davies? Pa ddrwg yn wir, ymatebodd T.E. Nicholas? Oni chlywodd am farbareiddiwch gwlad Belg yn y Congo yn torri dwylo plant bach, yn treisio gwragedd, ac yn saethu'r gwŷr? Nid oedd sôn am Brydain yn codi llais dros hawliau cenhedloedd bychain y pryd hynny. Petai'r celwyddau a daenid am yr Almaen yn wir, ni fyddent ond y filfed rhan o'r hyn a wnaeth gwlad Belg yn y Congo. Ni chymeradwyai waith yr Almaen yng ngwlad Belg, na'i hysbryd milwrol, ond ni ddylid, chwaith, wyngalchu gwlad Belg.

Awgrymodd D.J. Davies, ymhellach, na fu unrhyw wlad mor greulon â'r Almaen. Ond a ystyriodd ef hanes Prydain yn Ne Affrig? Neu, frwydrau'r Arglwydd Kitchener yn yr Aifft?

Beth am Rwsia yn ystod yr hanner can mlynedd ddiwethaf? Bu hi fyw ar greulonderau (h.y. cyn y chwyldro).

Gweithwyr Ewrop oedd y dioddefwyr mwyaf yn y Rhyfel. Onid dioddef a wnaethant hwy erioed? Mewn cyfarfod o'r Blaid Lafur Annibynnol yn Aberaman, ym Medi 1918,[15] dadleuodd T.E. Nicholas dros achos y gweithiwr, y dylai ef weithio allan ei iachawdwriaeth ei hun, a hawlio cyfran deg o gyfoeth y byd. Ymlafniai'r werin er mwyn derbyn mesur o ddedwyddwch yn y byd arall, ond dylai hi ei gael, yn awr, yn y byd hwn. Pan ofynnwyd i'r Llywodraeth ddarparu cymorthdaliadau er mwyn i'r plant gael gwell addysg, ni allai hi ei fforddio, ond yn y Rhyfel gwerid yn feunyddiol filiynau o bunnoedd. I bwrpas y Rhyfel, yr oedd y Llywodraeth yn barod i wario'r sylltyn olaf, a'r dyn olaf, a byddai'r sylltyn olaf a'r dyn olaf, ar faes golff Cricieth! Pan ddeuai'r Rhyfel i ben, byddai'r gweithiwr, unwaith yn rhagor, yn gorfod dwyn y baich trymaf.

Nid ymddiheurodd dros ei safbwynt heddychol, na'i ymlyniad wrth achos y werin. Petai eglwysi ei ofal yn ceisio ganddo gefnogi'r Rhyfel, neu gadw'n dawel tra parhao, dewisai ymddiswyddo a mynd 'nôl at y gaib a rhaw, neu i werthu calico megis cynt. Yr oedd ei brotest yn erbyn y Rhyfel, hefyd, yn gri o blaid y gweithwyr. Magwyd ef ar aelwyd gymharol dlawd, a phenderfynodd pan oedd yn ŵr ieuanc wneud ei orau trostynt pe câi gyfle. Nid oedd digio brenhinoedd yn ddim yn ei olwg, ond byddai troi'n fradwr i'r werin yn ofid mawr iddo.

Gelynion y werin oedd Brenhiniaeth, Militariaeth, a'r Offeiriadaeth. Llwyddodd y tri fel ei gilydd i gamarwain a thwyllo'r werin, ond deuai hithau i'w gorsedd ymhen yrhawg. Y pryd hynny, deuai dial ar orseddau'r byd. Ond yn y cyfamser, gellid rhoi terfyn buan ar y Rhyfel pe bai llywodraethwyr y gwledydd yn dymuno hynny. Gwaetha'r modd, nid ewyllysient hynny. Yr oedd gweddïo ar Dduw i roi terfyn ar yr hyn a ddechreuodd dyn yn gabledd. Gan mai'r diafol a ddechreuodd y Rhyfel, dylid gweddïo arno ef i roi terfyn arno. Yr unig weddi onest oedd honno a geisiai gan Dduw wasgar bleiddiaid Prydain, Rwsia, yr Almaen, a Ffrainc er mwyn i werinoedd y gwledydd ddod i'w hetifeddiaeth. Yn

ogystal â gweddïo, dylid gweithio, er mwyn mynd â'r awenau
o ddwylo'r llywodraethwyr, oherwydd byddai mwy o ryfeloedd
tra byddent hwy mewn awdurdod.
Gwelodd T.E. Nicholas y Rhyfel trwy lygad y werin, er nad
oedd honno fel corff yn cyfranogi o'i weledigaeth a'i
ddelfrydau. Pan resynodd pobl am gyflwr adfydus gwlad Belg,
ni welwyd y cyni a'r newyn nes adref, a phan dderbyniwyd
adroddiadau'r wasg yn sôn am gam-drin merched a gwragedd
ar law milwyr yr Almaen, ni roddwyd ystyriaeth i'r miloedd
yn Llundain a orfodwyd i werthu eu cyrff bob nos er mwyn
cael dogn o fara. Cydymdeimlwyd â'r trueiniaid dros y môr,
ond ni chymerwyd i ystyriaeth y boen nes adref, y tlodi, y
tai gwael, a'r afiechydon.
Yr oedd gohebydd y *Tivy-Side* yn amharod i godi ei lais
yn erbyn yr anghyfiawnderau a oedd yn ei ymyl. Beth,
tybed, a wnaeth ef i wneud y Rhyfel yn amhosibl? Cefnogodd
y gwŷr hynny a fu'n paratoi gogyfer â'r Rhyfel dros y
blynyddoedd, rhai tebyg i Syr Edward Grey. Byddai rhai yn
barod i ddannod i T.E. Nicholas ei ddiffyg gwladgarwch, ond
yr oedd ef, hefyd, yn gweithredu dros ei wlad, trwy lefaru'r
gwir, nid trwy daenu celwyddau am yr Almaen.
Rhyfel y mawrion oedd Rhyfel 1914, ac unig ffawd y werin
fyddai gorfod marw yn y ffosydd. Credai T.E. Nicholas, hefyd,
mewn rhyfel, ond bu'n rhy brysur, yn ymladd dros ddynion
i ymladd yn eu herbyn. A pha hawl oedd gan Syr Edward
Grey a'r Arglwydd Kitchener i ddweud pwy oedd ei elynion
ef? Ni fynnai fod yn dawel, gan y byddai hynny'n rhoi mwy
o gyfle i'r llywodraethwyr weithredu:

> Rhyfel anghyfiawn ydyw hwn, a dynion anghyfiawn sydd yn ei
> gario ymlaen. Troir bechgyn anwylaf y wlad yn llofruddion er
> cario allan gynlluniau ein drwgweithredwyr mawrion. Nid oes
> i mi elyn yn unlle, a phe bai gennyf elyn dywed Sylfaenydd fy
> nghrefydd am i mi weddïo drosto a'i garu. Gadawaf fi i'r dyfodol
> basio barn ar y safle wyf wedi gymeryd gyda'r rhyfel hwn.[16]

Mewn erthygl yn y *Pioneer* — cyfrannodd yn gyson i'r papur
hwnnw — a gyhoeddwyd ym Mawrth 1916,[17] honnodd mai
chwyldro'n unig a allai achub Prydain. Mewn gwleidyddiaeth,
yr oedd angen gweriniaeth newydd, ac mewn crefydd,

Ymneilltuaeth newydd. Er bod yng Nghymru gapeli di-rif, ym mhob cylch yr oedd angen un capel arall i wasanaethu fel teml heddwch a noddfa i heddychwyr addoli Tywysog Tangnefedd.

Yn y bregeth Nadolig, 'Rhyfel a Chydwybod',[18] dywedodd fod Cristionogaeth yn y wlad mewn enw'n unig. Duw Mars a addolid yn y temlau, duw rhyfel, ac er iddo gael ei alw'n Grist, nid oedd hynny wedi newid ei anian a'i natur. Dyma'r Duw a ddisgrifiwyd yn y gerdd, 'Duw Rhyfel',

> Cymer filoedd o drueiniaid
>   Ar dy allor yn ddi-wâd;
> Hyrddia dduwiau gwamal Heddwch
>   I dragwyddol nos sarhad;
> Cymer di y clod a'r gallu,
>   A'r gogoniant dros y byd;
> Maddeu i ni sôn am Heddwch,
>   A Brawdoliaeth dynion cy'd.[19]

Crefydd rhyfel oedd crefydd y wlad. Gadawodd gweinidogion Ymneilltuol eu pulpudau er mwyn mynd i'r maes i fendithio gwn a magnel. Caewyd colegau diwinyddol i fwydo'r peiriant milwrol. Gwnaed y cyfan yn enw Crist, ond Mars a ddaeth i'r wyneb. Yn wir, cyflawnwyd gweithredoedd yn enw Crist na allai hyd yn oed Mars eu harddel.

Ymadawodd Crist Galilea â'r temlau, a'u baneri gwaedlyd, ac ni ddeuai ar gyfyl y mannau hynny lle claddwyd cadfridogion a milwyr. Gyda charedigion heddwch — yr ychydig weddill nas twyllwyd gan ystrywiau Mars oedd yn gwisgo dillad Crist — y trigai Ef. Ond yr oedd y Rhyfel yn mynd i ddinoethi duw rhyfel a'i holl erchylltra. Hwn oedd y duw a alwai'r arweinwyr ysbrydol yn Grist, ond ni allai'r 'gweddill' addoli'r duw hwnnw,

> Bydded Mars — yr hwn a elwir yn Grist gan Horatio Bottomley. (gol. *John Bull*), a Williams Brynsiencyn, F.B. Meyer a James Evans ac R.J. Campbell — bydded gyda hwynt i ddistryw. Cilied yn ôl, rhag cywilydd, i'r uffernau o'r lle y daeth. Na ddangosed ei wyneb mwy i weddwon ac amddifaid a luniwyd ganddo. Gwrthodaf blygu i Mars. Heriaf ef er i fyd ac eglwys ei alw yn Grist.[20]

Collodd ei ffydd mewn gweinidogion. Beth a oedd i gyfrif

fod cynifer 'o'n cymrodyr annwyl' wedi mynd i ryfel, gofynnodd yn bryderus? Yr oedd eu pregethau'n llawn 'ysbwriel' a 'llysnafedd annuwiol' milwriaeth. Nid oedd amheuaeth eu bod wedi chwarae ar deimladau'r ifainc, ac ni allai T.E. Nicholas ymddiried ynddynt mwyach fel arweinyddion i dywys i gyfeiriad heddwch a chyfiawnder. Pe bai'r gweinidogion wedi cyflawni eu priod waith yn y gorffennol, ni fyddai'r gyflafan wedi disgyn ar Gymru a Phrydain gyda'r fath rwyddineb. Ni ddylid rhyfeddu fod yr ysbryd milwrol wedi bwrw gwreiddiau mor drwyadl, oherwydd 'gadawyd y praidd i bori yn yr anialwch', a gadawyd y borfa las i ddyrnaid o ddiplomyddion.[21]

Croesawodd y wasg grefyddol y cymal yn y Mesur Gorfodaeth Milwrol a oedd yn rhyddhau offeiriaid a phregethwyr o bob enwad. Ond credai T.E. Nicholas y gallai'r wlad hepgor y dosbarth hwnnw ynghynt na'r un dosbarth arall. Cefnogwyr mwyaf pybyr y Llywodraeth yn y Rhyfel oedd gweinidogion ac offeiriaid. Buont ar flaen y gad yn cymell dynion ieuainc i ymrestru, ond fe'u cuddient hwy eu hunain y tu ôl i'w swyddi. Byddai'n dda pe baent wedi eu cynnwys er mwyn gweld pa nifer ohonynt a fyddai'n fodlon gwneud yr hyn a gymhellent ar eraill. Os oedd y gweinidogion yn mynnu dweud fod y rhyfel yn sanctaidd, dros ryddid, a'r gwan, oni ddylent hwy, o bawb, ymladd ynddo? Y gweinidogion a fendithiodd y Rhyfel; gadawodd amryw eu heglwysi er mwyn rhoi eu hamser i gyd i'w fendithio, a gwelid eraill yn gweddïo bob Sul am fendith ar arfau Prydain. Onid oedd bendithio mudiad na allent hwy gymryd rhan ynddo'n anfoesol? Tybed, faint o gymorth a gafodd y gwrthwynebwyr gan y gweinidogion hyn? Pan fyddo'r weinidogaeth yn ochri gyda'r Llywodraeth yn erbyn gwrthwynebwyr cydwybodol, yna'n sicr, 'roedd dyddiau eu defnyddioldeb wedi'u rhifo. Ofer galw gweinidogion yn arweinwyr moes, gan fod rhyfel yn gwbl anfoesol.

Bu T.E. Nicholas yn annerch mewn amryw o gyfarfodydd heddwch ar draws De Cymru. Gwrthododd yr eglwysi, ar wahân i ddyrnaid, roi benthyg eu hadeiladau, ac ni welodd unrhyw weinidog yn bresennol yn y cyfarfodydd hynny. Hwy oedd amlycaf mewn cyfarfodydd ymrestru. A oeddynt yn meddwl y gallai'r werin anghofio hynny yn y blynyddoedd i ddod?[22]

Yn ei gerddi danododd i arweinwyr crefyddol eu rhagrith. Canent hwy am 'gariad', 'gwaed y Groes', 'Hedd ac Ewyllys Da', ond gyda'r gwleidyddion gallent, hefyd '. . . gymell y tân i rwygo cnawd/Ac esgyrn, ac enaid y byw'. ('Cân y Gwaed'). Canmolent Grist, a'i ladd yr un pryd, ei foli a'i hoelio, ei gydnabod fel Brenin y nef, a'i 'yrru allan o'r byd'. Militariaeth a'r Offeiriadaeth a luniodd yr hoelion, a'r Groes, a pharhaent i bwyo'r hoelion ('Croeshoelio'r Crist').

Tu ôl i filitariaeth, yn ei swcro, yr oedd Mamon. Perswadiwyd dynion i ymladd er mwyn rhyddid, i amddiffyn y gwan, ond y gwir gymhelliad oedd, 'Er mwyn aur ac elw daear/Rhaid i'r miloedd fynd i'w tranc'. Trachefn, 'Melir hwy rhwng meini Mamon/Er diwallu'i aflan wanc'. ('Melinau Mamon').

Yn y gerdd 'Blwyddyn Newydd Dda', dosrannodd drigolion y wlad i ddwy garfan: ar y naill law yr oedd y bobl y gellid, heb ragrithio, na gwenieithio, ddymuno Blwyddyn Newydd Dda iddynt, ac ar y llaw arall, y bobl hynny y dymunai iddynt Flwyddyn Newydd Ddrwg. Yn y garfan gyntaf, yr oedd gweithwyr y byd, pawb a gredai ym mrawdoliaeth dyn dros bum cyfandir, plant y gorthrwm, pawb a weithiai dros gysuron a iawnderau'r gwan, a mamau Ewrop. Dymunodd iddynt hwy, y mamau, Flwyddyn heb bryder am eu plant, ac i werin Cymru, a'i gweithwyr, hyderai y caent hwythau, hefyd, Flwyddyn ddedwydd. Yn yr ail garfan, yr oedd y llywodraethwyr a'r miloedd a gredai yng ngallu'r cledd, crewyr galar (y rheini a gredai yn y fagnel), mathrwyr y werin, yr offeiriaid, teyrn ac esgob oedd yn bendithio trais, llid, a chwant; y milwyr a oedd yn anrheithio bywyd dyn a gwlad, Pab a Brenin, a phawb a fu'n gyfrwng i ladd tyfiant canrif.

Canodd am oferedd rhyfel; tynged a thâl y milwyr oedd cael '. . . agor eu mynwes i dân a phlwm/A phydru ar waelod y glyn', neu ddychwelyd i gasglu cyfoeth i'r segur glwth, ac ar ddiwedd oes marw mewn tlodi ac 'arall yn berchen eich bwth'. ('Dros Eich Gwlad')[23]

Yn wyneb yr holl oferedd, y gwaed a'r dial, unig obaith gwareiddiad oedd y werin. Yr oedd hi, eisoes, yn ôl

T.E. Nicholas, yn canfod 'gwareiddiad gwell' a fyddai'n diorseddu Mamon. Plaid y werin oedd y Blaid Lafur Annibynnol, ac ynddi hi crisialwyd egwyddorion Efengyl Iesu — yr egwyddorion hynny, a fradychwyd gan yr Eglwys.

Y wir Eglwys

Yr oedd yn Ne Cymru eglwysi a fu'n gefnogol i achos y Blaid Lafur Annibynnol, ac i'w pholisi o geisio heddwch trwy gyflafareddiad. Yng ngholofnau'r *Merthyr Pioneer* cyfeiriwyd yn gyson at Jerwsalem, Llansawel (Briton Ferry); Seion, Cwmafon; Carmel, Pont-y-rhyl (cyfeirir at yr eglwys honno yn 'Pontycymer Notes'); Beulah, Cwm-twrch; Bryn Seion, Craig-cefn-parc, ac Eglwys Hope, Merthyr.

Un o'r eglwysi mwyaf teyrngar i'r Blaid Lafur Annibynnol oedd Jerwsalem, eglwys y Bedyddwyr Saesneg, Llansawel. Gweinidog yr Eglwys oedd Rees Powell. Yn y *Pioneer,* croniclwyd gweithgareddau'r Eglwys o blaid y dystiolaeth heddychol, ynghyd â chrynodebau o bregethau'r gweinidog a fu dros gyfnod y Rhyfel o ddiddordeb mawr i'r heddlu a'r swyddogion ar ran y Llywodraeth. Er enghraifft, ar y Sul cyntaf ym Mehefin, 1917, yr oedd ei sylwadau'n seiliedig ar adran o'r wythfed bennod ym mhroffwydoliaeth Amos. Cawsom ein dwyn yn ôl, yn ôl gohebydd y *Pioneer,* i ddyddiau'r budrelwyr a ymelwai ar draul y tlawd a'r anghenus. Fe'i sicrhawyd hefyd na ddiflannodd y crib-ddeilwyr o'r tir.

Cyn traddodi ei bregeth, hysbysodd Rees Powell y gynull-eidfa fod cais wedi'i wneud i ddarllen 'Datganiad y Brenin' yn erfyn am gynildeb, ond ni allai ymateb yn gadarnhaol i'r apêl mewn Eglwys a fagodd gynifer o fechgyn a wrthwynebodd y Rhyfel, a phob ystryw o du'r Llywodraeth i'w hyrwyddo. Yn lle darllen y 'Datganiad', cyfeiriodd y gweinidog at gŵn hela a cheffylau rasus y gwŷr bonedd. Dylai cynildeb ddechrau gyda hwy a'u tebyg — y dosbarth a fwydai'r anifeiliaid er mwyn eu pleser eu hunain. Ni allai, chwaith, argymell cynildeb ar ddynion nad oeddynt yn derbyn wythnos lawn o waith.[24]

Ar y Sul cyntaf o Awst 1917 cynhaliwyd 'Sul Heddwch' yn Jerwsalem. Yn ôl gohebydd y *Pioneer,* traddododd y gweinidog bregethau llawn her. Yng ngwasanaeth y bore, dywedodd mai paganiaeth ronc oedd y Rhyfel, ac ni ddylai unrhyw bulpud geisio cyfiawnhau paganiaeth. Yn oedfa'r hwyr, drachefn, yng ngŵydd cynulleidfa gref, dywedodd fod unrhyw system a oedd yn peri fod Bedyddwyr o Gymru yn ymladd yn erbyn Bedydd-wyr o genhedloedd eraill yn wrthun.[25]

Ar yr ail Sul yn Ionawr 1918, darllenodd y gweinidog 'Broclamasiwn y Brenin', sef y Bregeth ar y Mynydd. Cydnabu'r aelodau oedd yn bresennol Frenin y Brenhinoedd, Arglwydd yr Arglwyddi, ac offrymwyd gwedd-ïau yn y ddwy oedfa yn deisyf am heddwch, nid buddugol-iaeth, yn groes i ddymuniad yr awdurdodau a arferai annog eglwysi i erfyn am oruchafiaeth ar y gelyn.[26]

Arferai'r eglwys yn Jerwsalem gynnal cyfarfodydd heddwch yn rheolaidd. Yn 1917-18 anerchwyd y cyfarfodydd gan Herbert Morgan, Bryste; T.E. Nicholas (capel Jerwsalem oedd y cyntaf i roi gwahoddiad iddo annerch ar heddwch); E.K. Jones, Cefn-mawr; D. Wyre Lewis, Rhos; W.J. Rees, Yr Allt-wen; H. Harris Hughes, Bangor; J. Puleston Jones, Pwllheli; George M.Ll. Davies; John Morgan Jones, Merthyr; Llewelyn Boyer, Dan-y-graig, a Peter Price, Rhosllannerchrugog.

Cynhaliwyd y cyfarfod cyntaf Awst 9fed, 1917, pryd yr anerchwyd gan Herbert Morgan. Yn ei anerchiad cyfeiriodd at y milwr na welodd unrhyw synnwyr mewn ymladd mwyach. Yr arfer gynt oedd un gŵr yn mynd allan i'r maes i gwrdd â'i wrthwynebydd, a'r cryfaf a enillai'r dydd. Y pryd hynny, brwydr ydoedd rhwng dau, ond, bellach, teflid atoch holl 'weithdy'r gof' o safle ryw saith milltir i ffwrdd. Yn y cyfar-fod hwnnw, hefyd, pasiwyd yn unfrydol benderfyniad o blaid heddwch trwy gyflafareddiad.[27] Trwy gydol hanner olaf 1917, pasiwyd penderfyniadau o blaid heddwch, yn rheolaidd, yng nghyfarfodydd y Blaid Lafur Annibynnol.

Yn Llansawel sefydlwyd 'Crwsâd y Chwiorydd dros heddwch'. Gwrthododd yr awdurdodau ddarparu'r Neuadd Gyhoeddus ar gyfer y cyfarfod cyntaf, a chyfarfu'r chwiorydd yng nghapel Jerwsalem, hafan pob mudiad radical. Yn wir, dyna'r patrwm rheolaidd. Pan drefnwyd cyfarfod i goffáu Keir Hardie, yn Hydref 1917, y gobaith oedd y gellid ei gynnal yn y Neuadd Gyhoeddus. O gofio enwogrwydd y gwrthrych, teimlai'r gohebydd a adroddodd yr hanes na fyddai anhawster i sicrhau'r Neuadd. Ond gan mai 'Israeliad yn wir yn yr hwn nid oedd dwyll', oedd Keir Hardie, penderfynodd y Philistiaid wahardd y Neuadd. Cynhaliwyd y cyfarfod yn Jerwsalem. Dyna'r unig gapel, ychwanegodd y gohebydd, oedd yn barod i dderbyn y cyfarfod i goffáu un o enwogion y genedl.[28]

Cynhaliwyd cyfarfod heddwch yn Jerwsalem, Hydref 17, 1917. Eto, cafwyd anhawster i'w hysbysebu gan fod y pwyllgor a'i galwodd ei hun yn 'Billposting Committee' wedi gwrthod rhoi hysbysrwydd i'r cyfarfod ar eu byrddau hysbysebu swyddogol. Gwrthododd yr eglwysi, hefyd, roi unrhyw gyhoeddusrwydd iddo. Anerchwyd y cyfarfod hwnnw gan John Morgan Jones, Merthyr. Yn ôl gohebydd y *Pioneer*, bu'n sôn, mewn geiriau angerddol, am hurtwch rhyfel — y Prydeiniwr difai yn cwrdd â'r Almaenwr difai, heb fod gan y naill unrhyw gweryl â'r llall, ond y ddau'n brwydro hyd at farw. Os oedd y Rhyfel yn gyfreithlon, meddai J. Morgan Jones, mae'n dilyn nad oedd dim yn anghyfreithlon. Ni allai ddeall safbwynt ei frodyr yn y weinidogaeth a wrthwynebai gonsgripsiwn; cydymdeimlent â'r gwrthwynebwyr cyd-wybodol, ond ar yr un pryd, yr oeddynt yn bleidiol i'r Rhyfel. Yr oedd ymresymu yn y dull hwnnw, yn fynegiant o feddwl llac. Os oedd y Rhyfel yn gyfreithlon, yna, dylid cyfiawnhau unrhyw gam a fabwysiedid i hyrwyddo buddugoliaeth.[29]

Yn y cyfarfod heddwch a gynhaliwyd yn Jerwsalem, yn Ionawr 1918, mynegodd D. Wyre Lewis ei foddhad fod yr ymdeimlad o blaid sicrhau heddwch trwy gyflafareddiad a gefnogwyd gan fudiadau megis y Blaid Lafur Annibynnol, Cymdeithas y Cymod, a'r Gymdeithas a wrthwynebai gonsgripsiwn, ar gynnydd. Yng Nghwm Tawe, bu mewn cynhadledd lle'r oedd pedwar ugain yn bresennol, yn cynrychioli un eglwys ar bymtheg. Synhwyrai fod newid mawr wedi dod dros y wlad. Yn niwedd 1916, y gri oedd ymladd i'r pen, a pheidio â llaesu dwylo, hyd nes llorio'r Almaen, ond, bellach yn Ionawr 1918 fe'i sicrhawyd fod teimlad cryfach nag erioed o'r blaen o blaid dod â'r Rhyfel i derfyn, a cheisio cytundeb. Arddangosid, hefyd, mwy o gydymdeimlad â phasiffistiaid, ac ni elwid hwy'n fradwyr i'r un graddau â chynt. Ond rhybuddiodd y gwrandawyr rhag y perygl i flinder a syrffed ynglŷn â'r Rhyfel droi'n rhwystr. Gallai blinder a syrffed roi terfyn arno, ond ni fyddai'n esgor ar heddwch parhaol.[30]

Afraid dweud, nid oedd pawb, o bell ffordd, yn gefnogol i roi terfyn ar y Rhyfel, a cheisio cytundeb. Wrth annerch ym Mhontardawe, dywedodd Syr Henry Jones y byddai sôn am gyflafareddiad (yn niwedd 1917) yn ergyd greulon i'r milwyr, ac yn dianrhydeddu Baner Cymru.[31]

Un arall o'r canolfannau yn Ne Cymru a fu'n flaenllaw yn y mudiad heddwch oedd Merthyr. Cyfeiriwyd at sêl y dref o blaid heddwch, ym mhapur *The Times,* fel 'Merthyr-ism', — gair a fwriadwyd i adlewyrchu'n anffafriol ar fudiad heddwch y dref. Cynhaliwyd y cyfarfod cyhoeddus cyntaf yn y 'Rink' lle 'roedd dwy fil yn bresennol yn Ebrill 1916. Trefnwyd y cyfarfod gan 'Gyngor Bwrdeisdref Merthyr i Atal y Rhyfel'. Cadeiriwyd y cyfarfod gan un o bleidwyr mwyaf heddwch yn Ne Cymru, sef John Morgan Jones, gweinidog Hope, Merthyr. Yr oedd perthynas glòs a chynnes rhwng cynull-eidfa'r 'Rink' a John Morgan Jones a gyfeiriodd ato'i hun fel 'gweinidog afreolaidd yn gwasanaethu cynulleidfa afreolaidd yn cyfarfod ar b'nawn Sul yn y "Rink"?Sicrhaodd ei gynull-eidfa na fu unrhyw weinidog rheolaidd yn fwy balch o'i gynulleidfa nag oedd ef o'r brodyr a'r chwiorydd a gyfar-fyddai'n gyson yn y 'Rink', o Sul i Sul. Cynrychiolent y Blaid Lafur Annibynnol, y Gymdeithas a wrthwynebai gonsgrip-siwn, Cymdeithas y Cymod, Undeb y 'Democratic Control', a'r Undebau Llafur.

Yn y cyfarfod cyhoeddus cyntaf cyfeiriodd John Morgan Jones at y personau hynny a'u cafodd eu hunain am y tro cyntaf erioed yn gorfod gwrthwynebu hawliau'r wladwriaeth. Nid oedd angen iddynt ymddiheuro, a gallent godi eu pennau'n uchel ym Merthyr heb deimlo gronyn o gywilydd am eu bod wedi dewis ufuddhau i Dduw yn hytrach nag i ddynion. Anghenfil yn lladd eneidiau oedd y wladwriaeth, ac nid oedd yn syn fod rhai o gyffelyb feddwl yn closio at ei gilydd i alw am gyflafareddiad fel yr unig ffordd i ddwyn y Rhyfel i ben.

Anerchwyd y cyfarfod, hefyd, gan George M.Ll. Davies,

ysgrifennydd Cymdeithas y Cymod. Clywodd, yn gyson, fod yr hyn a bleidiai'r heddychwr, ac a ddysgwyd yn y Bregeth ar y Mynydd yn gwbl anymarferol. Yr hyn a garai ef ei wneuthur yn y cyfarfod oedd ystyried gwleidyddiaeth ymarferol dynion 'y gwaed a'r dur', a'r hanner-duwiau a eisteddai yng nghadeiriau golygyddol y papurau newydd. Meddylier, meddai, am y colledion yn sgîl y Rhyfel, heb fod dim wedi'i ennill. Cafodd ar ddeall fod y colledion mewn bywydau yn Ewrop eisoes yn agos i bymtheng miliwn ac ym mrwydr Loos (rhwng Medi 25ain a chanol Hydref 1915), collodd Prydain dros drigain mil o filwyr, a Ffrainc yn agos i chwarter miliwn, heb ennill dim. Collodd yr Almaen hithau o leiaf ddeucanmil o filwyr. Ym Mhrydain, erydid breintiau rhyddid ei deiliaid a fu ar un adeg yn achos balchder, a sensoriwyd llythyrau personol. Yn wyneb y ffeithiau hynny, temtid ef i holi onid oedd gwleidyddiaeth ymarferol arwein-wyr y wlad yn arwain yn anochel i'r gors?

Un o drychinebau mwyaf y Rhyfel oedd ymagwedd y mwyafrif o Gristionogion a welodd yn dda gyhoeddi angladd y foeseg Gristionogol dros gyfnod yr argyfwng. Derbyniodd George M.Ll. Davies gymeradwyaeth wresog cynulleidfa'r 'Rink' pan ddywedodd fod yr eglwysi wedi canolbwyntio ar eu credoau a'u systemau eglwysig, gan anghofio'r un peth yr oedd calon dyn yn dyheu amdano, sef, ewyllys da rhwng dynion. Yr oedd yr hen fyd, meddai, yn prysur ddadfeilio mewn gwaed a thristwch, ac yn y byd newydd byddai rhaid dysgu'r wers fod y 'drefn ysbrydol' i'w chwennych o flaen pob trefn arall. Seiliwyd y drefn honno ar y Bregeth ar y Mynydd. Honno'n unig oedd yn gwneud synnwyr, a honno'n unig oedd yn ymarferol.[32]

Cynhaliwyd llawer o'r cyfarfodydd heddwch yn wyneb cryn wrthwynebiad o du'r bobl hynny oedd yn dra awyddus i weld torri pob cysylltiad rhwng y capeli a'r Blaid Lafur Anni-bynnol. Ym mis Mawrth 1917, cynhaliwyd cyfarfod o'r Blaid Lafur Annibynnol yn festri Seion, capel y Bedyddwyr, Cwmafon, i gefnogi'r ymgyrch i gael heddwch trwy gyflaf-areddiad, pryd yr anerchwyd gan John Morgan Jones, Merthyr. Mynegodd 'Afaneer', croniclydd gweithgareddau Cwmafon o blaid heddwch, yn y *Pioneer*, ei lawenydd fod

Seion mor deyrngar i achos y Blaid Lafur Annibynnol, mor wahanol i'r Methodistiaid Calfinaidd a wrthwynebodd roddi adeilad i bwrpas achos heddwch. Ac wrth groniclo hanes y cyfarfod yn festri Seion, ychwanegodd 'Afaneer' fod y jingoistiaid a'r Torïaid yn benderfynol o godi cynnwrf yn y cyfarfod hwnnw gan y byddai hynny'n ddigon o ysgogiad i gapeli'r cwm beidio â rhoi eu festrïoedd i fudiad a achosai'r fath boen a blinder.

Yn ôl yr adroddiad, yr oedd y festri'n orlawn hanner awr cyn i'r cyfarfod ddechrau. Ymhen deng munud ar ôl agor y cyfarfod, tarfwyd ar gyflwyniad y cadeirydd gan un o'r jingoistiaid lleol. Paham, gofynnodd ef, na chynhelid y cyfarfod yn yr iaith Saesneg? Ymunodd tri arall yn yr aflonyddwch gan dyngu a rhegi. Sialensiwyd y gŵr a gododd yr helynt i ddadl agored yng nghlwb y Torïaid, ond yng nghanol bonllefau'r dorf, ni chlywodd neb ei ateb i'r sialens. Ceisiodd un o'r chwiorydd ganddo ymadael â'r festri. Hynny a wnaeth, i ddychwelyd ymhen yrhawg â sigaret yn ei geg.

Er gwaetha'r cythrwfl, cafodd John Morgan Jones gyfle i annerch a phasiwyd penderfyniad yn gofyn i'r Llywodraeth fabwysiadu camre'n ddiymdroi i sicrhau heddwch parhaol. Terfynwyd y cyfarfod trwy ganu emyn, ac ar ei ganol, rhuthrodd dwsin o ddynion meddw i mewn i'r cyfarfod gan ganu'r anthem genedlaethol. Ymhlith y deuddeg yr oedd cynghorwr lleol.

Yr oedd 'Afaneer' yn argyhoeddedig fod y cyfarfod wedi cryfhau, nid llesgáu, rhengoedd y Blaid Lafur Annibynnol yng Nghwm Afan.[33] Nid oedd unrhyw amheuaeth mai unig amcan y terfysgwyr oedd rhybuddio capeli'r cwm na ddylent ddarparu eu hadeiladau i'r Blaid Lafur Annibynnol. Byddai hynny'n rhwym o esgor ar gythrwfl. Ond yr oedd gan y ddiod gadarn, yn ôl 'Afaneer', ddylanwad moesol cryf ar y meddwl Cristionogol, a digwyddodd yr hyn a fawr ofnai. Addawodd swyddogion Bethania, capel yr Annibynwyr, Cwmafon, ddarparu'r festri i gyfarfod o'r Blaid Lafur Annibynnol. Gwahoddwyd T.E. Nicholas i annerch y cyfarfod, ond yn wyneb yr helynt a gododd ynghynt yn Seion, penderfynodd y gweinidog a'r swyddogion dynnu'n ôl eu haddewid. Cafwyd ar ddeall, hefyd, fod swyddog o'r heddlu wedi rhybuddio'r Eglwys ym Methania y byddai'r cyfarfod y bwriedid ei gynnal, yng ngoleuni rheolau D.O.R.A. yn anghyfreithlon. Mynnai 'Afaneer', fodd bynnag, fod hynny'n nonsens pur. Ar un olwg gellid dweud, oherwydd diffyg dewrder moesol y gweinidog, a'r swyddogion, fod y jingoistiaid wedi cario'r dydd, ond ar olwg arall, bu'r cyfarfod yn foddion i rymuso penderfyniad cangen leol y Blaid Lafur Annibynnol. Cynhaliwyd y cyfarfod a drefnwyd ym Methania yng nghanolfan leol y Blaid Lafur Annibynnol, ac er mwyn gwneud lle i'r dyrfa a ymwthiai i'r adeilad ymadawodd llawer o'r aelodau swyddogol. Pasiwyd penderfyniad unfrydol o blaid sicrhau heddwch.[34]

Er gwaethaf parodrwydd rhai o gapeli Cwm Afan i gefnogi achos y Blaid Lafur Annibynnol bu llawer o groestynnu rhwng y mwyafrif o grefyddwyr y Cwm a'r Blaid oherwydd ei harfer o gynnal cyfarfodydd ar y Sul. Ar un adeg, o barch i'r capeli, ni chynhaliwyd y cyfarfodydd ar y Sul, ond gan fod y capeli wedi llusgo'u traed ar fater heddwch, ac o'r herwydd, iddynt buteinio'u neges, nid oedd gan y Blaid Lafur Annibynnol, mwyach, unrhyw reswm dilys dros beidio â chyfarfod ar y Sul. Ond trefnwyd y cyfarfodydd i beidio ag ymyrryd ag amserau oedfaon yr eglwysi. Nid oedd hynny, fodd bynnag, at ddant yr eglwysi, a gresynodd 'Democritus' eu bod yn ymestyn hyd yr oedfaon hwyrol er mwyn rhwystro'r bechgyn ifainc rhag mynychu'r cyfarfodydd gwleidyddol.O ganlyniad, ymbellhaodd rhai o'r genhedlaeth ifanc oddi wrth gapel, a Rhyddfrydiaeth y capeli, gan anwesu'n fwyfwy syniadau'r Blaid Lafur Annibynnol.[35]

Y gweinidogion oedd y gwladgarwyr pennaf, yn ôl 'Democritus'. Bytheirient yn erbyn y cyfarfodydd heddwch, er eu bod hwy eu hunain yn hwyrfrydig iawn i gynnig eu gwasanaeth fel milwyr. Gwawdiodd 'Democritus' y gweinidog ifanc a ddywedai, 'onibai am fy swydd buaswn wedi fy nghynnig fy hun ers slawer dydd'. Ef a'i debyg, a oedd yn sôn am ryfel sanctaidd, a Phrydain fel arf yn llaw Duw i gystwyo'r Almaenwr brwnt. Dirmygent y Sosialwyr, ac yng ngolwg y gweinidogion, ni ddylent hwy'r Sosialwyr ddyfynnu sgrythur gan fod hynny'n gabledd.

Cyfaddefodd 'Democritus' fod cnewyllyn o grefyddwyr yng

Nghwm Afan a fu'n ffyddlon i'r foeseg Gristionogol, ond o ran nifer, yr oeddynt yn llai na'r rhif a oedd yn ddigonol i sicrhau cadwraeth dinasoedd y gwastadedd yn y Beibl![36]

Yn naturiol, edmygai'r Blaid Lafur Annibynnol y gweinidogion oedd yn heddychwyr, nid yn unig yng Nghwm Afan, ond, hefyd dros Gymru gyfan. Traddododd Peter Price, Rhosllannerchrugog, bregethau disglair ar heddwch a brawdoliaeth yng nghapel Salem, Sandfields, Aberafan. Mae'n syn meddwl, meddai un o ohebyddion y *Pioneer*, fod rhaid croniclo'r ffaith am bregethwr yn sôn am heddwch, ond gan fod Cristionogaeth wedi'i llychwino i'r fath raddau, croesawai unrhyw ddatganiad o bulpud oedd yn groes i'r farn gyff-redinol. Gwadodd y mwyafrif o ddilynwyr Tywysog Tangnefedd eu ffydd; dyrchafwyd Barrabas, ailgroeshoeliwyd Crist, a phan ddeuai rhywun a oedd yn ffyddlon i'w ar-gyhoeddiadau ar dro i bregethu, ymddangosai ei genadwri fel rhywbeth hollol ddieithr, ac eithriadol o beryglus i Fethel-au Cymru.[37]

Talodd cangen y Garw o'r Blaid Lafur Annibynnol deyrnged arbennig i Thomas Rees, prifathro coleg Bala-Bangor. Pasiwyd penderfyniad yn y gangen yn datgan edmygedd yr aelodau o'i safiad yn wyneb llawer iawn o wrthwynebiad a difrïo o du ei elynion, a beirnadodd yr Eglwys yn Aberdâr a dynnodd yn ôl ei chasgliad blynyddol at y coleg. Yr oedd y fath ymagwedd yn annheilwng o gorff crefyddol, ac yn dwyn anfri ar y gwirionedd.[38]

Un arall o'r gweinidogion a fu'n ffyddlon i'w argyhoedd-iadau oedd John Thomas, gweinidog y Bedyddwyr yng Nglanaman. Wrth groniclo hanes cyfarfodydd arbennig Rehoboth, capel y Bedyddwyr Cymraeg, Llansawel, dywedodd y gohebydd yn y *Pioneer*, fod John Thomas wedi llefaru'n groyw a di-dderbyn-wyneb. Gofynnid i'r werin, meddai ef, gynilo, ond, gallai'r Prifweinidog dalu bum-can-punt am bin tei ar achlysur priodas un o'i blant! Tystiodd un person a'i clywodd fod John Thomas yn fwy digymrodedd, hyd yn oed, na Herbert Dunnico, ysgrifennydd y Gymdeithas Heddwch, heddychwr pybyr. Ychwanegodd y gohebydd na ellid cael tystiolaeth uwch na honno.[39]

Daeth y Prifweinidog, David Lloyd George, o dan y lach

yn aml. Cyfeiriodd 'Democritus' ato fel un o ddilynwyr Tywysog Tangnefedd, eilun Ymneilltuaeth Gymreig, a gŵr a dderbyniai fwy o barch yng Nghymru na Christ ei Hun. Yn yr anerchiad a draddododd adeg y Nadolig 1917, er gwaethaf ei broffes Gristionogol, mynnai 'Democritus' na allai'r Prif-weinidog ymgyrraedd at lefel ysbrydol uwch na honno a osod-wyd iddo gan Arglwydd Northcliffe, gan mai ei gyfarchiad Nadolig oedd ymbaratoi i roi i'r Almaen ergyd farwol — 'knock-out blow' — a pheidio â llaesu dwylo cyn llwyddo i wneuthur hynny.[40]

Onid oedd mwy o ysbryd Cristionogol yn y Blaid Lafur Annibynnol nag yn yr eglwysi? Wrth annerch cyfarfodydd heddwch yn Llansawel a Bryn-mawr, yn 1916, dywedodd Ram-say Macdonald fod yr eglwysi wedi bradychu eu cenhadaeth. Seiliodd ei sylwadau ar y geiriau a ganlyn o lyfr y Pregethwr,

> Yr oedd dinas fechan, ac ynddi ychydig wŷr; a brenin mawr a dddaeth yn ei herbyn hi, ac a'i hamgylchynodd, ac a gododd glawdd uchel yn ei herbyn: A chafwyd ynddi ŵr tlawd doeth, ac efe a waredodd y ddinas honno â'i ddoethineb . . . (9:14-15)

Y gŵr doeth oedd y Blaid Lafur Annibynnol, ac er gwaethaf pob rhwystr a gwrthwynebiad, fe'i sicrhawyd y byddai dedfryd hanes o blaid y tangnefeddwyr a safodd heb ildio yn nydd y prawf, a thrwyddynt hwy yr achubid gwareiddiad.[41]

[1]*South Wales Voice*, 27 Mai, 1971, t. 6

[2]gw. y Rhagymadrodd yn T.E. Nicholas, *Llygad Y Drws* (Dinbych, 1940), t. 11

[3]*Llais Llafur*, Tachwedd 25, 1916, t. 4

[4]*Ffwrneisiau* (Llandysul 1982), t. 216

[5]*Plasau'r Brenin* (Llandysul ail arg. 1976), t. 83

[6]op. cit., tt. 244-58 passim

[7]J.E. Meredith (gol.), *Credaf* (Gwasg Aberystwyth, 1943), t. 54

[8]'Fy Nhad', *Ysgubau'r Awen* (Llandysul 1939), t. 73

[9]D. Gwenallt Jones, Adolygiad ar *Sylfeini Heddwch* (Abertawe 1945), yn *Y Dysgedydd*, Ebrill 1945, t. 68

[10]'Gwendidau'r Achos', *Y Dinesydd Cymreig*, Mehefin 20, 1917, t. 4

[11]*North Wales Observer*, Mai 5, 1916, t. 5

[12]Ben Bowen Thomas (gol.), *Lleufer y Werin* (Caernarfon 1965), t. 40

[13]*Y Deyrnas*, Tachwedd 1916, t. 10

[14]*Dros Eich Gwlad* (Llundain 1915)

[15]gw. Deian Hopkin, 'Patriots and Pacifists in Wales 1914-1918' *Llafur,* Cyf I, Rhif 3, Mai 1974, t. 37

[16]op. cit., tt. 10-11

[17]*The Pioneer,* Mawrth 18, 1916, t. 6

[18]ibid. Ionawr laf, 1916, t. 6

[19]*Dros Eich Gwlad Cerddi Heddwch,* t. 9

[20]*The Pioneer,* Ionawr laf, 1916, t. 6

[21]ibid. 'Yr Eglwys a'r Rhyfel', Ionawr 29, 1916, t. 6

[22]ibid. 'Gweinidogion a Gorfodaeth', Chwefror 12, 1916, t. 6

[23]*Dros Eich Gwlad Cerddi Heddwch* t. 9

[24]'Briton Ferry Notes', *The Pioneer,* Mehefin 9, 1917, t. 4

[25]ibid. Awst 4, t. 1

[26]ibid. Ionawr 12, 1918, t. 4

[27]ibid. Awst 18, 1917, t. 4

[28]ibid. Hydref 6, 1917, t 3

[29]ibid. Tachwedd 10, 1917, t. 4

[30]ibid. Chwefror 2, 1918, t. 3

[31]*Llais Llafur,* Tachwedd 3, 1917, t. 1

[32]*The Pioneer,* Ebrill 22, 1916, t. 3

[33]ibid. Afaneer, 'Cwmavon Peace Meeting', Mawrth 17, 1917, t. 3

[34]ibid. 'Beer and Religion', Mawrth 24, 1917, t. 1

[35]ibid. 'Avan Valley Notes', Medi 8, 1917, t. 3

[36]ibid. Medi 22, 1917, t. 3

[37]ibid. Hydref 6, 1917, t. 4

[38]ibid. 'Pontycymmer Notes', Gorfennaf 6, 1918, t. 4

[39]ibid. 'Briton Ferry Notes', Mai 4, 1918, t. 4

[40]ibid. 'Afan Valley Notes', Rhagfyr 22, 1917, t. 4

[41]David Marquand, *Ramsay Macdonald* (Llundain 1977), t. 185

176

Diogelu'r gydwybod ymneilltuol

Diolchwyd am y fuddugoliaeth i Dduw, y Brenin, a David Lloyd George. Ar y pryd, yr oedd yn anodd sylweddoli mawredd y fuddugoliaeth o blaid cyfiawnder, ond cysurwyd a chalonogwyd Esgob Tyddewi gan y garfan gref a oedd yn barod i gydnabod mai Duw a roddodd y fuddugoliaeth i'r cynghreiriaid.[1] Yr oedd yn achos llawenydd i'r *Goleuad* mai'r cledd wedi'i drochi yn y nefoedd a orfu, ac ni ddylai neb fod yn swil i roddi diolch am y fuddugoliaeth i Dduw.[2] Yng Nghymdeithasfa Llangollen, ym Mehefin 1918, gresynwyd fod Cristionogion a ddisgwyliodd am ymwared gan alluoedd ar wahân i Dduw ac ni feiddient gyfaddef gerbron y byd mai Duw a roddodd y fuddugoliaeth. Yr oedd yr apêl a wnaeth y Gymdeithasfa i'r Brenin a'r Llywodraeth i gyhoeddi diwrnod gwaith wedi'i neilltuo i weddi ac ymostyngiad yn brawf eglur fod Cymru'n disgwyl oddi wrth Dduw, er gwaethaf amharodrwydd cenhedloedd eraill i'w gydnabod.

Yn dilyn y fuddugoliaeth a'r cadoediad ym mis Tachwedd 1918, dymunai'r holl gyrff crefyddol gydnabod yn ddiolchgar ddaioni Duw tuag at y wlad, a gallent edrych ymlaen yn hyderus i'r diwrnod pan fyddai cyfiawnder, tangnefedd, ac ewyllys da yn ffynnu ym mhob dosbarth a chenedl. Sicrhawyd cynhadledd Eglwysi Rhyddion Cymru, a gyfarfu yn Henffordd yn Nhachwedd 1918, fod y fuddugoliaeth i arfau'r cynghreiriaid yn arddangosiad o'r ffafr ddwyfol, a gallai'r aelodau edrych ymlaen yn hyderus i'r dyfodol, gan roddi eu ffydd a'u hyder yn Nuw a'u cynhaliodd cyhyd.

Talwyd teyrnged arbennig i'r teulu brenhinol. Anfonodd Cymdeithasfa'r Gogledd a gyfarfu yn Nhywyn, yn Nhachwedd 1918, neges o ddiolchgarwch a gwerthfawrogiad i'r teulu brenhinol. Gwyliodd y Gymdeithasfa, a deiliaid y deyrnas yn gyffredinol, gyda theimladau o anwyledd, y modd yr ymddug y teulu dros gyfnod yr argyfwng. Rhoddodd y teulu brenhinol esiampl o hunanymwadiad gan fod yn effro i ymhlygiadau moesol ac ysbrydol yr ymdrech o du'r cynghreiriaid. Mewn ysbryd o wyleidd-dra dymunai'r Gymdeithasfa gydnabod daioni yr Hollalluog yn y wasgfa fawr yr aeth y byd drwyddi, a llawenychodd fod ei farn gyfiawn Ef wedi'i harddangos. Deisyfodd, hefyd, fendith Duw i aros gyda'i Fawrhydi a'r teulu.

Yn y Gymdeithasfa, yn Nhywyn, pasiwyd hefyd, anfon neges i'r Prifweinidog, D. Lloyd George, yn datgan edmygedd yr aelodau o'i wroldeb a'i gyngor doeth a ddangosodd trwy gydol y cyfnod mwyaf peryglus yn hanes y wlad. Ymfalchïodd Cyngor Eglwysi Cymru a gyfarfu yn Henffordd[3] fod Ymneilltuwr wedi cyflawni gwasanaeth mor glodwiw i'r genedl a'r byd. Ef oedd gwaredwr Prydain, ac, fel Cymro, ni allai D. Tecwyn Evans lai na llawenychu fod y fuddugoliaeth i'w phriodoli'n bennaf i fedr, ynni, a dylanwad digymar y Cymro, David Lloyd George.[4] Anglican oedd Maurice Jones, ond llamai ei galon yntau hefyd gan lawenydd o gofio mai Cymro o waed coch cyfan a fu'n llywio Prydain drwy'r tymhestloedd i hafan buddugoliaeth a heddwch. Mawr hyderai y byddai Cymru'n deilwng ohono.[5]

Daeth tri gŵr i amlygrwydd yn y Rhyfel, yn ôl John Williams, Brynsiencyn: yr Arlywydd Wilson, y Cadlywydd Foch, a'r Prifweinidog, David Lloyd George. Yr oedd y tri fel ei gilydd, ychwanegodd John Williams, yn wŷr crefyddol. Pan longyfarchwyd ef ar ddiwedd y Rhyfel, atebodd y Cadlywydd Foch mewn salm; gwyddai'r byd am grefyddolder yr Arlywydd,a pha mor agos at galon y Prifweinidog oedd crefydd yn ei hagweddau Cymreig.[6] Ar adegau, bu J. Gwili Jenkins yn hallt ei feirniadaeth ar David Lloyd George, ond cydnabu y cofnodid ei enw ef ar hyd yr oesoedd fel prif gynllunydd y fuddugoliaeth a oedd yn farn ar wledydd Ewrop, a'r byd.[7]

Ar ôl y fuddugoliaeth, darogenid fod cyfnod newydd ar dorri. Yr oedd gwerinoedd y gwledydd ar y ffordd i'w hetifeddiaeth, petai modd alltudio trais a gormes. Nid oedd gan Dyfed, un o'r gwŷr hynny a wahoddwyd i fynegi barn yn *Y Brython* ynglŷn â chanlyniadau'r Rhyfel, weledigaeth am y modd y gellid alltudio gormes, ond credai y dylai'r saint a'r proffwydi fynnu mwy o lais yn llywodraethau'r gwledydd, gan mai egwyddorion Teyrnas Nefoedd yn unig a allai sicrhau tangnefedd ar y ddaear.[8] Er gwaethaf yr ysbryd milwrol a oedd o angenrheidrwydd wedi'i feithrin yn y wlad dros gyfnod y Rhyfel, rhagwelai Thomas Charles Williams gyfnod disglair ar fin gwawrio yn hanes y ddynoliaeth.[9] Teimlodd Maurice Jones (prifathro Coleg Dewi Sant, Llanbedr-pont-steffan yn ddiweddarach) hi'n fraint i gael byw mewn cyfnod llawn addewid. Gyda golwg ar y dyfodol, profodd hanes yr Almaen na ddylid gwneud eilun o genedlaetholdeb heb ddioddef canlyniadau erchyll. Byddai'r dyfodol, felly'n gyfle i genedlaetholdeb wasanaethu egwyddor fwy, sef yr egwyddor rhyngwladol, ac o fewn y patrwm hwnnw hyderai y gallai Cymru chwarae ei rhan.[10]

Llawenhaodd O.L. Roberts, Lerpwl, yng ngoruchafiaeth egwyddorion tragwyddol Teyrnas Dduw. Dymchwelwyd galluoedd y tywyllwch, ac ni chodent mwy. Derbyniodd gormes y beilchion ddyrnod, ac edrychid ymlaen i'r byd newydd lle gorseddid cyfiawnder. Unwaith yn rhagor yn hanes y byd, profodd Iawnder yn gryfach na Grym, a diddymwyd y gorthrwm a'r traha o'r math gwaethaf.[11]

'Teimlad fy nghalon ar derfyn y Rhyfel yw un o lawenydd, diolchgarwch, a gobaith', meddai John Williams, Brynsiencyn Yr oedd militariaeth Prwsia'n garnedd, a'r ymgais i orseddu grym ar chwâl. Chwalwyd breuddwyd yr Almaen mai hi oedd i lywodraethu'r byd â gwialen haearn. Cafodd y cenhedloedd bychain brydles newydd i fyw, er iddi gael ei hysgrifennu mewn gwaed, a rhyddhawyd cenhedloedd mwy o afael unbennaeth orthrymus. Daeth gweriniaeth i'w gorsedd. Ond wrth adeiladu ar gyfer y dyfodol dylid cofio fod gan Brydain elynion cryfach, hyd yn oed, na'r Almaen, sef anghymedroldeb, amhurdeb, a thrachwant am gyfoeth, pleser, safle, a gogoniant. Ni ddeuai'r 'genedl gyfiawn' yn ffaith oni allai Prydain fagu meibion o gymeriad pur a glân.[12]

Gwelodd D. Miall Edwards derfyn y Rhyfel fel cyfle i falurio hen ddelwau'r gorffennol, materoliaeth, militariaeth, mamonyddiaeth, 'ymerodraetholdeb gwancus', tafarnyddiaeth ddigywilydd, a masnach ddigydwybod. Perthynai'r delwau hynny i'r hen wareiddiad, a dylai eu methiant ennyn yng nghalonnau'r ystyriol benderfyniad i saernïo gwareiddiad newydd wedi'i seilio ar werthoedd ysbrydol. Ond ni wawriai'r mil-flwyddiant ohono'i hun, a byddai rhaid wrth ympryd a gweddi, ac ymdrech cyn gwireddu'r byd newydd. Dylid, hefyd, achub y cyfle i agor sianelau newydd mewn byd ac Eglwys, er mwyn i lifeiriant mawr y bywyd gwell lifo trwyddynt, ac ad-drefnu'r gyfundrefn gymdeithasol fel y byddo'n ddarostyngedig i amcanion moesol ac ysbrydol bywyd. Nid ar chwarae bach yr adeiledid y Jerwsalem newydd, ond trwy ymroad, a than arweiniad y doethineb oddi uchod gellid gwneud y wladwriaeth 'megis dinas ag iddi sylfeini' diogel a chadarn. Hynny'n unig a fyddai'n ad-daliad am golledion a difrod alaethus y Rhyfel.[13]

Yr oedd unfrydedd barn ynglŷn â chyfle'r Eglwys i gynorthwyo gyda'r gwaith o adeiladu'r byd newydd, a chryn optimistiaeth ynglŷn â'r dasg. Y gofgolofn orau y gellid ei chodi i fynegi diolch i Dduw, meddai E. Morgan Humphreys, fyddai'r penderfyniad i osod i lawr seiliau byd gwell. Nid oedd ganddo ronyn o gydymdeimlad â'r pregethwyr hynny a oedd yn dilorni'r byd fel rhywbeth cwbl golledig. Duw a wnaeth y byd, ac a osododd ddynion ynddo. Ond sut a pha fodd y sicrheid y byd newydd? Dibynnai ar ein ffydd, ein gwelediad, a'n dewrder. Pe bodlonem ar ddelfrydau isel, syniadau bas, ysbryd dial, materoliaeth fasnachol, a chyfleustra hunanol, gallai'r byd newydd fod cynddrwg â'r hen. Yr oedd rhai yn barod i edliw i'r Eglwys ei ffaeleddau hyd yn oed cyn i'r Rhyfel dorri allan, ond bid a fo am hynny, estynnid iddi gyfle na fu erioed ei debyg i adeiladu'r byd newydd.[14]

Y sefydliad pwysicaf i ofalu am osod i lawr seiliau cadarn i heddwch a'r byd newydd oedd Cynghrair y Cenhedloedd. Cefnogodd yr holl gyrff crefyddol y bwriad i'w sefydlu fel yr unig ffordd effeithiol i gael heddwch parhaol. Dyma achos, yn ôl Syr Henry Jones, y dylai'r Eglwys fod yn unfryd unfarn ynglŷn ag ef. Tueddai'r Eglwys weddïo am heddwch, ac yna, eistedd 'nôl yn oddefol. Rhan o'i chenhadaeth oedd meithrin yr egwyddor na allai unrhyw genedl fyw iddi'i hun, a dylai ymegnïo i argyhoeddi'i chynulleidfaoedd o'r brys i annog y gwladweinwyr, yn ddiymdroi i greu'r Cynghrair.[15] Ategwyd y safbwynt hwnnw gan David Davies, A.S. Dylai'r Eglwys fynnu cael strwythur Cristionogol i'r Cynghrair, a bod yn lladmerydd y drefn newydd, lle byddai arfau wedi eu halltudio, a balchder cenedlaethol ac egotistiaeth yn eilradd i'r egwyddor rhyngwladol.[16] Credai D. Miall Edwards y dylai'r Eglwys drefnu mudiad i gefnogi Cynghrair y Cenhedloedd fel cam ymarferol ar y llwybr i sylweddoli'r egwyddor o Frawdoliaeth Dyn. Nid oedd pasio penderfyniadau yn ddigonol. Ei swyddogaeth hi oedd trefnu ymgyrch i addysgu pobl ynglŷn â'r Cynghrair, ac yng Ngorffennaf 1918, hyderai y gallai'r gydwybod Gristionogol ddod yn rym ym mywyd y cenhedloedd.[17] Parhaodd yn obeithiol ynglŷn â Chynghrair y Cenhedloedd, a chyfraniad Cymru iddo, fel y dengys y geiriau a ganlyn yn *Yr Efrydydd,* Ebrill 1925,

Allan o Gymru fach trwy gyfrwng Mari Jones o Lanfihangel-y-Pennant, a Charles o'r Bala, y daeth y symbyliad a osododd i lawr seiliau'r Gymdeithas Feiblaidd sydd a'i dylanwad yn ymestyn led-led byd. Beth sy'n lluddias i Gymru — mam-wlad Richard Price, S.R. a Henry Richard — ddod yn un o'r prif ddylanwadau yn y byd o blaid Cynghrair y Cenhedloedd . . .?'[18]

Er bod gan eglwysi Cymru gydymdeimlad â'r Cynghrair yng ngoleuni eu casgliadau tuag at gyllid yr Adran Gymreig o'r Cynghrair, teimlai D. Miall Edwards mai cydymdeimlad braidd yn ddiffrwyth a fynegwyd gan Gymru, ac eglwysi Cymru. Derbyniodd lythyr oddi wrth Gwilym Davies, cyfar-wyddwr mygedol Adran Gymreig Undeb Cynghrair y Cenhedloedd, yn datgan ei syndod fod Cymru mor dawel ddibryder o'i chymharu â gwledydd y cyfandir lle 'roedd pryder gwirioneddol ynglŷn â'r dyfodol. Ni sylweddolodd Cymru ei bod hi, a gwledydd eraill cyfandir Ewrop yn pabellu ar lechwedd llosgfynydd a fu'n ddiweddar yn ffrwydro'n enbyd, a gallai dorri allan eto mewn modd a fyddai'n taflu i'r cysgod bob ffrwydriad a fu ynghynt. Ofnai fod pobl Cymru yn cael eu cadw mewn anwybodaeth am yr hyn a ddigwyddai yn Ewrop, yr India a'r Dwyrain Pell. Onid oedd yng Nghymru, holodd, broffwyd fel proffwydi Israel gynt, i daflu goleuni ar y nerthoedd arswydus a allai ffrwydro'n fuan gyda sydynrwydd dramatig? Oni allai cenedl y Cymry, gofynnodd D. Miall Edwards drachefn, fod yn genedl broffwydol i arddangos i'r byd ffordd ragorol Cariad?[19]

Mewn 'Llythyr Agored i weinidogion Cymru' yn 1925 dywedodd Gwilym Davies mai cyfeiliornad mwya'r dydd oedd credu fod y Rhyfel wedi'i ennill. Mae'n wir fod y Rhyfel wedi dod i ben ar yr unfed ar ddeg o Dachwedd, ar ôl i chwe miliwn gael eu lladd, a gwario saith mil ar hugain o filiynau o bunnoedd. Tros gyfnod o saith mlynedd cynhaliwyd cynadleddau heddwch di-rif, a sefydlwyd Cynghrair y Cenhedloedd yng Ngenefa, ond ni ddaeth yr heddwch. Gwyn fyd na fyddai modd i argyhoeddi Cymru mai'r unig gyfundrefn a allai alltudio rhyfel, a datblygu yn y gwledydd feddwl rhyngwladol oedd Cynghrair y Cenhedloedd. Nid oedd dim yn fwy damniol nag ystyried achos y Cynghrair yn unig fel un achos o blith llaweroedd o achosion da, yn un achos teilwng arall, a dim mwy. Dyma, yn ôl Gwilym Davies, ffordd y farwolaeth nid mewn rhyw wlad bell yn unig, ond yma yng Nghymru. Apeliodd felly at weinidogion Cymru i roi'r un amlygrwydd i gyfeillgarwch hollgofleidiol ag a roddwyd gan Iesu ei Hun, a mynnu derbyn er mwyn ei gyflwyno, wybodaeth sicr am y Cynghrair. Yr oedd siarad am genhedloedd yn caru ei gilydd yn annigonol, gan fod angen offeryn i fynegi'r cariad hwnnw, a throi teimladau cariadlon yn weithredoedd.[20]

Credai D.J. Williams, Llandderfel mai trwy ysgolion y gwahanol wledydd y gellid orau oleuo'r werin ynglŷn â'r Cynghrair. Yr oedd heddwch y byd yn nwylo'r athrawon, a deuai'r byd i'w le pan fegid yn yr ysgolion ddinasyddion da. Yn flynyddol, ar y Sulgwyn, anfonid cenadwri oddi wrth blant Cymru at blant y byd, a da hynny. Ond pwysicach na rhialtwch undydd fyddai gweithio'n ddistaw yn yr ysgolion trwy gydol y flwyddyn. Yr unig ffordd i blannu egwyddorion heddwch oedd trwy roi gwersi cyson ar amcan a gwaith y Cynghrair. Er mwyn cyrraedd yr amcan hwnnw, dylid ailystyried y dull o ddysgu Hanes a Daearyddiaeth. 'Y maes yw y byd', a dylid dysgu'r ddau bwnc yng ngoleuni'r gwirionedd hwnnw. Un o'r llyfrau a astudiwyd gan D.J.

Williams oedd *Our Country*, — llyfr yn sôn am ddim ond rhyfeloedd a brenhinoedd Lloegr. Dylid cael gwared ar y dull hwnnw o ddysgu hanes, a dysgu'r plant yng Nghymru am blant y byd, meddai ef.[21]

Methodd J. Puleston Jones fod yn obeithiol ynglŷn â Chynghrair y Cenhedloedd oherwydd cyn arwyddo amodau heddwch yr oedd y wlad yn hau hadau anghydfod, ac amheuai'n fawr fod y byd newydd ar y trothwy. Ychydig iawn o ryfeloedd yn ystod y tair canrif ddiwethaf a oedd yn werth yr aberth a roddwyd ynddynt, ac yn hanes Prydain, amheuai J. Puleston Jones ei bod hi wedi elwa llawer ar ryfeloedd. Yn wir, gellid fod wedi cael yr ychydig a enillodd drwy ffyrdd eraill heblaw rhyfel. Ofnai na fyddai Rhyfel 1914, er ei holl ogoniant, yn eithriad.[22]

Diolchodd J. Tywi Jones, golygydd *Y Darian*, am yr hollt yn y cwmwl ar Dachwedd 11eg, ond deuai'r gwir orfoledd pan welid trefn newydd yn sicr ddisodli'r hen anhrefn a ddyrchafodd gythreuliaid i awdurdod.[23]

Er gwaethaf gobeithion D. Miall Edwards am y Cynghrair, ni welodd arwyddion fod y drefn newydd ar fin cael ei sefydlu. Yn 1923, yn lle bod ysbryd cymod yn atgyweirio adfeilion y Rhyfel Mawr, gwelodd ysbryd dial a rhaib yn anrheithio Ewrop ac yn hau hadau atgasedd a rhyfel. Arferid meddwl am Ewrop fel arweinydd y byd mewn gwarineb a diwylliant, ond teithiodd mor bell ar lwybrau materoliaeth nes cyrraedd pwynt hunan-ddinistr. Yn wir, meddyliai D. Miall Edwards mai mantais i'r byd pe suddai Ewrop i waelodion y môr, a phetai gwareiddiad yn symud i ryw ran arall o'r blaned i ddechrau byd o'r newydd. Un peth yn unig a allai achub dynion rhag syrthio i bwll pesimistiaeth ronc, sef ffydd ddiysgog yn Nuw'r Cariad Anfeidrol a amlygwyd yng Nghrist Iesu.[24]

Ym mis Ionawr 1918, ni welai J. Gwili Jenkins arwyddion o edifeirwch a difrifoldeb ysbryd ym mywyd Prydain, a'r fuddugoliaeth orau a ddeuai i'w rhan fyddai honno dros ei chnawd a'i diafol hi ei hun.[25] Yng ngoleuni datganiad D. Miall Edwards, flynyddoedd yn ddiweddarach, yr oedd yn amlwg fod cnawd, byd, a diafol yn parhau'n rymoedd, a'r Jerwsalem newydd heb gael ei hadeiladu.

183

Telerau heddwch

Un rhwystr, onid y rhwystr pennaf i sylweddoli'r drefn newydd, oedd llymder y telerau a wnaed yng Nghytundeb Versailles ym Mehefin 1919, a methiant yr Eglwys i'w collfarnu. Awgrymwyd mai dial oedd wrth wraidd y cytundeb hwnnw, a chydsyniodd yr Eglwys â'r camwri. Gresynodd Thomas Rees fod Anghydffurfiaeth Gymreig fel 'ci mud' yn wyneb camwri'r 'heddwch' a wnaed yng Nghytundeb Versailles. Protestiodd dynion fel Cadfridog Smuts, yr Arglwydd Robert Cecil, yr Arglwydd Bryce, yr arweinwyr Llafur, a phapurau fel yr *Observer* a'r *Manchester Guardian* yn erbyn y cytundeb, ond llwyddodd y Rhyfel, yn ôl Thomas Rees, i ddileu'r gydwybod Ymneilltuol o wleidyddiaeth Prydain, a gorseddu Siôn Ben Tarw yn ei lle.[26]

Credai *Y Goleuad* fod mwy o rinweddau na ffaeleddau yn y cytundeb,[27] a phetai'r Almaen wedi cael yr oruchafiaeth, ni fyddai un amheuaeth, yn ôl *Y Drysorfa*, ynglŷn â'i thelerau hi. Byddent yn fwy llym o dipyn na'r telerau a gafodd gan y Cynghreiriaid. Costiodd y Rhyfel i Brydain, yn unig, rhwng chwech a saith biliwn o bunnoedd, heb sôn am y bywydau a gollwyd na ellid rhoi pris arnynt. Fel y gwyddai pawb, yr Almaen a oedd yn gyfrifol. Nid oedd wedi bwrw'r draul, am ei bod yn ffyddiog yr enillai'r dydd. Pan droes tynged i'w herbyn, a'i gorfodi i ystyried yr alanas mewn gwaed oer, syfrdanwyd hi gan yr amodau heddwch. Rhaid cydnabod fod adenydd yr Eryr mawr a chreulon wedi eu torri'n beryglus o agos i'r bôn, fel na allai ehedeg ymhell o hyn allan i ysglyfaethu teyrnasoedd eraill. Mae'n amheus a fyddai hi'n alluog i wneud hynny byth mwy.

Yr oedd colli'i threfedigaethau yn golled aruthrol, yn enwedig o gofio mor awyddus oedd yr Almaen i ymestyn ei hawdurdod, ond amcan y cynghreiriaid oedd ei dofi, nid ei difodi, a'i dwyn i gyflwr fel na allai mwyach beryglu'r gwledydd yn ei hymyl. Dylid cofio, meddai'r *Drysorfa*, fod pob drwg yn hawlio cosb, a phan ystyrid maint trosedd yr Almaen, yr oedd y ddedfryd a gyhoeddwyd arni, yr ysgafnaf posibl. Yr oedd maddeuant rhad i lofrudd mor anfad ac ysgeler allan o'r cwestiwn.[28]

Cytunai *Yr Haul* â dedfryd David Lloyd George fod y

telerau'n arswydus o galed, ond yn wyneb troseddau'r Almaen, ni allent fod yn wahanol. Credai llawer nad oedd y gosb yn agos gymesur â'i chamwedd. Ond pwysleisodd *Yr Haul* nad yn ôl deddf dial, eithr yn hytrach yn ôl rheol cyfiawnder y pennwyd cosb yr Almaen. Beth a fyddai'r gosb petai'r Almaen wedi gorchfygu? Mae'n sicr na fyddai ganddi ronyn o gydymdeimlad â'r cynghreiriaid. Gwaetha'r modd, yr oedd llawer o bobl arwynebol a diegwyddor ym Mhrydain yn barod i ollwng dros gof euogrwydd erchyll yr Almaen.[29]

Hyderai *Y Llan* nad oedd neb am fagu ysbryd llidiog, anfaddeugar tuag at yr Almaen, ond nid oedd maddeuant heb edifeiriwch. Amser yn unig a brofai a oedd yr Almaen wedi edifarhau am ei chamweddau ysgeler ai peidio.[30]

Ni chydymdeimlai golygydd *Y Tyst* â'r garfan a oedd yn cwyno am lymder y telerau, a dirmygai'r sawl a apeliai am drugaredd i'r Almaen. Ni allai'r golygydd feddwl am ddim mwy trychinebus nag ymestyn trugaredd iddi. Byddai'n fwy trychinebus, hyd yn oed, na'r Rhyfel ei hun. Haeddai'r Almaen y gosb eithaf pe na bai ond er mwyn diogelu'r syniad cywir am bechod. Yr oedd mawredd yr Almaen cyn y Rhyfel yn cyfiawnhau mawredd eithriadol i'w chosb. Holodd y golygydd,

> Pa bryd y dealla'r bobl fod cyfiawnder a thrugaredd yn gymhleth — fod y naill yn golygu'r llall, a'u bod yn gryf ac yn gyfaddas yn ei gilydd?[31]

Pe na bai'r telerau'n llym, gwnâi hynny waith yr Almaen, a fu'n gyfrifol am ladd miliynau o fywydau, yn gyfiawn ac anrhydeddus.

Ond nid oedd golygydd *Y Gwyliedydd Newydd* yn gwbl fodlon ar y telerau. Cytundeb cudd diplomyddion oedd Cytundeb Versailles, nid cytundeb agored rhwng cenhedloedd. Heddwch caled, rhy galed o lawer, oedd yr heddwch a wnaed yn 1919. Ni fynnai'r golygydd liniaru dim ar eiriau David Lloyd George ynglŷn â chyfrifoldeb yr Almaen am y Rhyfel, na chyfiawnhau mewn unrhyw fodd ei dull o'i gario ymlaen, ac er ei bod, yn ddiau'n haeddu holl gondemniad y Prifweinidog, dylid ystyried deubeth, sef, yn gyntaf, fod yr

Almaen wedi diarddel y militarwyr o'i mewn, a'u bod hwy mor atgas yng ngolwg gwerin yr Almaen ag yr oeddynt yng ngŵydd gwerinoedd Prydain a Ffrainc. Yr oedd perygl i'r diniwed, gwerin yr Almaen, orfod dwyn cosb yr euog, sef y militarwyr. Yn ôl David Lloyd George, cymeradwyodd gwerin yr Almaen weithredoedd eu meistri bob cam o'r ffordd, a gwelodd hi yn dda eu diarddel ar yr awr olaf, nid cyn hynny. Dylid cymedroli'r farn honno, yn ôl *Y Gwyliedydd,* gan fod y Prifweinidog ei hun, a'r Arlywydd Wilson, fwy nag unwaith yng nghwrs y Rhyfel wedi datgan nad oedd gan y cynghreiriaid gweryl â gwerin yr Almaen. Gyda phenaethiaid militaraidd yr Almaen yr oedd eu cweryl hwy, a phe bai'r werin yn barod i'w diarddel byddai hynny'n hwyluso'r ffordd i gyd-ddeall buan a boddhaol. Yn ail, er gwaetha'r sen a deflid arni, ni phylodd ffydd y golygydd yn yr egwyddor o gariad a maddeuant. Pe bai dynion yn barod i fentro ar yr egwyddor honno, gallai'r effeithiau fod yn aruthrol. Ond gwaetha'r modd, heddwch militaraidd seiliedig ar goncwest oedd Cytundeb Versailles, yn ailadrodd y camgymeriadau a wnaed gan yr Almaen ar ôl iddi hi orchfygu Ffrainc. Yr unig rinwedd a welodd *Y Gwyliedydd Newydd* yn y Cytundeb oedd ei fod yn sefydlu'r egwyddor o gael Cynghrair y Cenhedloedd, ond nid oedd yr egwyddor honno'n gwbl foddhaol gan nad oedd yr Almaen yn rhan o batrwm y Cynghrair.[32]

Cytunai J. Gwili Jenkins, golygydd *Seren Cymru,* mai heddwch gorthrymus a wnaed yn Versailles, heb fod dim i'w wahaniaethu o ran ysbryd oddi wrth yr hyn a wnaed yn yr un ystafell yn 1871 pan goronwyd polisi gwaed a haearn Bismark, gan ddarostwng Ffrainc i'r llwch. Cyfeiriodd Tacitus at 'greu anialwch a'i alw'n heddwch'. Dyna, yn ôl pob argoel, a wneid yn Ewrop, a'r unig obaith, yn ôl J. Gwili Jenkins, i'r anialwch flodeuo fel lili oedd sefydlu Cynghrair y Cenhedloedd, a gwahodd yr Almaen i ymuno ar fyrder fel un o genhedloedd y Cyfamod.[33]

Cydnabu J. Gwili Jenkins nad oedd ffordd anrhydeddus i Brydain allan o'r dryswch poenus a'i hwynebodd yn 1914, ar wahân i'r un a fabwysiadodd, ond ymofidiai oherwydd twf militariaeth ym Mhrydain a gyrhaeddodd ei benllanw yn y mesurau dial ar yr Almaen yng Nghytundeb Versailles. Protestiodd droeon yn erbyn Deddf Gorfodaeth y Llywodraeth, a'r modd y poenydiwyd ac y carcharwyd merthyron cydwybod am yr un drosedd. Yn gynnar, yn 1918, argyhoeddwyd ef y byddai parhau y Rhyfel yn drosedd anesgusodol yn erbyn dynolryw. 'Paganiaeth noethlymun' oedd y waedd am heddwch drwy goncwest filwrol, wedi'i seilio ar athroniaeth fas, a chamddealltwriaeth sylfaenol o'r natur ddynol. Yng Nghymru, a Phrydain yn gyffredinol, bu'r pulpud yn huawdl ei gondemniad o athroniaeth gwŷr fel Nietzsche, Treitschke, a von Bernardi yn yr Almaen, ond prin fod gan yr 'Eglwys filwriaethus' ym Mhrydain Fawr fawr o le i daflu cerrig atynt gan iddi hithau, hefyd, roi sêl ei bendith ar filitariaeth. Carlamodd y march gwelwlas drwy'r tiroedd, a marwolaeth yn ei ganlyn. O glywed sŵn ei garnau, synhwyrai J. Gwili Jenkins ar un adeg fod y gwerinoedd brawychus yn dechrau llefain, 'Dim concwest', a chollodd y tiriogaethau y buwyd yn brwydro cyhyd i'w trawsfeddiannu eu gwerth a'u swyn. Credai mai o Dduw yr oedd ymagwedd y werin bobl a barai syndod i wŷr y 'knock-out blow'. Dyna'r ysbryd a'r ymagwedd, meddai, a fyddai'n sicrhau difodiant anghyfanhedd-dra'r oesoedd a ddêl.

Mynegwyd yr un gobaith yng nghyfarfod hanner blynyddol Cymanfa Bedyddwyr Dinbych yn Hydref 1917. Erfyniwyd ar y Llywodraeth i fanteisio ar y cyfle cyntaf posibl i gael heddwch parhaol, a'r heddwch hwnnw'n amddifad o'r hyn a allai brofi'n sail rhyfeloedd y dyfodol. Nid amheuodd E.T. John, A.S. am funud fod dull arweinwyr milwrol yr Almaen o ryfela yn galw am gyfiawn gosbedigaeth, ond dywedai'r Gyfrol Sanctaidd, a oedd unwaith yn awdurdod diymwad yng Nghymru, y perthynai dial i amgenach Barnwr na phenaduriaid meidrol.

Ond ysbryd arall a orfu yng Nghynhadledd Versailles. Aeth rhai, yn ddiau, i'r Gynhadledd, yn ôl E.K. Jones, yn ddigon glân eu calon, a'u bwriad i ddirwyn y Rhyfel i ben yn ddoeth a chymedrol. Mae'n sicr fod yr Arlywydd Wilson a David Lloyd George yn coleddu'r amcanion uchaf a phuraf, ond amheuai gymhellion cadeirydd y Cyngor, y 'Teigr' Clemenceau, a fu'n filwr ieuanc ym myddin Ffrainc yn 1870, a mêl ar ei fysedd oedd y cyfle i dalu'r pwyth yn ôl, gyda llog, i'r Almaenwyr.[34]

Dylid cydnabod, hefyd, er gwaethaf ymdrechion Cymry glew fel David Davies, A.S., o blaid y Cynghrair, na fu ymddygiad Prydain tuag ato bob amser na theilwng nac anrhydeddus.

Yn naturiol, ar ôl pedair blynedd o ryfel yr oedd dyhead cryf am heddwch, a chydsyniad cyffredinol mai Cynghrair y Cenhedloedd oedd yr offeryn pwysicaf i gynnal yr heddwch hwnnw. Ond fel yr awgrymodd D. Miall Edwards a Gwilym Davies talu gwrogaeth wefus a wnaeth yr eglwysi i'r Cynghrair, ac nid oedd ganddynt, chwaith, weledigaeth eglur ar amodau gwir heddwch. Yn wir, mynnai J.H. Griffith mai ychydig oedd nifer y rhai mewn byd ac Eglwys a ganfyddai mai is-gynhyrchion oedd heddwch a rhyfel; 'na sicrheid y naill ac na ddileid y llall heb fod ysbryd newydd yn ymsymud ar wyneb y tryblith — ysbryd cymod a maddeuant', ysbryd a fyddai'n creu perthynas ragorach, mwy cyfiawn a brawdol rhwng gwlad a gwlad. Cafodd yr Eglwys gyfle i fod yn lladmerydd i'r ysbryd hwnnw. 'A glybuwyd ei llef?' gofynnodd J.H. Griffith,

> A wnaeth hi ryw gyfraniad, yn uniongyrchol neu yn anuniongyrchol, tuag at lunio cytundeb heddwch seiliedig ar yr egwyddorion a gyhoeddid yn ei phulpudau o Sul i Sul? . . . A gododd ei llef dros faddau i'r gelyn, neu a geisiodd mewn rhyw fodd liniaru rhywfaint ar y Cytundeb?[35]

Y nodyn proffwydol

Ni chanfu neb holl ymhlygiadau Cytundeb Versailles yn gliriach na'r *Deyrnas* (cyhoeddwyd y rhifyn cyntaf yn Hydref 1916, a'r olaf yn Nhachwedd 1919).

Croesawodd y syniad o gael Cynghrair y Cenhedloedd, ond yr oedd y cynllun a awgrymwyd yn rhy amherffaith i fod yn llwyddiant. Dylid cymryd camrau i ddiarfogi pob gwlad, nid yr Almaen yn unig, ac ni ellid lai na theimlo mai gwenwyn marwol dial a gormes oedd wrth wraidd amodau'r Cytundeb. Dylid barnu ffrwyth 'rhyfel sanctaidd' yn ôl safon Crist, ond methodd *Y Deyrnas* â chanfod nac egwyddor na thuedd gyffredin rhwng amodau Versailles a dysgeidiaeth Crist. Geiriau allweddol y Testament Newydd oedd cyfiawnder, purdeb, addfwynder, trugaredd, tangnefedd, maddeuant, cariad, a dwyn beichiau ein gilydd, ond ni chanfyddid naws un o'r rhinweddau hynny ar amodau Versailles. Egwyddorion Versailles oedd cosbi, dial, casáu, darostwng, ysbeilio, creu gelyniaeth, a rhyfel parhaol. Ymdriniodd Iesu Grist â dynion fel plant, ond yng ngoleuni amodau annynol Versailles, trinnid yr Almaen fel haniaeth. Cwynodd rhai nad oedd sôn am enw Duw yn yr amodau. Yr oedd hynny'n achos i ymlawenhau o'i blegid, oherwydd byddai sôn amdano yng nghysylltiadau Cytundeb Versailles yn enghraifft o gymryd enw Duw yn ofer.

Dylid barnu gweithredoedd dynion yn unol â'u proffes. Proffesid mai amcanion y Rhyfel oedd diogelu cenhedloedd bychain, dileu militariaeth, rhyfela er mwyn rhoi terfyn ar ryfel, cael heddwch sicr, diogel, a chyfiawn, a gwneud Ewrop a'r byd yn gymdeithas o genhedloedd cyfeillgar, unedig. Nid oedd Cytundeb Versailles yn adlewyrchu'r amcanion hynny. Rhoddodd y Cytundeb fwy o bobl dan iau'r cynghreiriaid nag a ryddhawyd ganddynt, a dygid yr holl fyd fwyfwy dan reolaeth militariaeth, gan greu achosion gelyniaeth, a rhyfel arall. Yr oedd yr amodau'n gwbl groes i addewidion yr Arlywydd Wilson a D. Lloyd George. Yn Rhagfyr 1917, dywedodd yr Arlywydd Wilson y byddai'r cynghreiriaid yn rhydd i seilio heddwch ar haelfrydigrwydd a chyfiawnder. Yr oedd yn ddymunol, yn anghenraid, yn wir, fod y Cytundeb ar derfyn y Rhyfel, yn un na fyddai ynddo hadau rhyfel arall, meddai D. Lloyd George, yn Ionawr 1918.

Ceisiodd y Cytundeb roi'r cyfrifoldeb am ddechrau'r Rhyfel ar yr Almaen yn unig, ac ar sail ei hanfadwaith fe'i hamddifedid, ei stripio'n wir, o bopeth a feddai, a dwyn ei phobl yn gaethweision i gyfoethogion Ffrainc a Phrydain. Ni fynnai *Y Deyrnas,* mewn unrhyw fodd, esgusodi ymagwedd yr Almaen yn 1914, gan na ellid cyfreithloni ei gweithredoedd, ond ystryw wael ar ran y troseddwyr eraill oedd gosod yr holl fai ar ei hysgwyddau hi. Dylid gwahaniaethu rhwng llywodraeth yr Almaen yn 1914, a chyn hynny, a'r werin yn yr Almaen yn 1919. Addawodd yr Arlywydd Wilson a D. Lloyd George wneud hynny, ond torrwyd yr addewid.

Yr unig amddiffyniad a welodd *Y Deyrnas* dros amodau Versailles oedd y byddai'r Almaen petai hi wedi gorchfygu wedi gosod i lawr amodau gwaeth. Ond ni allent fod yn waeth, ac ni allai neb brofi y byddent cynddrwg. Y rheol Gristionogol oedd nid gwnewch i ddynion fel y tybiwch y gwnânt hwy i chwi, eithr yn hytrach, 'fel y mynnech wneuthur o ddynion i chwi, gwnewch chwithau yr un modd'. Dylai pob Cristion ym Mhrydain ofyn y cwestiwn a fynnent hwy i'r Almaen ymddwyn tuag atynt yn unol ag amodau Versailles?

Nid oedd un elfen o gymod yn y Cytundeb. Yr hyn a welid ynddo oedd gorfodaeth noeth y galluoedd materol cryfaf, ac ni allai fod yn ddechrau heddwch. Unig obaith y dyfodol fyddai cael dynion ac ysbryd newydd i wyrdroi amodau Versailles. Gwallgofrwydd ar ran D. Lloyd George a Clemenceau oedd credu y gellid cadw'r Almaen dan draed trwy rym arfau, a chalondid meddwl fod o leiaf un o arwyddwyr y Cytundeb, sef y Cadfridog Smuts, wedi datgan yn glir ei fod yn annheg, ac ni allai barhau. Edrychodd ef ymlaen i'r dydd pan welid ysbryd Cristionogol yn creu amodau gwell a seiliau cadarnach i heddwch.

Yn *Y Deyrnas*, yn anad unlle arall, cafodd y gydwybod Ymneilltuol fynegiant clir, diamwys, ac ar dudalennau'r misolyn hwnnw, nid yn y papurau enwadol y trawyd yn gyson y nodyn proffwydol. Yn *Y Deyrnas*, hefyd, y cafwyd y weledigaeth gliriaf ynglŷn â Chymru. Yng nghanol gwallgofrwydd y Rhyfel, *Y Deyrnas* oedd un o'r cyfryngau a gadwodd W.J. Gruffydd ac Eluned Morgan rhag anobaith llwyr, ac nid oes lle i amau geiriau Thomas Rees, y golygydd, yn y rhifyn olaf, pan ddywedodd iddo o bryd i'w gilydd dderbyn llu o dystiolaethau oddi wrth ddynion a merched yn gwerthfawrogi'r neges a draethwyd yn *Y Deyrnas*. Bu'n gydymaith i sawl gweinidog unig a gwrthwynebydd erlidiedig, yn gysur i gwmnïoedd bychain o heddychwyr a drigai ymysg militariaid gorffwyll, yn olew i friwiau rhieni galarus, a chyfrwng i oleuo cydwybod cannoedd a rodiodd yn niwl ansicrwydd a phryder oherwydd bod amryw o bersonau a berchid ganddynt, wedi coleddu syniadau oedd yn bleidiol i'r Rhyfel.

Yn y rhifyn cyntaf o *Y Deyrnas* mynegodd y golygydd ei

argyhoeddiad fod 'galanas a gofid y rhyfel presennol yn gyfle newydd i ehangu a dyfnhau brenhinaeth Crist ym mywydau dynion a threfniadau cymdeithas', ac yn y rhifyn olaf synhwyrodd fod amryw nad oeddynt yn rhan o'r ymgyrch dros heddwch, yn ystod y Rhyfel, bellach, yn awyddus a phenderfynol i gymhwyso egwyddorion Teyrnas Dduw a ffordd y cymod i fyd llafur a masnach, addysg a gwleidydd-iaeth, ac apeliodd am ymroddiad dewr a diflino i lefeinio trwy gyfrwng goleuni Gair y bywyd holl fywyd Cymru.

Cydnabu Thomas Rees fod llu o ddeiliaid cywir Teyrnas Dduw yng Nghymru, ym merw'r Rhyfel, yn 1916, ond dylent ddeffro o'r newydd i sylweddoli eu cyfrifoldeb i wrthwynebu gelyniaeth y byd yn erbyn Teyrnas Dduw. Y ffurf amlycaf ar yr elyniaeth honno oedd y Rhyfel, ond dylid dinoethi, hefyd, y drygau a'r uffernau eraill ym myd llafur a masnach, a'r bywyd cymdeithasol drwyddo draw. Credai fod gan Gymru swyddogaeth arbennig yn y frwydr yn erbyn galluoedd y tywyllwch, a llais arbennig ar gwestiwn rhyfel. O blith holl genhedloedd bychain Ewrop, ni ddeffrôdd unrhyw genedl yn fwy i'w hunaniaeth genedlaethol na chenedl y Cymry. Yr oedd ganddi ei hiaith, ei delfrydau, a'i dyheadau, ac ni orffwysai hyd nes cael rhyddid llawn i fyw ei bywyd ei hun. Edmygodd y golygydd ddelfrydau a gwroniaeth Llywelyn ac Owain Glyndŵr, ond ymwrthododd â'u dulliau. Credai fod Cymru, hithau, wedi dysgu ers canrifoedd mai oferedd a ffolineb a fyddai rhyfela i ennill ei rhyddid.

> Ceisiwn, bellach, wneud y gorau o'n hundeb â'r Saeson, a chredwn mai trwy foddion moesol ac ysbrydol, trwy gyfathrach, rheswm, a chydweithrediad y caiff Cymru ei rhyddid o fewn y Deyrnas Gyfunol, ac y cyflawna ei chenhadaeth yn y byd.[36]

Argyhoeddwyd *Y Deyrnas* fod gan Gymru ei chyfraniad i'r byd drwy fod yn driw i'r traddodiad heddwch, a gysylltid â S.R. a Henry Richard.

Yn Chwefror 1919, yr oedd *Y Deyrnas* yn obeithiol ynglŷn â'r camre i sicrhau heddwch a chyfiawnder parhaol rhwng y cenhedloedd. Drylliwyd y gobeithion hynny yng Nghytundeb Versailles, ond ni phallodd y freuddwyd am Gymru. Pan oedd gwawr rhyddid ac annibyniaeth, meddid, yn torri, neu ar fin torri dros wledydd Ewrop, oni ddylai'r hynaf ohonynt oll, ac nid y lleiaf teilwng, sef Cymru, adfeddiannu ei hunaniaeth genedlaethol? Yr oedd ganddi bob hawl foesol a chyfiawn i'w rhyddid a'i hannibyniaeth fel Pŵyl, Siecoslafacia, ac Iwgoslafia. Ni ddylai Cymru ymwahanu oddi wrth Loegr, ond sicrhau'r rhyddid a fyddai'n ei galluogi i ddatblygu ei hadnoddau, ei delfrydau, a'i hunaniaeth hyd eithaf ei gallu. Er mwyn cyrraedd yr amcanion hynny, dylai gael aelodau seneddol a fyddai'n rhoi Cymru'n flaenaf, a chael addewid ganddynt na dderbynient nac anrhydedd na swydd yn senedd y Sais hyd nes yr enillo'r genedl ei rhyddid i fyw ei bywyd ei hun. Yr oedd meithrin a chryfhau'r traddodiad heddwch yn elfen bwysig yn y bywyd hwnnw.

Nodwyd, eisoes, mai yn *Y Deyrnas* y cafodd y gydwybod Ymneilltuol fynegiant clir, cadarn, a hefyd bwyslais ar egwyddorion sylfaenol bywyd gwâr. Cystwyodd y gydwybod honno naïfrwydd crefyddwyr Cymru. Ar ôl tair blynedd o ryfela synnai crefyddwyr fod materoliaeth ar gynnydd, a phroffwydwyd y deuai ton o fateroliaeth ar ddiwedd y Rhyfel a fyddai, oni ellid deffro'r wlad i'w pherygl, yn gyfrwng i'w dymchwel. Ni sylweddolodd y gwŷr hynny oedd yn darogan y fath gyflwr mai rhyfel ei hun oedd nawfed ton materoliaeth. Profodd y Rhyfel fod dyn wedi colli ffydd yn nerthoedd cynhenid cyfiawnder, gwirionedd cariad, a phob peth ysbrydol. Ac os penderfynai'r Rhyfel rywbeth, yr hyn a benderfynid ganddo oedd nid ar ba ochr y preswyliai daioni a chyfiawnder, eithr yn hytrach pa ochr oedd yn berchen yr adnoddau a'r galluoedd materol mwyaf. Gallai cyfrifwyr wneud yr un peth yn llawer mwy effeithiol, a chyda llawer llai o golled a thrueni.

'Rhyfel er mwyn Rhyddid', meddai pawb, ond, hyd yn oed, ar ôl dwy flynedd o ryfela, collodd Prydain a phob gwlad arall yn Ewrop fwy o ryddid nag a enillwyd mewn dwy ganrif. Cyfyngwyd ar ryddid y wasg, rhyddid llafar, rhyddid addysg, rhyddid crefyddol, rhyddid i weithio, a rhyddid i fyw, a phob argoel o golli rhagor tra parhâi'r Rhyfel. Yr oedd y llywodraeth eisoes, dros gyfnod o ddwy flynedd wedi cosbi a charcharu mwy o ddynion am eu hargyhoeddiadau crefyddol nag a wnaeth Siarl yr Ail. Onid rhyddid 'oedd anadl einioes popeth goreu ym mywyd cenedl?'

'Rhyfel i roi terfyn ar ryfel', meddai'r diniwed. Ond, hyd yn oed pe bai hynny'n wir, byddai ei effeithiau'n parhau am flynyddoedd. Tros gyfnod y Rhyfel gwariodd y wlad chwe mil o filiynau o'i chyfoeth; lladdwyd naw canmil o'i dynion cryfaf, y gweithwyr a'r cynhyrchwyr gorau; clwyfwyd a nychwyd nifer lluosocach na hynny y mae'n rhaid eu cynnal mwyach mewn segurdod neu hanner segurdod; treuliodd y wlad bum mlynedd o'i nerth i ddinistrio yn lle cynhyrchu adnoddau bywyd. Meddylier, wedyn, am dlodi'r byd a oedd yn rhwym o gael effaith ar Brydain: amcangyfrifid fod dyled yr holl wledydd a oedd yn y Rhyfel dros ddeugain mil o filiynau o bunnoedd, a nifer y lladdedigion o'r holl fyddinoedd yn agos i saith miliwn a hanner. Dim ond ffyliaid neu gnafiaid a ddywedai wrth y werin y gallai hi ddianc rhag y ffeithiau hyn, ac osgoi'r tlodi yn ei sgîl.

Yn rhifyn Medi 1919 o'r misolyn, cyfeiriwyd at anhrefn y wlad, y streiciau a'r cwerylon, ac angenrheidiau bywyd oedd yn mynd yn brinnach a phrinnach yn feunyddiol. Nid oedd neb i ddangos ffordd ymwared. Dylid priodoli'r trueni a'r siom a oddiweddodd Brydain i'r Prifweinidog a'i ddilynwyr, oherwydd iddynt hwy barhau'r Rhyfel yn ddiachos am y ddwy flynedd ddiwethaf, a chodi disgwyliadau'r wlad am fyd newydd a gwell, diwygiadau crefyddol, rhyddid a dedwydd-wch, cyflogau uchel, tai newydd, a llwyddiant cyffredinol ar derfyn y Rhyfel. Dylent sefyll gyda'i gilydd yng ngŵydd y wlad i gydnabod eu cyfeiliornad, a chymryd i galon y wers na ddichon pren drwg ddwyn ffrwythau da. Ond nid oedd gan *Y Deyrnas* ronyn o gydymdeimlad â'r garfan honno a feirniadodd y Prifweinidog, gan mai hwy oedd yr union bobl a fu'n annog y Prifweinidog i barhau'r Rhyfel hyd nes llorio'r Almaen yn llwyr.

Yn groes i'r gred y byddai'r Rhyfel yn rhoi terfyn ar filitariaeth, agorodd y drws i fwy o weithgarwch o'i phlaid. Y militarwyr, meddai'r *Deyrnas*, yn 1919, oedd archoffeiriaid y grefydd fwyaf rhwysgfawr yn y tir, a'u haddolwyr yn llu. Yn afiaith eu gorchafiaeth a'u hawdurdod, yr oeddynt yn dra awyddus i sefydlu eu hathrawiaeth a'u defod ym mywyd y wlad, gan ddechrau yn yr ysgolion. Ofnai *Y Deyrnas* y gellid troi ymarferiadau corff, a oedd yn gwbl dderbyniol, yn

gyfleustra i drwytho'r ieuainc ag ysbryd milwrol tanbaid a
fyddai'n ddefnydd tân i Armagedon arall,

> Gadwch i'r peth hwn gael troed i lawer yn ein hysgolion, teflwch
> i fewn gyda hynny wersi a darlithiau ar hanes Prydain (hynny
> yw, yn ôl dehongliad y rhan fwyaf o haneswyr llyfrau ysgol, hanes
> ei rhyfeloedd, ei chadfridogion, a'i llyngeswyr a'u holl ogoniant);
> a heb yn wybod i ni bydd militariaeth yn ddiogel, yr un mor
> ddiogel ym Mhrydain ag yn Germani.[37]

Afraid dweud fod cydymdeimlad *Y Deyrnas* gyda'r
gwrthwynebwyr cydwybodol. Gellid maddau i David Lloyd
George am gyflawni fwy ῾nag un drosedd, ond yr oedd ei
ymagwedd tuag at y gwrthwynebwyr yn staen annileadwy tra
parheid i gofio'i enw. Addawodd wneud eu llwybr mor anodd
â phosibl, a bu'n ffyddlon i'w addewid. Magwyd ef yn yr
enwad lleiaf yng Nghymru, a gellid disgwyl iddo
gydymdeimlo â lleiafrif, ond ef oedd prif erlidiwr y
gwrthwynebwyr, llawer ohonynt yn dihoeni a marw yng
ngharchar. Dyma'r dynion a alwyd gan aelod arall o'r teulu,
William George, yn 'objectionable cowards'. Mae'n amlwg
na wyddai ef ddim mwy amdanynt na'r dyn yn y lleuad!

Teimlodd rhai anhawster i gydymdeimlo â'r
gwrthwynebydd cydwybodol rhag bod hynny'n anfri ar
gydwybod y milwyr a aeth i ymladd o'u bodd. Ai ofer hollol,
gofynnodd *Y Deyrnas,* fu dwy ganrif a hanner o Ymneilltuaeth
yng Nghymru? Os oes ystyr o gwbl i Ymneilltuaeth, dylai
amddiffyn â'i holl allu gydwybod y lleiafrif pa un ai a gytuna
â hi ai peidio. Yr oedd yn ofid calon fod Ymneilltuwyr o blith
yr aelodau seneddol Cymreig a bleidleisiodd dros ddifreinio
gwrthwynebwyr cydwybodol, a'u hamddifadu o bleidlais (yn
Nhachwedd 1917 daeth y cynnig gerbron y senedd).

Yr oedd y cynnig i ddifreinio y prawf llymaf o fewn cof
ar sylfeini rhyddid gwleidyddol a chrefyddol. Amddifedid
dyn o bleidlais am fod yn ffyddlon i egwyddorion Crist-
ionogol. Barnai *Y Deyrnas* nad oedd hynny fawr o golled o
ystyried natur y senedd yn 1917, ond ymhlyg yn y cynnig yr
oedd dau wirionedd hollbwysig a oedd yn sail a sylfaen i'r
egwyddor ddemocrataidd, sef, yn gyntaf, na châi dyn fod yn
aelod o'r wladwriaeth onid oedd yn barod i ymladd drosti,

ac yn ail, y wladwriaeth oedd yr awdurdod moesol pennaf, a chanddi'r hawl i erlid dynion am eu hargyhoeddiadau crefyddol, heddychol.

Er gwaethaf yr erlid a fu arnynt, mynnai *Y Deyrnas* nad aeth eu haberth yn ofer, gan iddynt adael ar eu hôl gyfalaf moesol. Ni allai deddf gwlad mwyach ddiystyru cydwybod ei deiliaid, ac ni feiddiai unrhyw lywodraeth dreisio'r egwyddor o 'gydwybod' mewn ffordd drahaus a gormesol.

Trwy ymdrechion y gwrthwynebwyr cydwybodol (croniclwyd eu safiad yn gyson yn *Y Deyrnas* gan E.K. Jones), gorfodwyd yr Eglwys i ymholi'n fwy taer nag erioed o'r blaen onid oedd ym mywyd cenhedloedd Cristionogol Ewrop, yn eu masnach a'u llafur, eu harferion a'u deddfau, eu safonau crefyddol a moesol lawer na ellid ei gysoni ag egwyddorion ac esiampl Iesu? Credai Thomas Rees fod llawer o ddiogi meddwl ynglŷn ag ymarfer y foeseg Gristionogol, ac ni wregyswyd lwynau y meddwl i ddeall sylwedd moesegol athrawiaethol crefydd y Groes. Digon prin fod dweud 'Arglwydd! Arglwydd!' yn gyfystyr â ffyddlondeb i esiampl berffaith Iesu.

Bu *Y Deyrnas*, fel yr eglwysi, yn bryderus ynglŷn â rhyw bethau a ysigwyd gan y Rhyfel, ond yn wahanol i'r Eglwys, sylweddolodd y misolyn ei bod hi, i raddau pell, yn gyfrifol am yr ymysgwyd a'r ysigo.

Un o bryderon mwyaf yr eglwysi yn ystod y Rhyfel, ac ar ôl hynny, oedd y llacio gafael ar gysegredigrwydd y Sul. Adlewyrchwyd y pryder gan Gwenallt yn *Ffwrneisiau*,

> Cyfarwydd oedd trigolion Gwaun-coed â chlywed sŵn traed y gweithwyr ar eu ffordd i'r gwaith ychydig cyn chwech bob bore, ond yr oedd hi'n od clywed cloc larwm y troed ar fore Sul. Nid oedd Tomos Hopcin yn fodlon gweithio ar fore Sul, torri'r Sabath; ond ar y llaw arall yr oedd eisiau arfau ar y milwyr i ennill y Rhyfel. Problem anodd oedd hon, un o'r rhai mwyaf anodd . . .[38]

Credai *Y Deyrnas* yng ngwerth y Sul fel dydd i orffwys oddi wrth lafur, i ryddhau'r meddwl oddi wrth ofalon byd, a chanolbwyntio ar Dduw a'i ddaioni. Carai pe bai modd persawdio'r gweithwyr i ymatal rhag cynnal eu cyfarfodydd gwleidyddol ar y Sul, a dwyn perswâd, hefyd, ar y rheini a oedd yn dilyn chwaraeon ar y dydd a bennwyd i orffwys. Ond amheuid gwerth y penderfyniadau o du'r cyfundebau crefyddol a gondemniai gyfarfodydd y gweithwyr, oherwydd fod gan yr eglwysi rywbeth i'w wneud i adennill yr hawl i siarad ar y pwnc o gwbl. Pan ddaeth David Lloyd George i Fangor, i annerch ar y Sul, ar bwysigrwydd cynhyrchu arfau, ni chlywodd *Y Deyrnas* sôn fod unrhyw gyngor neu gyfundeb wedi codi llais mewn protest, ac nid aeth yn angof ymagwedd rhai o arweinwyr crefydd a fu'n argymell pobl i weithio yn y meysydd, ac mewn rhandiroedd ar y Sul i hybu achos y Rhyfel. Yr oedd lle i gredu mai sêl boliticaidd, yn fwy na sêl grefyddol oedd wrth wraidd penderfyniadau'r cyfundebau yn erbyn cyfarfodydd gwleidyddol a gynhelid ar y Sul. Tueddent i fod yn feirniadol o'r Llywodraeth, ac yr oedd hynny'n bechod anfaddeuol yng ngolwg arweinwyr yr Eglwysi Rhyddion. Dadleuai'r *Deyrnas,*

> Pregether a dangoser mewn gair ac esiampl werth cadw'n sanctaidd y dydd Saboth. Wedi inni wneud hynny yn onest a dibartiol, rhaid gadael i bobl ddewis eu ffordd eu hunain, ac arnynt hwy y bydd y cyfrifoldeb.[39]

Gresynodd yr eglwysi ymneilltuol yn Ne Cymru fod y gweithwyr yn ymbellhau oddi wrthynt. Profodd yr arolwg a wnaed gan Herbert Morgan (fe'i cyhoeddwyd yn *The Welsh Outlook,* yn 1918) ar berthynas Llafur a'r Eglwys fod y gweithwyr wedi ymddieithrio, a dwysáwyd y rhwyg gan y Rhyfel. Un o'r cyhuddiadau yn erbyn yr Eglwys oedd ei pharodrwydd i gollfarnu gormes yn yr Almaen, ac mewn mannau eraill pellennig, ond yn hwyrfrydig i'w weld a'i gondemnio'n nes adref. Pe bai'r gweithwyr yn cefnu ar yr Eglwys byddai hynny'n golled i'r ddwy ochr fel ei gilydd. Credai *Y Deyrnas* fod bai ar y naill ochr a'r llall, ond dylai'r eglwysi'n ddiymdroi chwilio am ffordd i gyfannu'r rhwyg ac adennill ymddiriedaeth y werin a'i harweinwyr. Ni ellid gwneud hynny trwy ddilorni'r dynion a ymatebai'n ddiamynedd, ac ar adegau'n chwerw tuag at geidwadaeth yr eglwysi. Yr hyn a ysgogodd y fath ymateb oedd methiant yr eglwysi i fod yn fwy cadarnhaol eu hymagwedd tuag at faterion gwleidyddol a chymdeithasol. Yn sicr, dylai'r Eglwys wneud ei safle'n glir. Ni allai mwyach ei rhwymo'i hun wrth wregys y Blaid Ryddfrydol, cyfrif hynny'n ddyletswydd, gan esgymuno pob plaid arall. Yr oedd yn achos llawenydd i'r *Deyrnas*, fodd bynnag, fod rhai o weinidogion ieuengaf De Cymru yn effro i'r sefyllfa, a phe deuent hwy ac aelodau o'r Blaid Lafur ynghyd i geisio ffordd i gyfannu'r rhwyg, esgorai hynny'n sicr ar fwy o undeb a chyd-ddeall.

Er gwaethaf camsyniadau a diffygion yr eglwysi, ni chollodd *Y Deyrnas* ei ffydd a'i hyder yn yr Eglwys Grist- ionogol. Cydnabu nad ar chwarae bach y sefydlid y byd newydd. Rhaid gwneuthur heddwch, meddai Thomas Rees, y golygydd. Golygai hynny faddau a thosturio hyd yr eithaf, a bedyddio Ewrop yn y drydedd bennod ar ddeg o Epistol Cyntaf yr apostol Paul at y Corinthiaid. Pwy oedd i wneud hynny, holodd ymhellach? Yr oedd yn gwbl eglur pwy ddylai ei gyflawni — yr Eglwys Gristionogol!

> I'r eglwys yr ymddiriedwyd i ddysgu'r byd beth yw maddeuant a thrugaredd, a chymod a chariad, a'i hetifeddiaeth hi yw'r adnoddau ysbrydol a all dorri dros ben gelyniaeth cenhedloedd a'u dwyn i gwlwm tangnefedd. Mae'r eglwys yn ddigon lluosog yn Ewrob heddiw i lefeinio'r holl wledydd ag ysbryd tangnefedd, pe croesawai yr ysbryd hwnnw yn helaeth iddi ei hunan . . . Yn araf, 'lawer gwaith a llawer modd', y mae'r eglwys yn gallu derbyn datguddiad y gwirionedd, ac fe allai mai heddwch y byd yw'r darn nesaf o ddatguddiad a ddaw i'w rhan.[40]

Yng ngoleuni tystiolaeth Thomas Rees, rhaid i ninnau ofyn, ar ôl dau Ryfel Byd, a oes gan yr Eglwys yr Ewyllys i *wneuthur* heddwch, a mynd i'r afael o ddifrif â'r heddwch hwnnw?

[1]*Y Llan*, Tachwedd 15, 1918, t. 3
[2]gol. *Y Goleuad*, Gorffennaf 18, 1919, t. 4
[3]yn Nhachwedd 1918
[4]'Ni ddaeth y diwedd eto', *Y Brython*, Tachwedd 21, 1918, t. 4
[5]idem. t. 4
[6]*Y Goleuad*, Tachwedd 22, 1918, t. 4
[7]'Y Faner Wen', *Seren Cymru*, Tachwedd 15, 1918, t. 4
[8]*Y Brython*, Tachwedd 21, 1918, t. 4
[9]ibid. t. 4
[10]ibid. t. 4
[11]ibid. t. 5

[12]ibid. 'I ba beth y rhyfelwyd?' Tachwedd 28, 1918, t. 4
[13]ibid. t. 4
[14]'Wrth Fyn'd Heibio', *Y Goleuad*, Tachwedd 15, 1918, t. 4
[15]'Supplement to the Welsh Outlook', *The Welsh Outlook*, Medi 1918, tt. 5-6
[16]ibid. The Church and the League of Nations', Mehefin 1918, t. 180
[17]ibid. Gorffennaf 1918, t. 233
[18]t. 172
[19]*Yr Efrydydd*, Ebrill 1925, tt. 171-2
[20]ibid. Mehefin 1925, tt. 237-9
[21]ibid. Ebrill 1926, t. 194
[22]'Ni ddaeth y diwedd eto', *Y Brython*, Tachwedd 21, 1918, t. 4
[23]*Y Darian*, Tachwedd 14, 1918, t. 4
[24]*Yr Efrydydd*, Mawrth 15, 1923, t. 57
[25]*Seren Cymru*, Ionawr 1918, t. 4
[26]'The Crisis of Welsh Nonconformity', *The Welsh Outlook*, Mawrth 1920, t. 59
[27]'Newyddion Wythnosol', Gorffennaf 4, 1919, t. 1
[28]gol. 'Byd ac Eglwys', Mehefin 1919, tt. 265-6
[29]Arsyllydd, 'O'r Arsyllfa', Awst 1919, t. 265-6
[30]'Y Byd a'r Betws', *Y Llan a'r Dywysogaeth*, Gorffennaf 4, 1919, t. 4
[31]'O Fryn i Fryn', *Y Tyst*, Gorffennaf 30, 1919, t. 1
[32]'Telerau', *Y Gwyliedydd Newydd*, Gorffennaf 9, 1919, t. 1
[33]'Heddwch', Gorffennaf 4, 1919, t. 4
[34]*Atgofion Am Dri Rhyfel*, t. 25
[35]*Crefydd yng Nghymru* (Lerpwl 1946), t. 43
[36]*Y Deyrnas*, Hydref 1916, t. 2
[37]ibid. Mawrth 1918, tt. 4-5
[38]tt. 234-5
[39]*Y Deyrnas*, Tachwedd 1919, t. 10
[40]ibid. Hydref 1916, t. 6

Mynegai

Aberafan, 174.
Aberaman, 162.
Aberdâr, 155, 174.
Abergele, 69.
Aberhonddu, 57.
Abertawe, 92.
Aberystwyth, 10, 34, 35; Coleg A., 10; Cyngor Tref A., 35, 96.
Abraham, William (Mabon), 33, 34.
Adams, David, 146, 147.
Aerschott, 31.
Afghanistan, 31.
Anghydffurfiaeth Gymreig, 184.
Aifft, yr, 161.
Aisne, 34.
Alban, Yr, 71, 100, 101.
Alexander, 53.
Almaen, Yr, 9, 11, 12, 13, 14, 15, 16, 17, 18, 29, 30, 31, 32, 33, 34 *passim*.
Almaeneg, 34.
Almaenwyr, 16, 30, 31, 32, 33, 93, 94, 96, 124, 131, 160.
Allt-wen, Yr, 151, 156.
Anglicaniaid, 27, 55.
Annibynwyr, 153.
Antwerp, 31. 49, 94.
ap Thomas, Rhys, 23.
Armada, yr, 55.
Asquith, H.H., 50, 108,129, 133, 138, 139.
Attila, 49.
Awstralia, 126.
Awstria, 17, 37.

Babaeth, y, 47.
Bae Cemaes, 91, 100.
Bae Colwyn, 111.
Bangor, 101, 136, 137, 149, 196; Coleg B., 82.
Bakers, 125.
Bala, Coleg y, 62.
Bala-Bangor, Coleg, 131, 135, 136, 174.

Balfour, A.J., 108.
Bedyddwyr, 56, 81,87,140,147,168, 174, 187; B. Arfon, 100.
Begbie, Harold, 116.
Beirniad, Y, 12.
Belg, Gwlad, 9, 11, 12, 13, 17, 26, 31, 32, 33, 36, 37, 48, 49, 59, 66, *passim.*
Belgiaid, 161.
Bernhardi, Friedrich von, 12, 187.
Bethesda, 23, 61.,
Béthune, 71, 72.
Birkenhead, Iarll, 148.
Bismark, Otto von, 186.
Blaid Lafur, Y, 18, 117, 118, 121, 154, 157, 184, 197,
Blaid Lafur Annibynnol, Y, 118, 151-8, 162, 167-175.
Blaid Ryddfrydol, Y, 197.
Boyer, Llywelyn (Dan-y-graig), 156, 168.
Bregeth ar y Mynydd, Y, 145-9, 168, 171.
Bridges, Robert, 17.
Brigâd Gogledd Cymru, 26.
British Weekly, 115, 119, 124, 125.
Brooks, J. Parry, 68.
Bryce, Arglwydd, 95, 184.
Bryce, Adroddiad, 95, 96.
Brycheiniog, 57.
Bryn-mawr, 175.
Brython, Y, 14, 16, 17, 25, 27,30-4, 39-42, 53, 58, 63, 95, 116, 118, 131, 140, 178.
Brythoniaid, 22.
Burns, John, 134.
Bwriaid, y, 81.
Byddin, Gymreig, gw. Corfflu Cymreig.

Cadwraeth y Sul, 96-101.
Caer, 99.
Caerdydd, 62, 63, 97, 125.
Caeredin, 100.

Jones, R.W., 138.
Jones, T. Gwynn, 17.
Jones, William, 61.

Kaiser, y, 17, 31-33, 47, 49, 52, 59, 94, 95, 117, 119, 123, 135, 160, 161.
Kipling, Rudyard, 17. 74.
Kitchener, Arglwydd, 48, 62, 91, 102, 106, 161, 163.

La Bassée, 71, 86.
Labour Leader, 115, 151, 159.
Levi, T.A., 56.
Lewis, D. Wyre, 116, 155, 168, 169.
Lewis, Henry (Bangor), 48, 57, 61, 96, 105, 112.
Lewis, John (Llanelli), 113.
Loos, 171.
Louvain, 30, 31, 32, 33, 48, 49.
'Lusitania', 32, 33, 94, 95.
Luther, Martin, 17.
Luxembourg, 131.

Llais Llafur, 17, 18, 42.
Llan a'r Dywysogaeth, Y, 28, 50, 111, 133, 185.
Llanbedr Pont Steffan, 159, 179.
Llanberis, 59.
Llanbryn-mair, 25, 110.
Llandrindod, 149.
Llanelwy, 69.
Llanelwy, Esgob, 62, 63.
Llanelli, 53.
Llanfihangel-y-Pennant, 181.
Llangollen, 177.
Llangybi (Ceredigion), 159.
Llansawel (Briton Ferry), 167, 168, 174, 175.
Llanwenarth, 92.
Llanymddyfri, 92, 93.
Lloegr, 1 7, 28, 34, 45, 96, 131, 154, 183.
Llundain, 39, 40, 113, 161, 163.
Llwyd, Morgan, 109.
Llŷn, 81.
Llywelyn, 12, 20, 24, 191.
Llywelyn-Williams, Alun, 73.

'Mab y Bwthyn', 85.
Mabon, gw. Abraham, W.
Macdonald, Ramsay, 121, 155, 175.
Maldwyn, 98, 99.
Mallwyd, 110.
Manchester Guardian, The, 115, 138, 184.
Marne, 34.
Meirionnydd, 9, 28, 60; Cyngor Sir M., 28.
Melanchthon, 17.
Meredith, George, 27.
Merthyr Pioneer, The, 20, 117, 118, 156, 159, 161, 163, 167, 169, 171, 174.
Merthyr Tudful, 34, 96, 132, 167, 170.
Mesur Gorfodaeth, y 22, 40, 41, 42, 89, 96, 105-113, 128, 159, 165.
Methodist Times, 35.
Methodist Calfinaidd, 155, 172.
Meyer, F.B., 164.
'Moab', 53.
Môn, 28, 58, 59, 97.
More than 1,000 Conscientious Objectors, 152.
Morgan, Eluned, 148, 190.
Morgan, Herbert, 140-142, 168, 196.
Morgannwg, 19.
Morley, John, 60, 134.
Morris-Jones, John, 11, 12, 14, 27.
Morris, Silas, 82.
Myfyrion a Chaneuon Maes y Tân, 71, 85.
Myles, John, 109.
Mynwy, 19.

Napoleon, 12.
Napoleoniaeth, 49.
Nation, The, 115.
Nefyn, 61, 79, 80.
Newbolt, Henry, 17.
Nicholas, James (Llundain), 113.
Nicholas, T.E., 158-167, 168, 172.

205